新型智库共建“一带一路”的创新实践

蓝迪国际智库报告

2019

INNOVATIVE PRACTICE OF B&R CONSTRUCTION

RDI ANNUAL REPORT 2019

荣誉主编　谢伏瞻　王伟光
主　　编　赵白鸽　蔡　昉
副 主 编　王　镭　李向阳　徐文清

中国社会科学出版社

图书在版编目（CIP）数据

新型智库共建“一带一路”的创新实践：蓝迪国际智库报告．2019／赵白鸽，蔡昉主编．—北京：中国社会科学出版社，2020．5（2020．6重印）

ISBN 978－7－5203－6248－1

Ⅰ．①新…　Ⅱ．①赵…②蔡…　Ⅲ．①咨询机构—研究报告—中国—2019

Ⅳ．①C932．82

中国版本图书馆CIP数据核字（2020）第059474号

出 版 人　赵剑英
责任编辑　喻　苗
责任校对　郝阳洋
责任印制　王　超

出　　版　中国社会科学出版社
社　　址　北京鼓楼西大街甲158号
邮　　编　100720
网　　址　http://www.csspw.cn
发 行 部　010－84083685
门 市 部　010－84029450
经　　销　新华书店及其他书店

印　　刷　北京明恒达印务有限公司
装　　订　廊坊市广阳区广增装订厂
版　　次　2020年5月第1版
印　　次　2020年6月第2次印刷

开　　本　710×1000　1/16
印　　张　20.75
插　　页　2
字　　数　278千字
定　　价　99.00元

编委会

序

2013年，国家主席习近平提出的“一带一路”倡议，为推动经济全球化朝着更加开放、包容、普惠、平衡、共赢的方向发展，破解和平、发展、治理、信任“四大赤字”，推动构建人类命运共同体作出了重要贡献。

在“一带一路”建设的推动下，新型全球化在实践中表现出三大特点：一是和平、发展、合作、共赢的时代潮流更加强劲；二是“共商、共建、共享”成为全球治理的新原则；三是人类命运共同体理念得到国际社会广泛认同和积极响应。当今时代，新型全球化的力量日益壮大，越来越多的国家和个人成为新型全球化坚定的支持者、倡导者和实践者；携手打造利益共同体、责任共同体和命运共同体已成为国际社会的主流意识。

当前，以新能源、大数据、人工智能等新兴技术及多场景叠合应用为引领的新一轮产业革命正在重新定义智慧未来，并给全球化带来深度变革。“一带一路”倡议为国际社会提供了推动新型全球化和新一轮产业革命结合的重大机遇，塑造了全球发展的强大动能，有力推动了全球治理结构和国际秩序的再平衡。通过跨界新型技术、跨产业融合，“一带一路”倡议将帮助各国及各区域加快发展新产业、新业态和新模式，形成新的经济增长点，推动实现全球均衡与可持续发展。

自2015年成立以来，蓝迪国际智库已伴随“一带一路”倡议走过了夯基垒台、立柱架梁的五年。2019 年，蓝迪国际智库紧紧把握社会进步和国际发展的脉搏，充分发挥了应用型智库的价值和优势，彰显出咨政建言、舆论引导、国际交流的智库作用：一是推动中国区域与“一带一路”沿线国家有效对接，初步形成了以“青岛与上海合作组织成员国”、“珠海与粤港澳大湾区和葡语系国家”、“南宁与东盟成员国”、“宁波与中东欧国家”、“苏州与欧美国家”为依托的 G2G、T2T、B2B 的合作模式。二是形成了更广泛的合作联盟。蓝迪国际智库加入了“一带一路”智库合作联盟，与中央军民融合发展委员会办公室、全国政协民族和宗教委员会、中国社会科学院、中国科学院以及国内外政党、政府、议会、智库、企业、金融机构、社会组织、媒体和国际多双边机构建立了紧密的战略合作关系。三是建立了强有力的蓝迪国际智库专家委员会，汇聚了来自各个领域的国内外著名专家学者、国外前政要、知名企业和行业精英，在决策咨询、政策研究、企业战略规划及国际交流与合作等方面发挥了重要作用。四是吸引了一批年轻有为的新生代成员参与平台运营工作，为自身发展注入新鲜活力，推动了组织机构的快速发展。目前，蓝迪国际智库已发展为包括智库网络、国际合作网络和企业网络的系统性平台，为推动共建“一带一路”新型智库建设奠定了坚实基础。

希望蓝迪国际智库立足于应用型智库的定位，做好政策研究工作，为国家发展提供智力支持；继续夯实人才基础，提升能力建设，发挥智库的思想引领作用；积极支持企业服务国家战略，帮助更多的中国优秀企业“走出去”，增强企业国际能力建设；为进一步落实“一带一路”倡议、推动新型全球化和新一轮产业革命向前发展贡献力量。

中国社会科学院院长
学部主席团主席　谢伏瞻

2020 年 3 月 18 日

目　录

第一部分　蓝迪国际智库2019年工作回顾

第二部分　蓝迪国际智库合作伙伴

第三部分 蓝迪国际智库团队

第一部分　蓝迪国际智库 2019 年工作回顾

第二届“一带一路”国际合作高峰论坛、第二届中国国际进口博览会的召开以及新中国成立 70 周年庆典活动，让我们骄傲地向世界展示，2019 年是中国复兴图强新起点、经济再出发的一年。

2017 年 5 月 14 日，习近平主席在第一届“一带一路”国际合作高峰论坛开幕式主旨演讲中强调，“一带一路”建设要发挥智库作用，建设好智库联盟和合作网络。5 年来，蓝迪国际智库遵循并实践着“一带一路”倡议，坚持“问题导向、需求导向、项目导向、结果导向”的原则，认真研究新型全球化、“一带一路”与第四次产业革命之间的关系，并就核心问题提供可行的解决方案，广泛组织相关产业群、企业群和技术群，为伟大的时代变革做好基础性的推动工作，通过发掘、培育和推介企业，服务于新型全球化的发展与变革。

2019 年度，蓝迪国际智库积极向党和国家建言献策，为地方政府和企业在“一带一路”建设、经济转型、创新发展等方面提供智力支持，同时积极推进国内企业与“一带一路”共建国家的沟通交流，在智库网络、国际网络、企业网络的建设方面取得突出成绩。蓝迪国际智库多次积极参与和组织国内外高端论坛及会议，会议主题涉及“空中丝绸之路”建设、中巴经济走廊建设、欧亚媒体对话、“17 + 1”中东欧国家高级别智库研讨会、中欧绿色智慧城市论坛、中哈共建“一带一路”国际高级研修班等。蓝迪国际智库还积极组织出访与国际调研，在中亚、南亚、中东欧、欧盟等区域实现国际网络联通，实现“一带一路”共建国家与国内重要城市的合作对接；同时，推介引领第四次产业革命的中国科技创新企业走向国际舞台，为“一带一路”建设与发展注入中国新科技活力，促进民心相通。智库成果突出，于2019年获得巴基斯坦“卓越新月奖”国家荣誉勋章、“一带一路”智库合作联盟理事会年度优秀理事单位2019年度“品牌活动奖”。

己亥频出硕果，庚子锐意开拓。蓝迪国际智库将充分发挥其作为应用型智库的平台资源整合能力，为共建“一带一路”倡议的行稳致远汇集思想、凝聚力量。

第一节　重要活动

“一带一路”倡议与国际合作

一　航空专场　紫荆盛会：承办第四届“空中丝绸之路”国际论坛

当前，国际公路、铁路、海运、航空等现代运输手段以及快速发展的通信网络，形成了人类交往和物质运输的“天网”“地网”和“信息网”。目前，航空货运是中远距离最快捷、最高效的运输方式，而航空制造业的发展水平则反映了国家工业技术的发展水平，大型航空发动机更被誉为工业制造“皇冠上的明珠”。以航空物流产业发展为主要内容的“空中丝绸之路”建设，也已成为“一带一路”倡议的重要组成部分。

2017年6月14日，习近平主席在会见卢森堡首相贝特尔时，提出了

“空中丝绸之路”的概念。随着“一带一路”倡议的推动，航空产业也成为“丝绸之路经济带”建设的先导产业和关键产业。

众所周知，香港是重要的国际航空枢纽，在国家“一带一路”航空连通建设中发挥了航空金融等专业服务平台的作用。在十三届全国政协副主席、原香港特别行政区行政长官、中国社会科学院“一带一路”国际智库名誉主席梁振英的推动下，中国社会科学院“一带一路”国际智库、蓝迪国际智库于2018年9月向中央递交了关于支持第四届“空中丝绸之路”国际论坛在香港举办的报告，该报告获得相关领导人的重要批示。中国社会科学院“一带一路”国际智库、蓝迪国际智库成为第四届“空中丝绸之路”国际论坛的重要组织者。

第四届“空中丝绸之路”国际论坛启动仪式

2019年4月2日，由丝路规划研究中心、“一带一路”国际合作香港中心、中国社会科学院“一带一路”国际智库、中国城市和小城镇改革发展中心、中国民用机场协会主办，蓝迪国际智库、龙浩集团承办的第四届“空中丝绸之路”国际论坛在香港大屿山亚洲国际博览馆隆重开幕。十三届全国政协副主席梁振英，全国政协丝路规划研究中心理事长陈元，中国社会科学院院长、党组书记谢伏瞻，中国民用航空局副局长董志毅，国际机场理事会理事长安吉拉·吉滕斯等分别发表开幕致辞。十二届全国人大财经委员会副主任委员、中国国际经济交流中心副理事长、原重庆市市长黄奇帆，十二届全国人大外事委员会副主任委员、中国社会科学院“一带一路”国际智库专家委员会主席、蓝迪国际智库专家委员会主席赵白鸽，中国国际经济交流中心副理事长兼秘书长、原河南省副省长张大卫等发表主题演讲。来自国内外民航局、国际民航组织、国际行业协会、航空企事业单位、国际著名飞机制造商、大专院校、科研院所及社会组织近300家机构单位、600多位代表和行业专家共同探讨了“民用航空制造”“航空人才国际化发展”“航空产业投资”等专题内容。

本次论坛与“国际机场理事会亚太区及全球年度会议暨展览会”同期召开，扩大了论坛的影响力，共有100多个国家超过1000位航空产业和全球机场业的领导者和企业家出席论坛，共同见证了航空这一重要产业在“一带一路”建设中所取得的发展成绩，并就其未来发展潜力进行讨论与交流。

十三届全国政协副主席梁振英致开幕辞

第四届“空中丝绸之路”国际论坛在香港召开具有特殊意义。梁振英在致辞时表示，香港是中国内陆在亚洲的核心桥梁，是“一带一路”的重要节点，其航空业有大量本地及国际人才，拥有管理机场的成功经验，相信香港在“一国两制”下可发挥独特优势，对“空中丝绸之路”发展起到助推作用。本届论坛期间，香港应把握并充分发挥出“超级联络人”作用，搭建交流平台，促进中国与国际民航业的沟通与合作，促进中国民航业向国际市场的进一步开放。

全国政协丝路规划研究中心理事长陈元致辞

陈元在致辞中说，过去一年里，中国民航围绕服务国家重大战略，积极推动产业国际化，特别开展与“一带一路”沿线国家和地区基础设施互联互通，取得了可喜的成绩。希望各方通过此次论坛，深入挖掘中国航空产业的重大潜力、提高国际市场竞争力、优化航空枢纽布局，做好中国航空产业的国际化发展。

谢伏瞻表示，“空中丝绸之路”是“一带一路”建设的重要组成部分，其建设有利于构建融合配套、分工协作、优势互补的协调发展新机制，推动形成区域协调发展的新格局；有利于全面贯彻落实《粤港澳大湾区发展

中国社会科学院院长、党组书记谢伏瞻致辞

规划纲要》；也有利于香港加快自身发展与服务国家大局紧密结合，搭建国际经贸和人文交流平台，巩固提升传统优势，构筑新优势。

十二届全国人大财经委员会副主任委员、中国国际经济交流中心副理事长、原重庆市市长黄奇帆发表主旨演讲

黄奇帆表示，在香港举办“空中丝绸之路”论坛是贯彻落实“一带一路”倡议和《粤港澳大湾区发展规划纲要》的务实行动。要进一步发

挥香港和欧洲之间空运转运分流的空铁联运商业模式的作用，真正融入“一带一路”倡议和粤港澳大湾区建设，发挥更大的活力和潜力。

中国国际经济交流中心副理事长、秘书长张大卫发表主旨演讲

张大卫认为，为发展航空经济提供更好的服务和融入全球供应链，是区域经济持续增长和高质量发展的战略选择。他对发展航空经济有四点建议：一是更新发展观念，调整规划与战略定位，吸引更多的智慧型、知识型资源，将产业资源向国家规划的航空物流中心周边聚集；二是加快和其他新技术新业态的融合，催生更多新技术、新产业、新业态和新模式的区域经济增长动力源；三是多元化消费需要紧密对接，市场配套的交通基础设施应转变为服务前沿性消费的都市圈消费体验中心及配送枢纽；四是遵循航空运输网络、全球供应链和中国区域经济城市群的规划布局规律，调整客货运航空枢纽的分工和布局。

国际机场理事会理事长安吉拉·吉滕斯发表主旨演讲

安吉拉·吉滕斯表示，在机场建设方面要适宜利用土地政策，降低航空所带来的环保问题，并时刻监控飞行区域安全问题，确保机场的合理经营有效地增长。

中国民用航空局副局长董志毅发表主旨演讲

董志毅在发言中强调，“空中丝绸之路”是“一带一路”建设中的重要一环，航空运输是“一带一路”实现“五通”的首选联通方式。“空中丝绸之路”不仅连接大陆与海洋，还在蔚蓝天空中架设起新的合作桥梁，是促进人文交流、经贸往来、技术传播的重要途径。

香港特别行政区财政司司长陈茂波发表主旨演讲

陈茂波表示，希望能进一步提升香港机场运营水平，提升空中服务质量以及扩展香港的航空网络。不断地提升货物处理能力和基础设施水平。同时，降低进出口的处理成本，尤其是高附加值的成本，增加相互贸易往来，以提升我们在价值链上的水平和地位。

赵白鸽在论坛的总结中指出，“一带一路”倡议将是未来经济发展的重要途径，能够为全人类打造新的发展机会和平台。“一带一路”是新型全球化最好的实践，尤为重要的是打造“共商、共建、共享”的合作方式。同时，“空中丝绸之路”是“一带一路”建设中的重要一环，并且将在香港开启新的模式，不仅能带动经济增长，有益于中国也有利于世界。此次论坛对未来在“空中丝绸之路”建设中提出的措施方案要与国际友人达成共识。

赵白鸽博士进行大会总结

横琴新区金融服务局局长池腾辉、至玥腾风科技投资集团有限公司董事长毕胜、抚州市创世纪科技有限公司创始人林庆星、中电科技国际贸易有限公司副总经理田耀斌、广联达科技股份有限公司董事长刁志中、天壮环保科技有限公司董事长王丽红、广东合力建设有限公司董事长王育武、北京标研科技发展中心创始人谭晓东、安世亚太科技股份有限公司副总裁李飞、瀚华金控股份有限公司副董事长李亚明等蓝迪国际智库平台优秀企业代表参与了本次论坛。

第四届“空中丝绸之路”国际论坛的成功举办，是中国社会科学院“一带一路”国际智库、蓝迪国际智库在国际舞台上的又一次精彩绽放，不仅展示了中国航空业的发展历程与现状，促进了中国与国际航空界的交流，深入挖掘了中国航空产业的巨大潜力，也为促进“一带一路”民心相通，提高中国航空产业国际市场竞争力，优化航空枢纽布局，实现更高水平的航空产业国际合作发挥了重大作用。

二　蓝迪智作　精品传递：主办“一带一路”发展研讨会暨《“一带一路”年度发展报告》(2018) 新书发布会

当前国际形势正发生复杂深刻的变化，面对世界经济下行压力等共同挑战，没有哪个国家能够独善其身。要共同抓住机遇、迎接挑战，就必须寻求互利合作的共赢之道，以开放的胸襟、包容的气度、一致的行动，为世界经济发展注入信心、增添力量。而智库，正是其中重要的力量之一。在全球治理机制面临挑战的局势下，要做出重大的、富有远见的研判。“一带一路”倡议的未来发展，务必追求行稳致远，这个目标的实现，需要更多高质量的智库提供更加优质的智库“产品”。

“一带一路”发展研讨会暨《“一带一路”年度发展报告》新书发布会现场

2019年4月16日，由中国社会科学院“一带一路”国际智库、中国城市和小城镇改革发展中心、“一带一路”国际智库合作联盟共同主办，蓝迪国际智库承办的“一带一路”发展研讨会暨《“一带一路”年度发展报告》（2018）新书发布会在京举行。

左起：郭业洲、沙祖康、王伟光、萨利姆·曼迪瓦拉、莎妮·科丽尼若特尼·卡鲁纳若特尼、赵白鸽

全国政协民族和宗教委员会主任、中国社会科学院原院长、中国社会科学院"一带一路"国际智库理事长王伟光，中共中央对外联络部副部长郭业洲，中巴友好协会会长、联合国前副秘书长沙祖康，十二届全国人大外事委员会副主任委员、中国科学院"一带一路"国际智库专家委员会主席、蓝迪国际智库专家委员会主席赵白鸽，巴基斯坦参议院副主席萨利姆·曼迪瓦拉，哈萨克斯坦驻华使馆代表及斯里兰卡驻华使馆代表出席会议并致辞。中国电子信息产业发展研究院院长卢山，中共中央对外联络部当代世界研究中心主任、"一带一路"国际智库合作联盟秘书长金鑫，中国城市和小城镇改革发展中心学术委员会秘书长、研究员、中国企业管理研究会副理事长冯奎等参加了本次会议。

由中国社会科学院“一带一路”国际智库、中国城市和小城镇改革发展中心、蓝迪国际智库共同组织完成的《“一带一路”年度发展报告》（2018）一书在京正式发布

特邀第十三届全国政协副主席、中国社会科学院“一带一路”国际智库名誉主席、“一带一路”国际合作香港中心主席梁振英为《“一带一路”年度发展报告》（2018）作序

《“一带一路”年度发展报告》（2018）和《蓝迪国际智库年度报

告》（2018）两部新书作为会议的重要成果发布。报告充分关注"一带一路"倡议在优化全球治理体系和促进世界经济增长等方面的重要作用，聚焦其中的战略性、全局性、趋势性问题，充分体现出国家高端智库在"一带一路"建设中的智力支撑作用。

十二届全国人大外事委员会副主任委员、中国社会科学院"一带一路"国际智库专家委员会主席、蓝迪国际智库专家委员会主席赵白鸽致欢迎辞

赵白鸽博士在致欢迎辞时指出，恰逢第二届"一带一路"国际合作高峰论坛召开前夕，举办本次研讨会与各方深入交换意见，共商合作大计。大会以"助推'一带一路'建设、深化沿线国家务实合作"为宗旨，充分展现中国智库在"一带一路"方面的研究成果，是一次致力于推进"一带一路"倡议的国际智慧共融盛会。

"一带一路"作为世界经济体系的重要组成部分，为面临挑战的全球化提供了重要支撑，为世界经济增长与复苏提供了新的动力。经过夯基垒台、立柱架梁的五年，一批有影响力的"一带一路"标志性项目正在落地，其进度和效果超出预期，范围逐渐扩大，蓝图稳步推进。"一带一路”倡议已进入国际发展体系，写入联合国大会、安理会等国际机构的重要决议，以双边合作筑底、多边机制呼应、高峰论坛引领的“三位一体”国际合作架构初步搭建。

蓝迪国际智库成立于第四次产业革命的萌动期、“一带一路”倡议的初始期。自成立之初，蓝迪国际智库始终遵循“问题导向、需求导向、项目导向、结果导向”的原则，做好以下两项重要工作：一是认真研究新型全球化、“一带一路”与工业革命之间的关系，并就核心问题提供可行的应对方案；二是严密组织相关产业群、企业群和技术群，为这一伟大变革做好基础性工作，通过发掘、培育和推介企业，为新型全球化发展服务。目前聚集在蓝迪平台的 350 个企业，分为 15 个类别，其中，国有企业占比 40%，民营及混合制企业占比 60%。它们中既有为“一带一路”中的“五通”（政策沟通、设施联通、贸易畅通、资金融通和民心相通）做出了重大贡献的、实力雄厚的国有企业，也有充满创新精神的民营企业；既有国家培养的优秀中年企业家团队，也有脱颖而出的“80 后”“90 后”的年轻创业团体，让我们看到了中国希望之所在。

新型全球化以包容性、共赢性和创新性为特征，各国重新审视其内外政策，以制定更合理的全球治理规则，赋予全球化以新的内涵。中国作为世界第二大经济体和最大的发展中国家，在国际舞台上多次为全球治理转型建言献策，在新型全球化中发挥越来越重大的作用。“一带一路”倡议提供了一个让世界经济复苏、让全世界贫困人口真正脱贫的方法。“一带一路”倡议以“五通”作为发展重点，构建利益共同体、责任共同体和命运共同体。更重要的是，中国坚持全球化基本方向，通过加强各国间的合作，促进经济可持续健康发展。

王伟光表示，“一带一路”智库为国家“一带一路”倡议提供支持和服务，自成立以来始终紧密围绕党和国家工作大局，在公共外交、国际

全国政协民族和宗教委员会主任、中国社会科学院原院长、
中国社会科学院“一带一路”国际智库理事长王伟光致辞

政治、宏观经济等领域发挥理论创新、社会服务等重要功能，为促进“一带一路”建设作出了积极贡献，赢得了良好声誉。《“一带一路”年度发展报告》（2018）和《蓝迪国际智库年度报告》（2018）总结了“一带一路”倡议实施以来的发展进程，研究了现阶段的问题和挑战，分析了“一带一路”与工业革命之间的关系，汇总整理了相关专家群、企业群案例，为优化全球治理体系、促进世界经济增长提供了理论支持，也为“一带一路”高质量发展提供了智力服务。

郭业洲表示，此次发布的报告，既有对“一带一路”倡议实施进展的梳理，也有对“一带一路”所涉及重大问题的理论思考；既有对各领域合作的跟踪研究，也有对城市、海外工业园区等一些微观层面的深入观察，可以说理论和实践、点和面结合得很好，具有重要的理论意义，操作层面有重要的参考价值。“一带一路”的实践将进入高质量、高水平、高标准的发展阶段。这当然也会对智库研究提出新的要求，作为

中共中央对外联络部副部长郭业洲致辞

“一带一路”国际智库合作联盟的代表，郭业洲与大家分享了几点对智库研究的想法：

第一，我们应该坚持以“人民为中心”的发展思想，深入研究如何让“一带一路”更好地惠及普通民众，这应该是下一步研究重点。共享研究成果是“一带一路”倡议的初心，也是“一带一路”建设可持续推进的重要保障。应该通过什么样的机制来做、怎样来做等等，这都为我们智库的研究工作点题。同时，我们也可以深入研究“一带一路”建设与共建国家经济社会可持续发展之间的关系，让“一带一路”建设和当地的经济社会发展形成一种良性的互动。

第二，我们可以坚持以动态发展的眼光看问题，深入研究“一带一路”建设在新的阶段可能或者已经面临的一些热点、难点问题。随着倡议的不断落实和推进，合作当中我们会不断碰到一些重要的技术问题，比如说进入新阶段以后，合作的机制到底怎么搭建；再比如说，如何开展第三方的合作，如何在新的阶段为“一带一路”构建一个更加友善、积极的国际舆论环境，如何更好地维护“一带一路”建设的安全，这些都是接下来应该聚焦的问题。

第三，“一带一路”以新的实践为基础，要深入推进实践基础上的理论创新。“一带一路”是重大的实践创新，也是理论创新。随着时间推移，理论体系将会也必须清晰起来。我们紧跟“一带一路”步伐，不断深化对倡议的深层理论逻辑的认识，逐步构建起“一带一路”有着内在逻辑性、系统性的理论体系和话语体系。用这样一种理论体系更好地指导新阶段的实践，用这样一种话语体系更好地培护“一带一路”在新阶段的推进。习近平主席指出，这是一个需要理论而且能够产生理论的时代，这是一个需要思想而且一定能产生思想的时代。所以“一带一路”建设可以说为智库工作者提供了广阔的舞台，我们要珍惜这样一个时代，期待广大智库同仁们在实践中不断开拓创新、加强合作，共同推动理论创新与实践发展相辅相成、同步前进。

中巴友好协会会长、联合国前副秘书长沙祖康发表主旨演讲

沙祖康表示，《“一带一路”年度发展报告》（2018）从优化全球

治理体系、构建人类命运共同体、国内战略、多边主义、融资机制、互通发展、信息化、智慧城市以及愿景展望等各个侧面重点分析了“一带一路”建设的战略性、全局性、趋势性问题。总结了全球化的发展历程及“一带一路”倡议实施的进展，提出了全球化发展到现阶段遇到的问题与挑战，为新型全球化和世界经济增长与复苏提供了理论支持，为“一带一路”建设的参与者和广大受影响人群提供权威解读以及可操作的指导性意见。

《蓝迪国际智库年度报告》（2018）以企业案例为主，分析了涵盖能源和新能源、新技术、新材料、基础设施建设、服务业、中医药、金融、园区等15个分类的350个企业在“一带一路”建设过程中的案例和总结相关经验，重点突出了20个蓝迪平台优秀创新企业。报告中对于国有企业、民营企业的案例分析对企业参与“一带一路”建设具有较高的参考价值。在中国企业“走出去”的过程中，不仅需要政府提高服务意识、加强作为、推动更精准的资源对接，也需要智库机构对企业的发掘、培育和推介，与政府、社会、企业共同形成高效的合作机制，将相关报告及政策建议有效转化为有关部委和地方政府政策措施，为中国企业国际化之路提供更多支持和帮助，也已成为必须回应的时代命题。

当前，“一带一路”建设从谋篇布局的“大写意”阶段转向精耕细作的“工笔画”阶段，中国经济由高速增长转向高质量发展阶段，新时代赋予了中国企业公共外交的新使命。

萨利姆·曼迪瓦拉表示，蓝迪国际智库自2015年成立以来，为推动中巴经济走廊政策研究发挥了多边合作的积极作用，相信《“一带一路”年度发展报告》（2018）将有助于世界理解中巴如何形成新的合作模式，推动各种合作机制，创造多项合作世界纪录，推动区域经济一体化发展。此外，在国际形势不断变化、新挑战层出不穷的背景下，“一带一路”倡

巴基斯坦参议院副主席萨利姆·曼迪瓦拉发表主旨演讲

议为全球治理提供了中国方案。这份年度报告能够展现“一带一路”合作框架取得的成就和成功经验，并向世界解释为什么“一带一路”成为全球关注的焦点。

巴基斯坦高度赞赏和支持习主席提出的“一带一路”倡议和“共享繁荣、合作共赢”的愿景，认为它具有巨大的经济和外交潜力，将改变数十亿人的生活。中巴经济走廊是包容共享发展理念的实践体现，是连接“丝绸之路经济带”和“21 世纪海上丝绸之路”的纽带。巴基斯坦将尽全力保证中巴经济走廊项目按时完成，欢迎所有潜在投资者来巴基斯坦经济特区投资兴业。萨利姆·曼迪瓦拉表示，巴基斯坦和中国通过“互联互通、共享繁荣”的共同愿景，也与亚洲议会的总体宗旨和原则产生了共鸣。巴基斯坦参议院将第二次担任亚太地区主席国，在共同塑造亚洲命运、建设更加美好繁荣的亚洲过程中，合作成为最终原则。为了推进这一共同议程和愿景，巴基斯坦参议院 2018 年还在瓜达尔主持了亚洲议会大会（APA）小组委员会会议，会议的成功举办，有力地向世界展示了中巴经济走廊的潜力。

斯里兰卡驻华大使馆副大使莎妮·科丽尼若特尼·卡鲁纳若特尼发表主旨演讲

斯里兰卡驻华大使馆副大使莎妮·科丽尼若特尼·卡鲁纳若特尼表示，蓝迪国际智库是中国最有影响力的智库之一，在智库研究、国际合作以及促进“一带一路”建设等方面发挥着越来越重要的作用，特别是在推动斯中传统友好合作方面做了大量的工作。

斯里兰卡一直是“海上丝绸之路”的明珠。斯里兰卡与中国之间的友谊源远流长。随着“一带一路”倡议的深入推进，“丝绸之路”的意义得到拓展，双边关系进一步扩大。中国和斯里兰卡在主权、领土完整和民间交往等问题上进行合作。双方多个项目已完成或正在开展，实现互惠互利。由中国帮助兴建的汉班托塔港、马塔拉航空港、Norochchole 发电厂、高速公路等项目，为两国间提供了就业、技术转移等诸多机会。另外，斯里兰卡已成为一个非常受欢迎的旅游目的地，2018 年，已有 275000 名游客抵达斯里兰卡。中国的美食在斯里兰卡很受欢迎，两国人民之间文化交流的新气象已赫然出现。莎妮·科丽尼若特尼·卡鲁纳若特尼认为，“一带一路”由中国倡议，已有65个成员，汇聚了各国的力量与智慧，发扬了各国人民的勤劳与创造，让一项项务实举措落地生根，让一个个发展成果惠及更多国家和人民，“一带一路”必将绘就人类共同发展的美好画卷。

时任中国电子信息产业发展研究院院长卢山发表主旨演讲

卢山表示，作为《“一带一路”年度发展报告》（2018）和《蓝迪国际智库年度报告》（2018）的编者之一，在编写的过程中深刻体会到蓝迪国际智库研究对于“一带一路”建设的推动作用，也认识到这个选题的巨大挑战。面对复杂多变的国际形势，本报告以总论和分专题的形式，从全球治理、战略协同、合作机制、基础设施、能源合作、人文交流等方面，系统梳理了“一带一路”倡议提出以来国内外各领域发展情况和最新进展，为今后“一带一路”推进工作提供实践依据和理论支持，也为新型全球化发展提供了思路借鉴。同时，编撰过程中也深刻体会到数字经济对“一带一路”建设具有举足轻重的作用。2018年，中国数字经济规模达到了31万亿元，数字经济发展指数为0.718，仅次于美国，位居全球第二。“一带一路”沿线国家信息化水平不均衡，与沿线国家的“数字丝绸之路”合作具有较大潜力。综合当前“一带一路”建设的各方面情况来看，“数字丝绸之路”是加强国际产能合作的重要基础，也是推进“一带一路”高质量发展必不可少的重要选项，具有重要的现实意义。

“一带一路”是中国融入世界经济体的过程，这是经济再平衡的过程。虽然融入的难度比想象的大得多，但重要的是让世界人民、经济体接受这一过程，而这需要各方建立信任、谋求共识、找到共同发展的路径。在“一带一路”实践过程中，还需要更多的耐心，更多的智慧，更多的时间。“一带一路”虽然是中国政府提出的一个倡议，但是企业应该成为“一带一路”经济合作、贸易合作的主体，蓝迪国际智库针对性地做了大量工作，要给中国的企业当好参谋，也给“一带一路”共建国家当好参谋。

中共中央对外联络部当代世界研究中心主任、
“一带一路”国际智库合作联盟秘书长金鑫发表主旨演讲

金鑫表示，“一带一路”研讨会从智库角度为即将召开的第二届“一带一路”国际合作高峰论坛预热，也从理论和实践视角对“一带一路”进行评估，为在新起点上实现高质量的发展提出建议，同时也是智库、产业、媒体等多个“一带一路”参与主体一起融合发展，推动“一带一路”向高质量发展的会议。

在“一带一路”国际智库联盟及国内外260家智库的观察来看，中国社会科学院“一带一路”国际智库、蓝迪国际智库编写的两本报告是高质量、高信息量、高水平的。各领域专家学者从各自的角度对五年来“一带一路”相关领域取得的进展和成就进行了全景扫描，对构建发展导向型的区域合作机制等方面取得的成果，包括对“一带一路”投融资、信息走廊、海外园区等在“一带一路”中起到的枢纽作用等方面，进行了深入研究。

蓝迪国际智库聚焦第四次产业革命时代背景，把第四次产业革命与“一带一路”实践有机结合，进行务实研究与调研，为合作伙伴国、中国相关的地方政府和行业企业更好地融入“一带一路”发展提供有效的咨询和信息，积极助推成果转化，促进“一带一路”高质量发展。从第四次产业革命和“一带一路”实践中，我们清晰地看到了蓝迪国际智库这些年的追求和方向。蓝迪国际智库在认真做学问，更重要的是搭建政商学、国内外、东中西合作交流的平台。蓝迪国际智库倡导“问题导向、需求导向、项目导向、结果导向”的原则，其中有很多创意做法在书中体现得很明显，值得体制内的智库学习。

随着“一带一路”的推进，随着企业“走出去”具体项目的实施，国际社会对“一带一路”的认识和理解越来越深入，越来越多的外国朋友表示“一带一路”是强调基础设施建设的经济学，是强调陆海联动发展的经济学，是强调实体经济和虚拟经济良性互动的经济学，也是探索国际经济合作模式的经济学，是对于后发展国家超越发展的经济学，同样也是推动世界经济向普惠均衡发展的经济学。因此，我们要更多聚焦经济学领域，在经济领域提出更多的发展倡议，把“一带一路”功能广泛化。

中国城市和小城镇改革发展中心学术委员会秘书长、研究员、
中国企业管理研究会副理事长冯奎发表主旨演讲

冯奎表示，作为两本报告的编者之一，通过生产智库产品参与共建“一带一路”的伟大进程，体会到智库在共建“一带一路”中的角色担当，这份自豪感是真真切切的。王伟光、谢伏瞻等领导分别牵头组成了两本报告的编委会，在赵白鸽主任等领导专家组织编撰报告的过程中，一些初定的目标基本实现。这两本报告由中国社会科学院发起，联合十余家特色智库机构，邀请了 30 多名具有影响力的专家学者，就“一带一路”建设面临的新型全球化、第四次产业革命进行了分析，讨论了“一带一路”建设涉及的政策、设施、贸易、资金和民心相通等问题，并就相关领域，如“一带一路”信息走廊、城市实践、海外园区等进行了专题性研究。它是权威机构出品的智库产品、是体现全球视野的智库产品、是联合协作生产的智库产品、是具有务实风格的智库产品。编委会创作初衷是希望智库学者各抒己见，能够发出独立思考的声音，能够在发现问题的同时提出解决问题之道，发出富有建设性的声音，能够努力走向

“一带一路”的前沿和焦点研究领域，发出能够引起回响的声音。

众多机构汇聚在这个平台，一起支持“一带一路”发展。这些机构，包括这些机构所生产出的智慧产品，已经代表了“一带一路”智库研究的最前沿成果。我们需要进一步研究，从而提供更加有效和更具标志性的产品。希望国内顶尖的智库在这方面做好榜样，持续努力，将“一带一路”发展报告形成智库研究成果精品，焕发出应有的力量。

“一带一路”发展研讨会暨《“一带一路”年度发展报告》（2018）新书发布会

赵白鸽博士、沙祖康大使与巴基斯坦参议院副主席萨利姆代表团

出席会议的还包括广联达科技、泰豪科技、创世纪科技、山东天壮环保、江联重工集团、龙浩集团、武汉兰丁、新疆亚欧国际、山东五征、顺鑫农业、江苏欧尔润、四川能投、中电科技、科大讯飞、广西中科曙光、世和基因、北标研、中国标准化研究院等150多位蓝迪平台企业代表以及来自央视网、新华网、中国日报网、中国经济网、凤凰网、腾讯、网易、新浪、搜狐、环球、贵州卫视《论道》栏目、陕西卫视、三沙卫视等 26 家媒体的代表。

此次会议，多方共同研究和交流“一带一路”发展进程中的机遇与挑战，用高质量的智库成果推动“一带一路”实现更高质量的发展，推动国际经济合作，实现构建人类命运共同体的愿景。

三　数字之路　联通寰宇：出席第二届“一带一路”国际合作高峰论坛“数字丝绸之路”分论坛

2019 年 4 月 25 日下午，第二届“一带一路”国际合作高峰论坛“数字丝绸之路”分论坛在北京国家会议中心举行，论坛主题为“共建 21 世纪数字丝绸之路”。“数字丝绸之路”分论坛由国家发展和改革委员会、国家互联网信息办公室主办，中国城市和小城镇改革发展中心参与协办。

“数字丝绸之路”分论坛现场

此次分论坛共设两轮高端对话环节，来自政府、智库、工商界代表及联合国、非盟等国际组织代表分别围绕“数字经济助力包容性增长和可持续发展”“智慧城市、数字技术让人民生活更美好”主题进行了精彩的观点分享。法国前总理、法国政府中国事务特别代表让－皮埃尔·拉法兰，埃及前总理伊萨姆·沙拉夫，巴基斯坦参议院参议员穆沙希德·侯赛因·萨义德等蓝迪国际智库海外专家委员会成员及十二届全国人大外事委员会副主任委员、中国社会科学院“一带一路”国际智库专家委员会主席、蓝迪国际智库专家委员会主席赵白鸽，中国城市和小城镇改革发展中心主任史育龙等出席此次分论坛。

让－皮埃尔·拉法兰从促进“一带一路”智慧城市合作的角度提出了三点建议：一是建立多边机制，通过成立基金的方式推动投融资，如法国展望基金会可以与中国机构共同成立投资基金；二是促进国家之间的项目合作；三是支持私营企业共同参与项目投资，通过合作把大项目做下去。

史育龙指出，当今世界正在经历前所未有的数字技术发展浪潮，以智慧城市建设为代表的数字化实践正在深刻地改变我们的生活。处在数字化时代，共建“一带一路”也致力于推动大数据、云计算和智慧城市建设，连接成 21 世纪的“数字丝绸之路”。构建互联互通的数字世界需要各国政府、私营部门、民间社会、国际组织的积极参与，各个国家在智慧城市、数字技术发展方面的实践案例和经验成果可以相互启发。

第二届“一带一路”国际合作高峰论坛召开期间，蓝迪国际智库在京召开了蓝迪国际智库海外专家研讨会，会议旨在促进“一带一路”共建国家的城市发展与新兴科技应用。会议由十二届全国人大外事委员会副主任委员、中国社会科学院“一带一路”国际智库专家委员会主席、蓝迪国际智库专家委员会主席赵白鸽主持，法国前总理让－皮埃尔·拉法兰，埃及前总理伊萨姆·沙拉夫，巴基斯坦参议院参议员穆沙希德·侯赛因·萨义德，南非总统顾问伊克巴尔·苏威，法国展望与创新基金

赵白鸽与蓝迪国际智库海外专家成员

第一排从左到右：赵白鸽、拉法兰、沙拉夫、伊克巴尔、穆沙希德

第二排从左到右：冯奎、敦忆岚、乐白、哈瓦里

会乐白，中国城市与小城镇改革发展中心学术委员会秘书长冯奎，中国化学工程集团有限公司常委、监事会主席敦忆岚，国浩律所合伙人孙文杰以及蓝迪国际智库秘书处成员等出席本次研讨会。

与会专家就如何进一步优化和发挥平台服务体系作用，继续为平台企业七大服务内容提供系统支持以及如何进一步提升蓝迪平台企业国际竞争力，加快企业“走出去”步伐等进行了深入的主题研讨，并就多边合作达成了重要共识。会议特别分析了为蓝迪平台企业在法律服务、政策研究、技术标准、信息服务、金融支持、文化与品牌、能力建设七项服务内容提供系统支持的具体办法，同时重点讨论了 2019 年 9 月即将在广西南宁召开的 2019 中欧绿色智慧城市峰会的相关事宜。

蓝迪国际智库专家委员会主席赵白鸽出席研讨会

赵白鸽表示，新型全球化是和平发展环境下的全球化，“一带一路”已经成为新型全球化的重要载体。蓝迪国际智库一直致力于引领和推动科技产业在“一带一路”共建国家和地区的发展，不断吸引越来越多国际优秀专家学者汇聚平台。赵白鸽指出，经济、政治、文化、社会和生态文明建设“五位一体”的总体布局，标志着中国社会主义现代化建设进入新的历史阶段。蓝迪国际智库近年来不断致力于对平台科技企业进行发掘、培育和推介，对不断涌现的新技术、新产品、新标准和品牌进行集合式的顶层设计。企业是中国走出去的市场主体，是创造力的来源，因此“一带一路”建设不能忽略企业的投资。蓝迪国际智库一直为企业的发展而奔走，帮助企业了解“一带一路”国家政治、法律等信息，规避投资风险，所以在第四次产业革命到来之际，“如何形成共同推动社会发展的重要力量”成为探讨的主题。

从左到右：埃及前总理沙拉夫、法国前总理拉法兰、
蓝迪国际智库专家委员会主席赵白鸽

让-皮埃尔·拉法兰指出，“一带一路”倡议在全球范围内所取得的成果表明，这是一个卓有成效的合作倡议。中国是一个特别大的市场，也是一个非常有实力的大国。法国也有一些自己的优势，尤其是在人才培养方面。中法可以共同创造和设计一些未来产品，希望与蓝迪平台的智慧能形成合力，达成共识，共同构想，从而促成一些中法两国互利共赢的项目，将中法合作制造的产品推向全世界。

伊萨姆·沙拉夫提出，当今世界的变革正处在十字路口，需要新的全球治理体系。“一带一路”倡议让全球不同文明和文化实现共通，架起了缩小发展差距、连接不同文化的桥梁，将深刻影响人类价值观。“一带一路”对于推进中埃在绿色技术以及智慧城市发展方面发挥了巨大作用，埃及愿意学习借鉴中国发展的先进经验，也希望与蓝迪平台优秀创新企业展开深度交流与合作。

从左到右：埃及前总理沙拉夫、南非总统顾问伊克巴尔、
巴基斯坦参议院参议员穆沙希德、
蓝迪国际智库专家委员会主席赵白鸽

穆沙希德·侯赛因·萨义德表示，民心相通是最深入、最长久的互联互通。在新的世界形势下，民心相通的重要性更加突出。蓝迪国际智库是中国新型智库的范例，并已拥有系统的对话交流及合作机制，希望下一步就民心相通方面与蓝迪国际智库进一步开展务实合作。

南非总统顾问伊克巴尔·苏威建议，要利用平台力量促进政府与企业、城市与城市、科学技术部门与企业之间以及社会与媒体机构之间的互通与交流合作。伊克巴尔·苏威发起建立了由43家国际媒体组成的媒体联盟，希望接下来与蓝迪国际智库携手扩大国际媒体联盟的“朋友圈”，使之成为未来平台发展的引擎。

“一带一路”倡议源于中国，而机会和成果属于世界。这是一项合作伙伴们需要长期共同努力的事业。第二届“一带一路”国际合作高峰论坛对外传递了一个明确信号：共建“一带一路”的“朋友圈”越来越大，合作伙伴越来越多，合作质量越来越高，发展前景越来越好。蓝迪国际智库将落实好本届高峰论坛各项共识，以绘制“工笔画”的精神，不断推动共建“一带一路”合作走深走实、行稳致远、高质量发展，开创更加美好的未来。

四　中巴友好　再谱新篇：出席巴基斯坦中国贸易与投资论坛

在中国经济发展进入新常态的背景下，境外经贸合作区的建设已经成为中国在全球化战略下发展经济的有效途径和措施。在国家政策引导和扶持下，经过八年的投资建设，国内企业到境外进行投资建立的经贸合作区不仅推动了国家“走出去”战略的实施，还为国内企业提供了境外投资的平台。

巴基斯坦中国贸易与投资论坛在北京举行

随着“一带一路”和中巴经济走廊建设的推进，加之巴基斯坦提供的各种优惠政策和所拥有的丰富资源，吸引了大量的中国企业到巴基斯坦进行投资。2019 年 4 月 28 日上午，由巴基斯坦商务部主办的巴基斯坦中国贸易与投资论坛在北京举行。此次论坛积极响应第二届“一带一路”国际合作高峰论坛成果，充分展示《中巴自由贸易协定》为巴基斯坦带来的贸易与投资机会，并搭建两国企业家有效开展 B2B 会议平台，有力推动中巴全天候战略合作伙伴关系和中巴经济走廊建设进一步走深走实。

巴基斯坦总理伊姆兰·汗与蓝迪国际智库专家委员会主席
赵白鸽博士亲切交谈

会前，巴基斯坦总理伊姆兰·汗与中共十九届中央委员、十三届人大常委会副委员长张春贤亲自接见了十二届全国人大外事委员会副主任委员、中国社会科学院“一带一路”国际智库专家委员会主席、蓝迪国际智库专家委员会主席赵白鸽及蓝迪国际智库企业代表，并亲切交谈。赵白鸽在会谈中提出，自 2015 年以来，中国社会科学院“一带一路”国际智库、蓝迪国际智库与新疆维吾尔自治区人民政府成功举办了两届中巴经济走廊（新疆·克拉玛依）论坛。论坛为中巴搭建了重要的交流平台，推动了双方在能源、交通、港口、农业、生物医药、产业园建设等

十三届全国人大常委会副委员长张春贤与蓝迪国际智库专家委员会主席赵白鸽亲切交谈

方面的合作，进一步促进了新兴产业和信息业的发展，为中巴交流与合作搭建了重要平台。希望2019年中巴经济走廊高峰论坛能在巴方的支持下在伊斯兰堡召开，以促进中巴经济建设和改善民生为目标，重点聚焦区域合作和产业发展，拓宽企业合作平台，服务重点行业，实现中巴产业对接，提升产业能力和经济实力。该提议获得伊姆兰·汗总理及张春贤副委员长的高度认可与支持。

论坛上，巴基斯坦总理伊姆兰·汗、十三届全国人大常委会副委员长张春贤、巴基斯坦外交部部长马克杜姆沙阿·迈赫穆德·库雷希及驻华大使马苏德·哈立德出席大会并致辞。巴基斯坦商业委员会副会长萨齐卜·施拉兹作题为《中国与巴基斯坦间的商业机遇》的演讲。

巴基斯坦总理伊姆兰·汗与十三届全国人大常委会副委员长张春贤出席论坛开幕式

巴基斯坦总理伊姆兰·汗在论坛开幕式上致辞

伊姆兰·汗总理表示，“一带一路”倡议是中巴友谊的基石，中巴两国关系久经考验，相信在贸易和投资领域的合作对进一步加强两国经济关系有很大帮助。《中巴自由贸易协定》旨在扩大市场准入，并为中国公司从巴基斯坦生产和出口创造更多投资机会。除了《协定》修订带来的市场准入机会外，两国企业家还将通过互相交换丰富的专业知识和资源，以顺利推动在巴基斯坦开展项目，使巴基斯坦能够满足全球的进口需求。中巴经济走廊不仅将巴基斯坦和中国联系起来，还将在很大程度上有助于搭建南亚、中亚和西亚国家之间的互联互通框架。这将带来巨大的繁荣和成功。

十三届全国人大常委会副委员长张春贤在论坛开幕式上致辞

张春贤副委员长表示，巴基斯坦是中国唯一的全天候战略合作伙伴。两国始终相互信任、相互支持、相互帮助。中巴友谊历经国际风云变幻考验，始终坚如磐石。中国连续多年成为巴基斯坦第一大贸易伙伴和第一大外国直接投资来源国。中巴两国要不断拓展经贸和投资合作，为两国人民创造更多福祉，为地区经济快速健康发展贡献更大的力量，实现高标准惠民生的可持续目标。我们在这方面具有良好的基础和有利的条件。中巴经济走廊建设稳步提质升级，两国交通能源合作项目纷纷建成，显著改善了巴基斯坦基础设施条件。两国领导人推动拓展中巴经济走廊建设产业、农业和社会民生等领域的合作。在当前世界不确定性、不稳定性上升的背景下，中巴的开放合作关系已经上升至新高度。各国应该共同努力，更好地建设开放型世界经济，维护多边贸易体制，从而引导经济全球化更加健康发展。

时任巴基斯坦驻华大使马苏德·哈立德出席论坛并作主旨演讲

马苏德·哈立德大使表示，中国是巴基斯坦最大的贸易伙伴和对外直接投资的来源国。《中巴自由贸易协定》第二阶段的实施为两国双边贸易的未来发展打下坚实的基础，为巴基斯坦的商品出口到广阔的中国市场铺平道路。此外，还将增强巴基斯坦作为投资目的地的吸引力。无论地区和国际形势发生怎样的复杂变化，巴中两国独特的友谊始终坚定不移。新时代下，巴中全天候战略合作伙伴关系在经济层面的重要性日益凸显。巴中两国的关系随着中巴经济走廊的启动变得日益重要，作为中国“一带一路”倡议的旗舰项目，中巴经济走廊旨在为巴基斯坦、中国和地区人民带来切实的经济利益。

会议当天，在巴基斯坦总理伊姆兰·汗和中国国务院总理李克强的见证下，中国商务部副部长兼国际贸易谈判副代表俞建华与巴基斯坦驻华大使马苏德·哈立德签署《中华人民共和国政府和巴基斯坦伊斯兰共和国政府关于修订〈自由贸易协定〉的议定书》（以下简称“《议定书》”）。《议定书》核心内容是在原自贸协定基础上，进一步大幅提高两国间货物贸易自由化水平。《议定书》生效后，中巴两国间相互实施零关税产品的税目数比例将从此前的 35% 逐步增加至 75%，自由化水平提高一倍以上。这将大大促进巴基斯坦的出口，推动两国之间的贸易平衡，为两国优秀企业共融合作提供巨大的空间。

巴基斯坦外交部部长马克杜姆沙阿·迈赫穆德·库雷希与联合国前副秘书长、中巴友好协会会长沙祖康、蓝迪国际智库专家委员会主席赵白鸽在论坛上进行友好交流

中巴友好协会会长、联合国前副秘书长沙祖康，中国驻巴基斯坦大

使姚敬，十二届全国人大外事委员会副主任委员、中国社会科学院“一带一路”国际智库、蓝迪国际智库专家委员会主席赵白鸽及蓝迪平台企业、百家中国企业、50家巴基斯坦工业及服务行业组成的企业代表团出席了本次会议。

蓝迪国际智库专家委员会主席赵白鸽与蓝迪平台企业家代表在论坛现场

论坛期间，蓝迪国际智库对中国对外承包工程商会、四川能源投资集团有限责任公司、江苏振发控股集团有限公司、中国电建集团国际工程有限公司、三峡国际能源投资集团有限公司、中国铁建国际集团有限公司、中国海外港口控股有限公司、中建巴基斯坦代表处、中国化学工程集团、中电科技国际贸易有限公司、泰豪科技股份有限公司、兰丁医学高科技有限公司、科大讯飞股份有限公司等13家蓝迪平台企业做出重点推介，助力创新技术企业的高质量发展。

中巴经济走廊是“一带一路”建设的旗舰项目，承接中国产业链延伸。蓝迪国际智库将携手平台企业，积极参与中巴合作，响应“一带一路”倡议，助力巴基斯坦实现工业化，为巴基斯坦经济自主发展提供更多动力和支持，共同打造中巴命运共同体。

五　联合欧亚　公平发展：出席第十六届欧亚媒体论坛

由哈萨克斯坦非政府组织“欧亚发展基金会”主办的欧亚媒体年度论坛已连续举办十六届，旨在推动欧亚媒体之间的交流。哈萨克斯坦参议院议长达丽加·纳扎尔巴耶娃博士为该论坛创始人。旨在通过建立对话机制增进东西方的互相了解。其创办由来是“9·11”事件后，世界地缘政治发生重大变化并引起多方深度思考。欧亚媒体论坛作为中亚领先的独立对话平台，主要任务是为政治家、记者和专家就哈萨克斯坦、欧亚大陆和整个国际社会的地缘政治、经济、社会文化发展等关键问题进行对话创造条件。

第十六届欧亚媒体论坛开幕式现场

2019 年 5 月 22 日，第十六届欧亚媒体论坛在哈萨克斯坦阿拉木图的丽思卡尔顿酒店开幕。亚美尼亚总统阿芒·萨克桑，爱沙尼亚前总统托马斯·汉瑞克·艾夫斯洛瓦亚，英国常驻欧盟代表伊万·罗杰斯，欧洲经济共同体一体化和宏观经济部部长塔亚纳·瓦洛瓦亚，哈萨克斯坦外交部副部长耶尔詹·阿什巴耶夫，十二届全国人大外事委员会副主任委员、中国社会科学院“一带一路”国际智库专家委员会主席、蓝迪国际智库专家委员会主席赵白鸽，中华人民共和国驻哈萨克斯坦大使张霄，中国社会科学院俄罗斯东欧中亚研究所所长、中国社会科学院中俄战略协作高端合作智库副理事长兼秘书长孙壮志等出席了本次论坛。

赵白鸽博士与亚美尼亚总统阿芒·萨克桑、英国常驻欧盟代表伊万·罗杰斯、俄罗斯一体化和宏观经济发展部部长塔亚纳·瓦洛瓦亚及主持人吉达·法赫里在论坛上进行高端对话

以“今日世界：现实的转变”为主题的论坛围绕“中亚国家区域一体化”“寻求新的发展思路和模式”“人工智能时代下人类的竞争力”“媒体行业的数字化”等热点话题展开研讨，现场嘉宾的独到观点引发了与会者强烈共鸣。此外，来自英国、澳大利亚等国家知名媒体人和与会者通过论坛针对记者的强化培训项目进行了广泛交流。

蓝迪国际智库专家委员会主席赵白鸽在论坛上作主旨演讲

论坛期间，赵白鸽作为第十六届欧亚媒体论坛特邀嘉宾于5月23日召开的开幕式上发表题为《共建“一带一路”，推动新型全球化》的主旨演讲，她指出：第一，世界需要新型全球化。当前，全球范围的公共治理或出现巨大真空，一定程度的冲突和失序成为常态，全世界都在渴望更为公正、富有活力的新型全球化。所谓新型全球化，就是指“开放、包容、普惠和共享”的全球化过程。“开放”是指多种合作机制共存共赢，而非满足既得利益者的私利；“包容”是指各国从本国国情和实际出发，尊重各自的选择；“普惠”是指共同筑就命运、责任和利益共同体，共享全球化带来的利益；“共享”是指坚持以全人类的整体利益为中心，实现共同发展。

第二，“一带一路”是新型全球化的载体。“一带一路”倡议由中国提出，但“一带一路”事业属于全人类。“一带一路”倡议传承古丝路的“开放、包容、合作”精神，结合世界多极化、经济全球化，赋予其新的时代内涵，该倡议致力于打造各国利益、责任和命运共同体。作为新型全球化的载体，“一带一路”坚决摒弃原有不公正不合理的元素，坚持平等相待和相互尊重，高举“和平、发展、合作”的旗帜，让全体参与国家和人民从中受益；强调“共商、共建、共享”原则，保证每个国家、每个参与人都享有公平发展的机会；以“问题导向、需求导向、项目导向、结果导向”为目标，务实推进经济、社会可持续发展。

第三，哈萨克斯坦是“一带一路”的首倡之地，中哈是共建“一带一路”的先行者，是推动新型全球化的伙伴。在“一带一路”建设框架下，中哈率先开展产能合作，深化发展战略对接，实施了一系列重大合作项目。中哈合作在国际社会树立了优势互补、互利共赢的典范，为推动建设新型国际关系、构建人类命运共同体注入了力量，在推动新型全球化进程中发挥着建设性作用。

哈萨克斯坦参议院议长、论坛组委会主席达丽加·纳扎尔巴耶娃与中方代表进行会谈

论坛期间，哈萨克斯坦参议院议长、论坛组委会主席达丽加·纳扎尔巴耶娃特邀赵白鸽、张霄、孙壮志进行双边会晤。会晤中，赵白鸽主任提出，为积极推动中哈共建“一带一路”倡议，促进民心相通，建议围绕“新型全球化”“中国的改革与实践”“中国经济与法律”等主题举办中哈共建“一带一路”国际高级研修班，为哈萨克斯坦社会经济发展提供发展经验。此提议得到哈参议院议长的高度认可与支持，并拟定于

2019 年 12 月正式启动。该研修班将促进中哈两国相互交流治国理政思想，加强在宏观经济政策及发展规划领域的协调和对接，从而达成符合各方根本利益的发展共识。

六　睦邻友好　携手前行：出访乌兹别克斯坦

乌兹别克斯坦地理位置优越，是中国—中亚—西亚经济走廊关键枢纽，也是中亚地区共建“一带一路”的重要参与者和建设者。近年来，中乌双边全面战略合作伙伴关系不断深化，在互联互通、产能合作、经贸关系便利化及人文交流方面不断取得新成就。应乌兹别克斯坦前总统夫人卡里莫娃的邀请，十二届全国人大外事委员会副主任委员、中国社会科学院“一带一路”国际智库专家委员会主席、蓝迪国际智库专家委员会主席赵白鸽率领代表团于 2019 年 5 月 24 日至 27 日访问乌兹别克斯坦。

乌总统办公厅副主任、前文化部部长库兹耶夫和“关心下一代健康”基金会（Sog’lom Avlod Uchun）主席伊纳莫娃抵达机场迎接赵白鸽博士一行

乌兹别克斯坦前总统夫人卡里莫娃、前文化体育部部长图尔苏纳里·库兹耶夫、乌兹别克斯坦“关心下一代健康”基金会主席伊娜莫娃·斯乌特拉娜对赵白鸽一行的到来表示热烈欢迎。

赵白鸽博士向乌前总统夫人卡里莫娃介绍《蓝迪国际智库年度报告》（2018）

在乌前总统夫人卡里莫娃的陪同下赵白鸽博士与中国社会科学院“一带一路”研究中心副主任王晓泉教授共同参观乌前总统卡里莫夫图片展

卡里莫娃亲自陪同赵白鸽参观前总统官邸、前总统图片展及图书馆，并在参观结束后向赵白鸽赠送前总统生前创作的书籍，赵白鸽博士回赠了《“一带一路”年度发展报告》（2018）及《蓝迪国际智库年度报告》（2018）。

赵白鸽表示，卡里莫夫总统是乌兹别克斯坦共和国的缔造者和卓越领导人，也是中国人民的亲密朋友，是中乌关系的奠基人和推动者。2013 年，习近平主席访问中亚，提出建设“丝绸之路经济带”重大倡议，立即得到卡里莫夫总统的积极回应。他当即表示，乌方愿积极参与建设“丝绸之路经济带”，促进经贸往来和互联互通，把乌兹别克斯坦的发展同中国的繁荣更紧密联系在一起。当前，在米尔济约耶夫总统的正确领导下，乌兹别克斯坦进入新的发展阶段，开启独立以来最大规模的国内改革和对外开放，失业、贫困等社会问题得到缓解，国内营商环境得到改善，市场开放程度不断提高，国际影响力显著提升。

乌兹别克斯坦前总统夫人卡里莫娃、赵白鸽博士与当地群众合影

赵白鸽说，乌兹别克斯坦在“一带一路”建设中拥有至关重要的地位，实现国家发展和民族复兴是中乌两国人民孜孜以求的梦想，而继承和延续卡里莫夫总统的梦想，构建“一带一路”互利合作网络，共创“一带一路”新型合作模式，打造“一带一路”多元合作平台，携手打造“和平丝绸之路”“智力丝绸之路”“绿色丝绸之路”“健康丝绸之路”，正是历史赋予我们的责任所在。当前，乌兹别克斯坦的精英对华了解相对较少，对开展中乌合作的重要性和模式途径缺少经验。鉴于此，为深化各领域合作，营造良好人文环境，进一步夯实双边全面战略伙伴关系基础，中国社会科学院“一带一路”国际智库、蓝迪国际智库将搭建桥梁，携手中国社会科学院俄罗斯东欧中亚研究所与乌方共同举办“中乌共建‘一带一路’国际高级研修班”。卡里莫娃对赵白鸽博士提出的建议表示高度赞同，并希望成为中乌友好合作的推动者。

赵白鸽博士与中国驻乌兹别克斯坦大使馆大使姜岩进行会晤

访乌期间，赵白鸽博士还与中国驻乌兹别克斯坦大使姜岩进行会晤。

赵白鸽博士向姜岩介绍，在蓝迪国际智库平台企业新疆亚欧国际物资交易中心有限公司董事长、乌兹别克斯坦中国企业商会理事张宏萍女士的努力下，现已连续举办两届“一带一路”乌兹别克斯坦爱心光明行活动，为乌兹别克斯坦200名白内障患者免费实施复明手术。该活动得到了蓝迪国际智库平台企业家们的爱心奉献，在夯实两国民意基础、促进两国民心相通方面发挥了重大作用。姜岩大使表示，非常感谢蓝迪国际智库对中乌民心相通作的贡献！近两年，乌兹别克斯坦出台了一系列旨在发展科技、鼓励创新、加强人才培养和引进的法规文件，努力发挥科技创新在政府办公、城市建设、经济、教育、农业等各领域的地位和作用，全力提升科技创新实力，期待蓝迪国际智库积极将优秀科技创新型企业和新型科学技术引入乌兹别克斯坦，并通过政策沟通、精英培训、深层调研等方式加强中乌两国在人才资源方面的交流互通。

最后，代表团一行调研了蓝迪国际智库平台企业新疆亚欧国际物资交易中心有限公司。该公司在乌创建了中国首个面向中亚的电子商务交易中心，其以乌兹别克斯坦国家原材料交易所中国交易中心为切入点，逐步发展成为集国际原材料跨境现货拍卖交易、疆内特色国内商品批发零售、口岸公共物流管理信息等服务为一体的公司。

赵白鸽博士希望新疆亚欧国际物资交易中心积极推动中乌合作，优化对国内外中小企业的跨境交易、跨境征信、跨境物流、跨境供应链管理、跨境供应链金融等一揽子综合服务，着力实现高标准、惠民生、可持续的“一带一路”发展目标。

七　中巴携手　合作力量：主办2019中巴经济走廊高峰论坛

作为共建“一带一路”倡议的旗舰项目和先行先试项目，中巴经济走廊建设在过去五年多的时间里取得了重大进展，为巴基斯坦经济社会的发展，丰富和巩固中巴全天候战略合作伙伴关系、打造中巴命运共同体作出了重大贡献。

蓝迪国际智库组织国内外专家学者、政府官员、企业精英，先后完成了系列《中巴经济走廊研究报告》，着重分析中巴经济走廊建设在“一带一路”框架下的前期进展、问题风险、价值意义等重要问题，进而就具体的战略治理、操作实施、资源动员、人文合作和均衡发展等提出相关政策建议。为了推动中巴经济走廊的可持续发展，蓝迪国际智库代表团在赵白鸽博士的带领下，于 2019 年 6 月 19—22 日出访巴基斯坦，与巴基斯坦参议院就中巴经济走廊合作深度交换意见，并组织召开 2019 中巴经济走廊高峰论坛。

赵白鸽博士与巴基斯坦参议院成员合影

6 月 19 日，蓝迪代表团应巴基斯坦参议院副主席萨利姆·曼迪瓦拉和巴基斯坦参议院外事委员会议员兼主席、巴基斯坦中国学会主席穆沙希德·侯赛因·萨义德的邀请，前往巴基斯坦参议院调研。赵白鸽博士以巴基斯坦社会经济发展的真正需求为出发点，引导中巴双方代表在稳定经济、提高科技创新能力、加强政府能力建设、促进智库合作、实现区域合作和产业对接、扩大就业等宏观经济层面展开讨论，以促进中巴双方在农业、渔业、旅游业、职业化教育、医疗护理、水利等具体层面的合作。中巴双方代表在轻松愉悦的氛围中交换意见，并就共同打造中巴命运共同体提出了建设性方案，为积极推动中巴友好往来、助力巴基斯坦经济发展方面提供了动力和支持。

蓝迪国际智库农业企业代表团调研巴基斯坦农业研究理事会

6 月 19 日当天，蓝迪平台企业代表团在论坛开幕前夕对巴基斯坦农业进行了实地调研，了解了其发展现状。并与巴基斯坦农业研究理事会、巴基斯坦战略研究所进行深度交流，积极探索合作空间。双方就优化陆地生物、水陆两栖生物、水生生物、多维空间生物与环境的人工生产系统组合，探索研究占巴基斯坦农业最大面积的棉花、小麦、水稻、甘蔗、芒果、土豆等农作物及牛羊与库塘湖泊、山地、丘陵、森林等多链循环种养模式，并就新型农业种养模式解决农业前端一系列问题、建立与之配套的智能农业园开展深加工、创建全链端对端复合式生态产业体系达成高度共识。

6月20日下午，巴基斯坦总理伊姆兰·汗在巴基斯坦议会大厦会见赵白鸽博士及蓝迪企业代表团。伊姆兰·汗总理对中国代表团的到来表达了欢迎并对中巴经济走廊高峰论坛的成功举办表示祝贺。

巴基斯坦总理伊姆兰·汗与赵白鸽、蔡昉、李向阳及蓝迪平台企业代表座谈

赵白鸽博士回顾了巴基斯坦—中国贸易与投资论坛在北京举行时与伊姆兰·汗总理会面的场景。赵白鸽认为，论坛的成功举办，充分表现了双方高效落实中巴两国领导人共识以及践行第二届“一带一路”国际合作高峰论坛的重要合作精神。与会期间，双方就中巴经济合作与“一带一路”倡议下的顶层战略设计与规划达成共识，其中就农业合作、医疗健康、数字媒体等领域的合作进行深入详尽的交流与探讨。赵白鸽对如何吸纳中国经验促进中巴经济合作，以及国家与私营企业共同参与全新的发展机制建设提出了建设性的建议，获得了巴基斯坦总理的热烈回应。此外，蓝迪国际智库代表与巴基斯坦计划发展部部长、商务部部长、纺织工业部部长、瓜达尔港航运部部长、总理办公室秘书长、总理顾问

等重要政务高官就以上问题提出了具体而明确的合作与推进路径。

巴基斯坦总理伊姆兰·汗会见赵白鸽、蔡昉、李向阳及蓝迪平台企业代表

中国社会科学院副院长、党组成员蔡昉，中国社会科学院亚太与全球战略研究院院长李向阳，以及中国海外港口控股有限公司董事长张保中，武汉兰丁医学高科技有限公司董事长孙小蓉，黄山多维生物（集团）有限公司董事长陈光辉，海尔海外家电集团副总裁宋玉军，巴基斯坦中资企业服务有限公司董事长王子海等蓝迪平台企业代表参加了本次会见。

中巴经济走廊高峰论坛（2019）重要嘉宾：赵白鸽主任、蔡昉副院长、萨利姆副参议长、穆沙希德参议员、姚敬大使、李向阳院长、张保中董事长

6月20日至21日，2019中巴经济走廊高峰论坛在伊斯兰堡隆重召开。论坛由巴基斯坦外交部、中国驻巴基斯坦大使馆、中国社会科学院、巴基斯坦伊斯兰堡战略研究所主办，中国社会科学院“一带一路”国际智库、蓝迪国际智库共同组织召开。十二届全国人大外事委员会副主任委员、中国社会科学院“一带一路”国际智库专家委员会主席、蓝迪国际智库专家委员会主席赵白鸽，中国社会科学院副院长、党组成员蔡昉，中国驻巴基斯坦大使姚敬，巴基斯坦外交部部长库雷希，巴基斯坦计划部部长巴赫蒂亚尔，巴基斯坦参议院副主席萨利姆·曼德瓦拉，巴基斯坦参议院外事委员会主席穆沙希德及中巴两国学界、智库、企业家和媒体代表等出席。

赵白鸽博士首先强调了政府、企业、智库在促进中巴经济走廊建设中的协同联动作用以及政治环境和投资环境的稳定性对于中国在巴企业发展的重要意义，并为实现区域合作和产业对接提出了系统性、建设性的建议；其次，她指出，中巴双方都要积极投身第四次产业革命的时代浪潮，注重科技和创新的关键性作用，通过科技进步和创新突破促进国家内在驱动力的增长，进而提升国家实力。中国和巴基斯坦都是有着悠久历史和灿烂文明的国家，两国人民具有深厚的传统友谊，因此，中巴双方不仅要加强政治、经济层面的合作，更要促进民心相通，在“一带一路”倡议的旗帜下，实现互利共赢和共同发展。

蔡昉表示，此次论坛旨在交流各自发展经验，促进“一带一路”框架下中巴务实交流与合作。论坛以促进中巴经济建设和改善民生为目标，听取两国智库和双方合作的重要经验，为合作提供智力支持。同时论坛聚焦区域合作和产业发展，拓宽企业合作平台，帮助中巴实现产业对接，促进中巴经济走廊的高质量发展。

姚敬表示，本次论坛是第二届“一带一路”国际合作高峰论坛的重要后续措施。中巴经济走廊为中巴两国务实合作带来重要机遇。伊姆兰・汗总理上任以来两度访华，两国领导人就中巴经济走廊建设进入充实、拓展新阶段达成重要共识。我们愿与巴方共同挖掘合作潜力，聚焦产业及社会民生合作，落实以“人民为中心”的发展理念，确保走廊合作行稳致远，为巴发展及地区互联互通作出更大贡献。巴政府正致力于建设“新巴基斯坦”，中国政府支持和鼓励中巴两国社会各界特别是工商业界积极参与合作，推动双方合作取得更多务实成果。

巴方外交部部长库雷希表示，当今世界秩序处于剧烈调整之中，单边主义盛行，多边主义受到威胁，大国竞争加剧，亚洲正成为地缘政治和经济博弈的中心。中国是推动全球化的旗手，具有全球规模的“一带一路”倡议为世界带来重要的积极变化。中巴两国是亲密朋友，巴方坚决反对单边主义，坚定支持中巴经济走廊建设。巴方高度赞赏中巴经济走廊合作为巴经济社会发展所作的重要贡献，双方合作不存在所谓的“债务陷阱”。巴方希望中方在走廊框架下加大对巴投资，扩大各领域交流与合作，为促进双方合作发展和地区互联互通作出更大贡献。

巴方计划部部长巴赫蒂亚尔表示，中巴经济走廊合作开展五年多来，有效改善巴国基础设施条件，有力缓解能源短缺现象，为巴方发展提供了基础性支持。巴国政府正在致力于推进结构性改革，巴方希望中方加大对巴方产业转移力度，帮助巴方发展出口型产业，改善国际收支状况。巴国政府致力于为走廊合作提供更多优惠政策，创造安全环境，希望中方企业重点在农业、海洋经济及社会民生等领域与巴方加强合作，并探讨多种形式的融资方式。

巴方参议院副主席萨利姆和参议院外事委员会主席穆沙希德等表示，习近平主席提出的“一带一路”倡议高瞻远瞩，引领历史发展潮流，将为巴基斯坦等所有沿线国家带来繁荣，并有力地促进地区各领域互联互通，是构建人类命运共同体的重要路径。中巴经济走廊合作开展五年多来，有效改善了巴基斯坦的基础设施条件，有力缓解能源短缺现象，为巴基斯坦的社会发展提供了基础性支持。巴国内各党派均大力支持“一带一路”建设，高度赞赏中巴经济走廊对巴发展的历史性作用。

蓝迪国际智库企业代表：中国海外港口控股有限公司董事长张保中、中电科技国际贸易有限公司副总经理田耀斌参加 B2B 对话

此次论坛邀请并组织中巴两国政府、企业、行业协会、智库、专家学者参加研讨，促进“一带一路”框架下中巴参会代表的务实交流与合作。论坛通过设置 G2G、T2T、B2B 三大板块，组织高端务实对话，聚焦产业及社会民生合作，共同挖掘合作潜力。论坛充分体现了政府、企业和智库在促进中巴经济走廊建设中的协同联动作用，为切实实现区域合作和产业对接提出了系统性建议。论坛倡导中巴双方积极投身第四次科技革命的时代浪潮，注重科技和创新的关键性作用，通过科技进步和创新突破促进国家内在驱动力增长，进而提升国家实力。

本次出访不仅推动中巴经济走廊的可持续性发展，扩大树立“一带

赵白鸽博士与中国社会科学院亚太与全球战略研究院院长李向阳参加 T2T 对话

一路”旗舰样本的影响力，还形成有效成果：一、本届巴政府对装配式住宅、农业、健康、医疗等高度关心，希望蓝迪国际智库发挥桥梁纽带作用，主推以上项目，促进民心相通；二、巴基斯坦的农业产量低、花费大，需要系统改变，希望蓝迪国际智库组织中国农业精英团队与巴有效对接；三、中国兰丁集团孙小蓉董事长通过本次会议，充分认识到民心相通是中巴经济走廊建设的成功基石，承诺应用该公司已经成熟的人工智能宫颈癌筛查技术，免费为 1 万名巴基斯坦妇女进行检查，并逐步在巴国全国推广。出访期间，蓝迪国际智库正式启动了与巴基斯坦国家卫生服务管理和协调部的合作。

此次中巴经济走廊高峰论坛富有建设性的高端对话和后续具有务实性的项目对接，标志着“蓝迪智库模式”的务实效应国际化，这是蓝迪国际智库在国际舞台上发挥重要作用的里程碑。

八　关注民生　成果显现：出席中巴经济走廊第九次联委会

2019 年 11 月 5 日，中巴经济走廊联合合作委员会第九次会议在巴基斯坦首都伊斯兰堡召开。约 200 名来自中巴两国政府、金融机构和企业的代表参加会议。蓝迪国际智库（巴基斯坦）负责人王子海作为中方社会民生工作组代表参加此次会议，并在会上与巴基斯坦国家卫生部常秘马利克先生签署了谅解备忘录。

巴基斯坦国家卫生部常秘马利克（左）和蓝迪国际智库巴基斯坦代表王子海（右）签署了谅解备忘录

联委会巴方主席、巴计划发展和改革部部长巴赫蒂亚尔发表致辞表示，2019 年对中巴经济走廊具有重要意义，这一年走廊收获了多个里程碑式的成果，有部分项目将于 2019 年年底完成。他说，巴总理伊姆兰·汗多次访华，与中国领导人深入交流，拓宽和加强了与中方在农业、产业和社会民生发展等领域的合作。为推进走廊项目建设，巴政府已设立中巴经济走廊事务局，将为走廊相关事务提供统一窗口服务，从而加快走廊项目建设并解决建设中的瓶颈问题。

联委会中方主席、国家发展和改革委员会副主任宁吉喆指出，习近平主席、李克强总理和伊姆兰·汗总理就两国各领域合作达成重要共识，为下一阶段双边关系发展指明了方向。宁吉喆说，在中巴双方的共同努力下，中巴经济走廊在短短几年时间里取得了一系列令人瞩目的成果。目前，走廊已进入拓展提升的高质量发展新阶段。中方将认真贯彻落实两国领导人的重要共识，同巴方继续加强对接、深化互信，推进走廊取得更多务实成果，共同打造新时代更紧密的中巴命运共同体。

中巴经济走廊是“一带一路”倡议的旗舰项目，促进两国民心相通已成为中巴经济走廊的合作重点之一。为实现高标准、惠民生、可持续、高质量共建“一带一路”的发展目标，蓝迪国际智库遴选平台中的优秀医疗科技企业武汉兰丁医学高科技有限公司参加中巴经济走廊的民生项目。

蓝迪国际智库在 2019 年 6 月“中巴经济走廊高峰论坛”期间，曾与巴基斯坦总理伊姆兰·汗会晤。伊姆兰·汗总理明确表示期待在医疗、住房、农业、旅游等民生领域与中国加强合作。蓝迪国际智库平台企业代表武汉兰丁医学高科技有限公司董事长孙小蓉当即向伊姆兰·汗总理介绍了具备中国自主知识产权的人工智能宫颈癌筛查技术为数百万基层妇女提供服务的情况。伊姆兰·汗总理对该技术的诸多优势表示了认可和高度赞扬，并希望相关项目尽快落地巴基斯坦。

8 月 5 日，赵白鸽与孙小蓉拜访了巴基斯坦驻华大使娜赫玛娜·哈什米，深入交流探讨由蓝迪国际智库牵头，帮助武汉兰丁医学高科技有限公司在瓜达尔港建造人工智能宫颈癌筛查实验室，并为 1 万名巴基斯坦妇女进行宫颈癌筛查等事宜。

此次中巴经济走廊第九次联委会期间，在蓝迪国际智库的协调安排下，孙小蓉跟随代表团再访巴基斯坦，并赴巴基斯坦瓜达尔港、伊斯兰堡实地考察调研，分别与巴基斯坦卫生部部长和巴基斯坦红星月会会谈，就人工智能宫颈癌筛查项目的落成和进一步推广达成共识。在国家发改

蓝迪国际智库代表与国家发改委代表团赴瓜达尔港博爱医疗急救中心考察调研

委的大力支持下，孙小蓉出席了瓜港联合工作组第四次会议，巴基斯坦计划发展部将人工智能宫颈癌筛查项目纳入中巴经济走廊政府支持项目。

蓝迪智库平台企业代表武汉兰丁医学高科技有限公司董事长孙小蓉（右三）与巴基斯坦卫生部部长阿梅尔·马哈茂德·开阿尼（左三）合影

第九次联委会上，蓝迪国际智库就该项目与巴基斯坦国家卫生部签署谅解备忘录。未来，武汉兰丁医学高科技有限公司的人工智能技术将在瓜达尔港和巴基斯坦其它城市为 1 万名妇女提供宫颈癌筛查服务。该计划将在促进巴基斯坦医疗卫生发展、改善社会民生、加强中巴两国民心相通方面发挥重要作用。

九　联手法国　观点交流：出席法国展望与创新基金会 2019 年年会

中法建交 55 年来，始终不断提升紧密持久的中法全面战略伙伴关系水平。在世界全球化趋向不断变化时，法方坚持紧抓中国新一轮扩大对外开放的历史机遇，积极参与到多双边、跨区域合作机制当中。

法国展望与创新基金会 2019 年年会开幕现场

2019 年 8 月 30 日，由法国前总理拉法兰担任主席的法国展望与创新基金会在普瓦捷市举办第十三次年会，旨在推动中国和法国关系稳定发展。

法国展望与创新基金 2019 年年会嘉宾讨论现场

本次年会主题是“中国与多边主义”，旨在探讨中法两国为继续创造世界多边主义的新秩序可采取的积极措施。法国新阿基坦大区议会主席艾尔兰·罗赛特，法国前政府部长、法国国家铁路公司前总裁安娜—玛丽·伊德拉克，法国经济社会与环境理事会副主席、法国职员工会—管理人员联合会和执行人员总工会前主席卡罗尔·库弗特，法国国际关系与战略研究所所长巴斯卡尔·博尼法斯，泛非洲战略研究所所长、塞内加尔国民议会议员、前外交部部长谢赫·蒂迪亚内·加迪奥，联合国教科文组织前总干事伊琳娜·博科娃，法国前驻华大使白林，欧盟现任驻华大使郁白等参与主题讨论。

拉法兰先生在开幕式致辞中表示，中国文化十分讲究“阴阳”平衡，这样的哲学思想对于思考当代世界格局演变与维系双边主义的合作机制具有重要的启示意义。而且，在多边主义的建设与维系中，同中国的合作是必不可少的。他强调，法国要重视中国崛起的力量及其在维护多边主义方面的重要作用，在完善多边主义、创建新型国际秩序的过程中，中国将始终扮演重要角色，这是法国与欧盟同中国加强合作的意义。

此次年会设有“中国观点”议题，中央外办常务副主任、前中国驻法国大使孔泉应邀发表主旨演讲，阐释了中国有关多边主义建设与合作的立场。

蓝迪国际智库与法国展望与创新基金会专题会议重要嘉宾合影：
让－皮埃尔·拉法兰（左二）、赵白鸽（左一）
黄平（右二）、塞尔日·德加莱（右一）

年会期间，拉法兰先生与赵白鸽博士一行召开了双边专题会议，就共同举办 2019 中欧智慧城市论坛内容的顶层设计交换意见并达成共识。同时，确认在下一步的合作中，双方团队之间共建双边工作合作小组以便更好地推动“绿色丝绸之路”框架下的各个项目及挖掘未来中法双方的企业、地方政府及协会等带来的潜在合作机会。双方在加强区域合作、新型科学技术互通、项目对接、双边可持续绿色发展等重要方面达成一致意见。

十　智库论剑　思想碰撞：出席第六届中国—中东欧国家高级别智库研讨会

随着“17 +1 合作”跨区域合作平台的创立和发展，中国同中东欧国家关系进入历史最好时期，合作范围不断拓展，人们对这一合作机制也寄予越来越高的期待。全面推进中国与中东欧国家合作关系，不断丰富中国与中东欧国家合作内涵将成为未来中国进一步扩大国际合作效益的重要抓手。

第六届中国—中东欧国家高级别智库研讨会中外嘉宾合影

2019 年 9 月 4 日，蓝迪国际智库代表团受邀参加在斯洛文尼亚布莱德举行的第六届中国—中东欧国家高级别智库研讨会。十二届全国人大外事委员会副主任委员、中国社会科学院“一带一路”国际智库专家委员会主席、蓝迪国际智库专家委员会主席赵白鸽做开幕致辞。中国—中东欧国家合作事务特别代表霍玉珍，中国国际问题研究基金会副会长徐坚，中国社会科学院欧洲研究所所长黄平及斯洛文尼亚副总理兼教育、科学和体育部部长耶尔奈伊·皮卡洛，斯洛文尼亚外交部国务秘书多布兰·博日奇，斯洛文尼亚前总统达尼洛·图尔克，布莱德管理学院院长普尔格，斯外交部经济与公共外交总司代总司长伊兹托克·格尔梅克出席本次会议并发表主旨演讲。中国、斯洛文尼亚及其他中东欧国家的政要、官员、学者共 100 多人出席会议。

赵白鸽博士在研讨会上致开幕辞

赵白鸽博士在发表开幕致辞中就“17 + 1 合作”分享了三点看法：一是中国和中东欧国家智库合作取得瞩目成就。在 2015 年召开的“第四次中国中东欧领导人会晤”上发布的《中国—中东欧国家合作苏州纲要》中明确提出：“欢迎中国社会科学院牵头组建‘16 + 1 ’智库交流与合作网络。”2019 年，希腊成为中国—中东欧国家合作的正式成员，“16 + 1”升级为“17 + 1”。

“17 +1 智库网络”组建升级四年来，秉承“共商、共建、共享”原则，广泛联系协调中国和中东欧国家智库，推动“17 +1 合作研究”，积极主办活动，配合高级访问，并出版了大量著作以及举办了多次中东欧智库培训，搭建了智库交流与合作的专业性平台，发挥了积极的引领者作用，在海内外产生广泛影响，为推动“17 +1 合作”做出了出色贡献。

二是“17 +1 合作”成为中欧关系有机组成部分和有益补充。中国一贯坚定支持欧洲一体化，支持一个团结、强大和更具凝聚力的欧洲，这对于欧洲和平发展以及世界多极化具有重要意义。中东欧作为欧洲的新兴经济体，发展迅速、潜力无限。中国愿意通过积极推动“17 +1 合作”来推动欧洲内部的均衡和可持续发展，造福中东欧国家人民，同中东欧国家分享中国的发展机遇，为助力中欧关系的全面发展贡献力量。

三是“17 +1 合作”已成为推动中欧在“一带一路”倡议下合作的重要平台和抓手。“17 +1 合作”积极推动“一带一路”倡议在欧洲的落地，在政策沟通、设施联通、贸易畅通、资金融通、民心相通等各个领域产生了一系列务实合作成果。无论“17 +1 合作”还是“一带一路”倡议，都秉承“共商、共建、共享”原则，始终坚持扩大互联互通，实现合作共赢。

耶尔奈伊·皮卡洛表示，第六届中国—中东欧国家高级别智库研讨会对于推动斯中关系以及“17 +1 合作”具有积极意义。斯中两国在人文交流领域的合作取得了不错的成就，特别是在教育、语言、体育等方面，今后双方还会拓展更多的合作领域。

多布兰·博日奇表示，近年来，斯中两国各领域交流合作日益密切。关于“17 +1 合作”，他提出三点建议：一是要遵守欧盟的规定，促进中欧关系发展；二是要坚持创新与可持续发展，将学术和智库等交流层级提高，尤其应加强电子技术、中小企业、新能源、森林、体育、医疗等领域的交流合作；三是必须保护合作的精神和共赢的理念。

达尼洛·图尔克认为，“17 +1 合作”是真正意义上的多边主义实践。在多边主义遭遇挑战的形势下，应找到新的合作亮点。他强调：一是寻找并区分现有的需求以及未来的需求；二是注意文化的敏感性，尊重不同的文化；三是重视法律的兼容与对接。此外，“17 +1 合作”还要考虑在全球形势的大变化下如何在环保、减排等领域作出贡献。

第六届中国—中东欧国家高级别智库研讨会嘉宾合影：
从左到右：刘作奎秘书长、黄平所长 、伊兹托克·格尔梅克代总司长、
霍玉珍大使、王顺卿大使 、赵白鸽博士 、徐坚大使

霍玉珍表示，“17 +1 合作”已经成为最具活力、最有代表性的跨区域合作机制，且已取得了丰硕成果。在当前国际形势日趋复杂的情况下，“17 +1 合作”应强化以下几个方面：一是牢牢把握发展的大势，推进“17 +1 合作”向高质量发展；二是深化三方、多方合作，促进中欧关系发展；三是夯实民意基础，提供有力支持。其中，中国—中东欧国家合作智库网络和“17+1”全球伙伴中心均可发挥不同的积极作用。

徐坚指出，“17+1合作”七年来卓有成效，但还有提高的余地。比如，可以完善互动机制，重视国别合作赤字的情况；需要排除外界的干扰，要通过合作成就来排除一些怀疑和疑问；此外，还要强化多方合作、取长补短，反对保护主义、单边主义。

第六届中国—中东欧国家高级别智库研讨会重要嘉宾合影（从右到左）：
中国社会科学院欧洲研究所所长黄平、斯洛文尼亚前总统达尼洛·图尔克、
布莱德管理学院院长普尔格、蓝迪国际智库专家委员会主席赵白鸽、
斯外交部经济与公共外交总司代司长伊兹托克·格尔梅克

黄平表示，“17+1合作”已经成为多边主义的经典案例，是一个全新的多边主义实践。中国新一代领导人将中欧关系提升到新高度，双方致力于打造中欧和平、增长、改革、文明的伙伴关系。“17+1合作”本身就是中欧关系的一个有机组成，中东欧也是“一带一路”倡议全覆盖

的区域。他说，逆全球化、保护主义越是盛行，越要增进合作；挑战越是存在，越要坚持“开放、多边主义、互利共赢”的原则。

第六届中国—中东欧国家高级别智库研讨会重要嘉宾合影（从左到右）：
多布兰·博日奇斯国务秘书、赵白鸽主任、
普尔格院长、伊兹托克·格尔梅克代总司长

从希腊的调研到斯洛文尼亚召开的中东欧高级别智库会议，蓝迪国际智库进一步扩大了国际网络“朋友圈”，成为中国与中东欧国家中小企业交流合作的桥梁和纽带。这意味着蓝迪国际智库要承担起新责任、新使命和新起点。深化经贸金融合作，实现互利共赢，是中国与中东欧国家中小企业合作的未来发展方向，也是蓝迪国际智库的愿景。

十一　拓展空间　打造典范：出访希腊

2019 年 9 月 1—3 日，应希腊舰队名誉总司令、原海军上将、阿卡特立尼·拉斯卡利德斯基金会主席帕诺斯·拉斯卡瑞迪斯的邀请，十二届全国人大外事委员会副主任委员、中国社会科学院“一带一路”国际智库专家委员会主席、蓝迪国际智库专家委员会主席赵白鸽，中国社会科学院欧洲研究所所长黄平等赴希腊访问。

赵白鸽博士代表团访问阿卡特立尼·拉斯卡利德斯基金会

9 月 2 日下午，在雅典的比雷埃夫斯老港，阿卡特立尼·拉斯卡利德斯基金会执行主席康斯坦蒂诺斯·马萨拉基斯·艾尼安与赵白鸽博士一行进行讨论与交流。马萨拉基斯先生介绍，除与希腊国内大学合作外，基金会 2009 年与伦敦城市大学签署合作协议，每年在比雷埃夫斯主办海商法讲座，至今已持续十年；另外，基金会还分别与中国的清华大学和荷兰阿姆斯特丹大学合作古典和现代希腊文化研究项目，定期从世界各地选派组织学者和教授进行学术研究交流。

赵白鸽博士代表团参观阿卡特立尼·拉斯卡利德斯基金会航海博物馆

赵白鸽博士介绍，蓝迪国际智库与中国华夏遗产保护基金会是紧密的战略合作伙伴，双方将共同开展国际合作，通过文化交流深入走进“一带一路”共建国家，并发起“一带一路”相关文化保护项目，如结合数字化博物馆的规划，将国际文化遗产以数字化落地中国的同时，向海外输出文化创意，共同开设专项资金的相关国家重大合作。她说：“通过此次的调研，我们了解到阿卡特立尼·拉斯卡利德斯基金会还积极参与支持与希腊航海历史和遗产保护的各类活动，例如整修石头灯塔，支持并参与安提卡塞拉沉船的考古打捞工作。基金会收藏大量航海文物，也是除英国本土以外，世界上拥有最多纳尔逊爵士相关文物的单位。蓝迪国际智库愿意与阿卡特立尼·拉斯卡利德斯基金会为航海文化保护作积极的贡献。”

赵白鸽博士与驻希腊大使章启月及希腊政府官员合影

蓝迪国际智库代表团在访问希腊期间，与中国驻希腊大使章启月，政治新闻处主任陈文玓，希腊前外长卡特鲁加洛斯，欧洲公法组织（EP-LO）主席斯皮罗斯·弗洛盖蒂斯，左联党政府财政和劳工部秘书长、雅典经商大学教授尼科斯·弗兰戈斯等进行会见，就共建“一带一路”进行了充分的交流。章启月大使表示，2019 年 4 月，希腊成为中国—中东欧国家合作的新成员，希腊作为“一带一路”沿线重要支点国家在建设区域交通、能源、服务枢纽等领域与“一带一路”倡议的对接空间很大，在落实与推进“一带一路”倡议和“17 +1 合作”框架方面优势明显。中希两国务实合作呈现出“架构日益完善、亮点日益突出、辐射面日益扩大”的特点。此外，中国与希腊经贸合作不断取得新发展。2019 年 1 月至 8 月，双边贸易同比增长 22.7%，中国自希腊的进口增长 33.4%。希腊的优质农产品，如橄榄油、葡萄酒、西红花等，正受到越来越多中国企业和消费者的青睐。未来，除了经贸领域，中希两国将在更多领域进行深入合作。

赵白鸽博士与章启月大使在驻希腊大使馆会晤

赵白鸽博士认为，在当前时代背景下，中希合作关系已开启新篇章。蓝迪国际智库充分发挥高端智库平台的优势，通过积极促进国内外政府高层对话，不断加强对内建设与对外交流，增进中国与世界各国的交流互信与合作共赢。智库还深入研究国内政策措施及产业发展等方面的问题，提出相应对策建议，形成了高质量报告，向中央及地方决策层报送，相关报告及政策建议有效转化为有关部委和地方政府政策措施。

2019年11月，习近平主席在访问希腊时强调，我们要加紧提升共建“一带一路”合作水平，充分利用希腊区位和海运能力优势，把握希腊加入中国—中东欧国家合作机制的机遇，积极推进中欧陆海快线等务实合作，助力中欧互联互通平台发展，做中欧合作的典范。

希腊同中国一样，是历史悠久的民族，有很多跟中国相似的理念。希腊政府和人民对于习近平主席提出的构建人类命运共同体理念高度赞同。随着希腊作为正式成员国加入中国—中东欧合作，“16 +1 合作”升级为“17 +1 合作”，机制内涵不断得以丰富和拓展 。

十二　蓝迪智声　精彩呈现：出席第二届创新经济论坛

第二届创新经济论坛现场

2019 年 11 月 20 日至 22 日，由中国国际经济交流中心与彭博合作举办的第二届“创新经济论坛”在北京举行，中国国家副主席王岐山出席并致开幕辞。来自全球 60 多个国家和地区的近 500 位极具影响力的重量级嘉宾共聚一堂，针对当前所面对的重大挑战共商对策。十二届全国人大财经委员会副主任委员、中国国际经济交流中心副理事长、原重庆市市长黄奇帆，十二届全国人大外事委员会副主任委员、中国社会科学院“一带一路”国际智库专家委员会主席、蓝迪国际智库专家委员会主席赵白鸽，中国国际经济交流中心副理事长兼秘书长、河南省人大常委会原副主任张大卫等蓝迪国际智库专家委员会成员受邀出席。

国家副主席王岐山在论坛上致开幕辞

王岐山在致辞中表示：创新是引领发展的第一动力。如今人类创造物质财富的能力空前强大，交流交往便捷密切，国际经济贸易空前繁荣，不同文明因地制宜、交流互鉴成为大趋势，人与自然相互依存、和谐共生成为新理念。同时人类也面临诸多共同威胁，发展不平衡、不充分问题凸显，保护主义、单边主义、民粹主义抬头，经济全球化出现逆流，国际秩序受到冲击。我们要认清潮流，以全人类命运与共的视野，科学理性地做出抉择。中国将一如既往地坚持走和平发展道路，中国人民愿与世界人民一道，构建人类命运共同体，携手应对全球性挑战。

此次创新经济论坛共组织安排了 10 个重要环节，分别聚焦在全球经济治理、重构全球贸易体系、数字经济发展、供应链区域化、环境气候挑战、包容发展与城市化、科技创新前沿议题，探索如何更好地推动全球可持续发展等问题。此次大会中，赵白鸽博士受邀在两场分论坛发表重要演讲。

腾讯公司总裁刘炽平、滴滴出行总裁柳青参与讨论

赵白鸽博士参加“老龄化社会——活到 100 岁的关联经济”议题讨论

论坛期间，由张大卫主持的“老龄化社会——活到 100 岁的关联经济”议题受到广泛关注，博鳌亚洲论坛全球健康论坛大会主席、世界卫

生组织荣誉总干事陈冯富珍，英国保诚集团首席执行官迈克·威尔斯和十二届全国人大外事委员会副主任委员、中国社会科学院“一带一路”国际智库专家委员会主席、蓝迪国际智库专家委员会主席赵白鸽共同参与讨论。

赵白鸽表示，中国政府迅速意识到并充分了解了人口老龄化问题带来的挑战和机遇。因此，在中国 2020—2025 年的整体战略规划中，中国政府从人类技术、经济资源等方面进行整体规划和布局，专门针对人口老龄化制定了符合中国国情的相关政策与方案。在当前机遇和挑战并存的情况下，积极应对人口老龄化已经成为一项重要战略行动，人工智能、机器人等新型科学技术在应对人口老龄化问题中发挥着重要作用。全社会应当共同推进，努力挖掘人口老龄化给社会发展带来的活力和机遇，努力满足老年人日益增长的美好生活需要，推动老龄事业全面协调可持续发展。

赵白鸽博士参与“路在前方——中国在非洲经济转型中的作用”主题讨论

11 月 22 日中午，赵白鸽代表蓝迪国际智库参加了由丹格特集团邀请的合作伙伴午宴，并参与主题为“路在前方——中国在非洲经济转型中的作用”的专题讨论。丹格特集团是非洲最大的工业集团之一，业务涉及农业、港口贸易、房地产、电子信息等众多领域。丹格特集团总裁兼首席执行官阿里科 · 丹格特表示，互联网已成为世界经济发展的重要引擎，非洲大陆必须把握契机，加快网络基础设施建设和互联网技能培训才能深入融合全球互联网经济链，更好地迎接工业革命、信息技术革命浪潮。世界银行前董事总经理、尼日利亚前财政部部长奥孔约 · 伊维拉表示，尼日利亚是非洲第一人口大国，人口超过两亿，同时也是非洲第一大经济体，面临着经济、社会发展和民生改善的重大任务。“一带一路”发展规划几乎遍布整个非洲，覆盖了不同文化、政治和经济类型的国家，涵盖了基础设施、科技、通信、金融、能源开发等各个层面。在“一带一路”倡议的推动下，中国与非洲需要找到合作亮点并深入挖掘，把更多的关注点聚焦在民生问题上。对此，赵白鸽博士回应，中国政府对“一带一路”倡议的推广，是为了通过“互惠互利、协同发展”的模式带动沿线国家的发展。非洲是中国人民的老朋友。新中国在成立后与非洲各国建立外交关系时，曾给予我们很多帮助。而在过去的几十年里，中国也为很多非洲国家提供了基础设施建设帮助。未来，期望与尼日利亚通过政府间、企业间、智库间的合作，寻找需求并解决问题，书写中非人民携手合作、共同逐梦的精彩故事。

论坛期间，赵白鸽在接受来自环球时报、央视新闻、第一财经、经济日报、中国新闻网等国内媒体的采访时表示，西方世界对中国的认识亟待更新，需要让世界了解到中国发展成为世界第二大经济体的原因有以下四点：一是中国政府和行政机构有能力执行对于国家经济改革和转型等方面的相关举措，以确保中国的经济保持平稳增长；二是中国在积极关注以数字化和智能化为核心的第四次产业革命的同时，形成了系统一体化的产业发展布局；三是各级地方政府积极执行中央政策和规划，如青岛、珠海、南宁、宁波和苏州等地紧密联合蓝迪国际智库，共同推

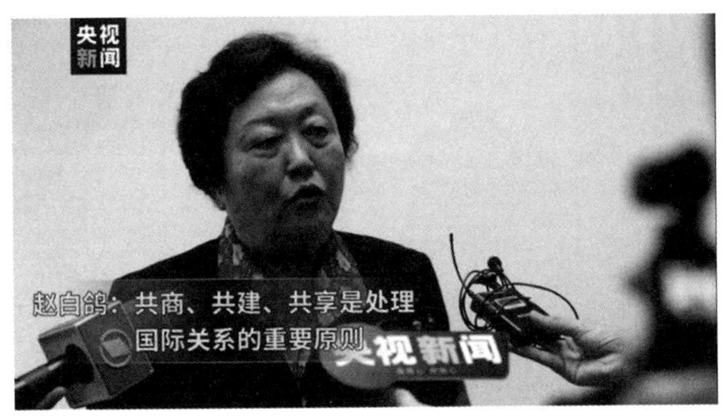

赵白鸽博士在第二届创新经济论坛上接受媒体的采访

动国家顶层设计的贯彻落实；四是大力发挥企业在促进经济发展、服务国家战略和塑造世界格局中的主体作用，实现国有企业和民营企业互相匹配，在深化推进国有企业改革的同时，提高对优秀民营企业的发掘、培育和推介。

参加第二届创新经济论坛是 2019 年蓝迪国际智库在国际舞台上又一次发出响亮的声音。随着大会的圆满结束，各方的观点再一次充分印证了蓝迪国际智库发展战略和方向的正确性，蓝迪成立至今所付出的不懈努力以及取得的成果正在不断受到肯定。蓝迪国际智库作为国内新型应用型智库的代表，从设立之初就始终以搭建国内外政府、智库、企业资源联动发展为己任，高度重视国内外新科技、新技术的成果转换，积极做好以下的工作：一方面，通过对全球的政治、文化、生态、科技等内容进行研究分析，充分发挥其在咨政建言、舆论引导和国际交流等方面的重要职能；另一方面，通过发掘、培育、推介高新技术企业，充分发挥平台资源优势，开启“无边界想象”，打破国别、社会、信息的壁垒，实现无边界社会互通互融、互相增长的良性循环，为进一步推动新型全球化浪潮和第四次产业革命发展贡献力量。

未来，蓝迪国际智库将不忘初心，砥砺前行！做好智库能力建设，充分发挥智库的平台资源优势和引领作用，高举“和平发展”的伟大旗帜，以“共商、共建、共享”的思路，继续在国际多边平台上发出“蓝迪声音”，贡献“蓝迪智慧”。

十三　创新模式　双边互动：承办中哈共建“一带一路”国际高级研修班

2019年5月23日，在第十六届欧亚媒体论坛期间，十二届全国人大外事委员会副主任委员、中国社会科学院“一带一路”国际智库专家委员会主席、蓝迪国际智库专家委员会主席赵白鸽与哈萨克斯坦参议院议长、论坛组委会主席达丽加·纳扎尔巴耶娃进行会谈，双方决定于2019年12月举办中哈共建“一带一路”国际高级研修班。

中哈共建“一带一路”国际高级研修班开班仪式在北京举行

经过近半年的精心筹备和缜密安排，由中国社会科学院“一带一路”国际智库、中国社会科学院俄罗斯东欧中亚研究所、中国社会科学院国际合作局、中国社会科学院丝绸之路研究院联合主办，蓝迪国际智库承办的中国—哈萨克斯坦“一带一路”国际高级研修班开班典礼暨中哈高级圆桌会议于 2019 年 12 月 5 日在京举行。十二届全国人大外事委员会副主任委员、中国社会科学院“一带一路”国际智库专家委员会主席、蓝迪国际智库专家委员会主席赵白鸽主持开班典礼。中国社会科学院副院长、党组成员兼中国历史研究院院长、党委书记高翔与哈萨克斯坦参议院办公厅副主任阿斯卡尔·乌尔杰姆巴耶夫分别代表中哈双方致辞。

中联部当代世界研究中心主任、“一带一路”智库合作联盟秘书长金鑫，中国俄罗斯东欧中亚学会会长李永全，商务部欧亚司副司长刘雪松，外交部欧亚司参赞刘江平，中国社会科学院国际合作局副局长周云帆，蓝迪平台的优秀创新企业代表与哈萨克斯坦众议院农业问题委员会委员努尔让·阿里塔耶夫，哈萨克斯坦财政部人力资源和战略司司长凯拉特·阿伦汉诺夫，哈萨克斯坦外交部亚太司副司长拉希姆让·拉西莫夫等 60 余名代表出席开班典礼。

赵白鸽博士主持中哈共建“一带一路”国际高级研修班开班仪式

赵白鸽在主持开班仪式中表示，中国政府在“一带一路”建设中特别关注机制层面的合作和民心相通项目。智库有责任帮助中哈双方达到共赢，中哈共建“一带一路”国际高级研修班从国家和企业两个层面搭建了对接人才和专家库，使两国人民加深相互了解、共享成功经验。

中国社会科学院副院长、党组成员兼中国历史研究院院长、党委书记高翔为中哈共建“一带一路”国际高级研修班开班典礼致辞

开班典礼上，中哈双方代表首先发表致辞。中方发言人高翔表示，在当前保护主义、逆全球化趋势加剧的大背景下，中国通过“共商、共建、共享”的“一带一路”倡议，推动经济全球化朝着更加“开放、包容、普惠、平衡、共赢”的方向发展，中国向世人展示了愿与世界各国一道、坚持构建人类命运共同体、开创合作共赢的新局面的决心。世界正在经历深刻变革，第四次产业革命颠覆传统思维，这将极大改变人类的生产和生活方式。这是发展中国家面临的与发达国家鸿沟日益加深的挑战，也是发展中国家实现弯道超车的机遇。高翔对此次研修班的圆满成功表达了真挚的祝愿，希望哈方学员借此机会加深对两国国情、政策的全方位了解，为未来两国友好合作、民众间的相互沟通贡献力量。

哈萨克斯坦参议院办公厅副主任阿斯卡尔·乌尔杰姆巴耶夫在开班典礼上致辞

哈萨克斯坦代表团团长阿斯卡尔·乌尔杰姆巴耶夫表示，哈萨克斯坦对欧亚一体化的兴趣越来越大，中国的“一带一路”倡议为欧亚一体化带来了积极正面的影响。“一带一路”倡议确定了明确的优先任务发展伙伴关系，哈方将积极参与共建“一带一路”，为两国人民谋福祉。他期待通过此次研修班了解中国各个领域的发展，学习中国的先进经验，进一步推动双边相关意见的交流，将学习到的先进经验付诸实践。

中哈共建“一带一路”国际高级研修班中方嘉宾与哈方代表合影

开班仪式结束后，中哈双方展开了以“‘一带一路’与新型全球化”和“‘一带一路’与第四次产业革命”为主题的圆桌对话，赵白鸽主任担任主持嘉宾，在第一场对话中，金鑫、李永全、刘雪松、刘江平分别从智库、学界、商贸、外交等方面发表重要观点。

中联部当代世界研究中心主任、“一带一路”智库合作联盟秘书长
金鑫在开班典礼上发表主旨演讲

金鑫提出了三点建议：第一，在宏观层面可以考虑建立中哈政党的共商机制，包括商协会的合作机制，友好城市之间的合作机制，搭建产业合作平台；第二，要共同推动双方民心相通工作；第三，发挥双方智库的作用，共同寻找双方合作的契合点。

中国俄罗斯东欧中亚学会会长李永全在开班典礼上发表主旨演讲

李永全针对中哈合作面临的挑战，指出不管世界局势如何变化，全

球化、区域化、民族化的进程不会改变，中哈之间的合作对于欧亚地区的稳定是非常重要的。同时中哈之间的合作也受整个区域进程的影响，多边合作项目未来必须要考虑欧亚一体化的进程，只有对相关因素都进行了充分考量，中哈合作项目才能走得越来越顺利。

商务部欧亚司副司长刘雪松在开班典礼上发表主旨演讲

刘雪松表示，中哈近年来经贸合作取得一定的成绩，哈萨克斯坦是中国在欧亚地区第一大投资目的地国，中国是哈萨克斯坦的第二大贸易伙伴，双方有信心在未来几年争取让贸易额提升到400亿美元。近年来，两国在农产品贸易、电子商务等领域都开辟了一些新的增长空间，在投资和经济技术领域合作不断深化，互联互通加速发展，地方合作积极推进，金融合作蓬勃开展。中方愿意跟哈萨克斯坦一起推动国际多边贸易体系健康发展，维护多边主义，维护自由贸易，反对贸易的霸凌行为；愿意与哈萨克斯坦一道，在上合组织包括与欧亚经济联盟的合作中发挥重要作用，通过哈萨克斯坦带动中国与欧亚经济联盟经贸合作的不断开展。

外交部欧亚司参赞刘江平在开班典礼上发表主旨演讲

刘江平在发言中表示，中哈合作的广度、深度，合作的含金量及战略内容实现了跨越性的发展。同时，中哈之间建立了非常完善的沟通机制，包括总理定期会晤、副总理级的合作委员会等。针对当前世界复杂的经济政治局势，要坚定不移地捍卫中哈友好。现在出现了一股逆流，确实在抹黑、分化、诬蔑中哈关系，要清楚看到这背后隐藏的政治目的，要加强积极宣传，正面引导舆论。

讨论过程中，哈方代表积极参与发言。哈萨克斯坦众议院农业问题委员会委员努尔让·阿里塔耶夫认为，中哈合作不仅应该进行国家或者政府之间的合作，还应该发展民众之间、社会之间、非政府组织之间、企业之间的直接合作。发展“一带一路”，应该建立一个直接的商业合作平台，如企业家联盟，为各方在哈萨克斯坦投资和经商的企业，发掘商业机会以及提供咨询、促进磋商等服务。

哈萨克斯坦经济研究所委员会副主席沙哈巴努·扎库波娃在发言中表示，基础设施项目是非常有需求的，而且会产生很好的倍增效用，将会带动相关的基础设施产业，包括交通、物流设施的发展，要加大对当代城市的投资，比方说智慧城市投资、中亚、上合的相关项目的投资。在服务领域，要建立附加值的链条、产业链。因此希望中国助力实现哈萨克斯坦国家经济的多元化。

在“‘一带一路’与第四次产业革命”圆桌对话中，蓝迪国际智库邀请赛迪智库信息化与软件产业研究所所长张洪国、苏州工业园区企业发展局局长黄建明、中国—上海合作组织地方经贸合作示范区管委会常务副主任郝国新及汉能、晶科能源、武汉兰丁、深圳蓝胖子机器人、北京推想科技、布瑞克农业互联网等蓝迪平台企业代表与哈方分享中国在规划、能源、人工智能、新材料、农业五大领域的发展经验，进一步挖掘中哈在以上领域的合作潜力。哈方在听取中国企业代表的分享后，积极与园区和企业代表展开交流。

哈萨克斯坦军事战略研究中心副主席拉菲克· 塔伊洛夫在聆听企业代表发言后提出，希望中国能够为哈萨克斯坦的学生提供在中国高科技企业中学习和进修的机会，推动两国之间关系的深入发展。同时，他针对人工智能的安全问题指出，人工智能在军事、医学、通信、教育方面发挥的作用毋庸置疑，但是随之而来的安全问题、就业问题也需慎重对待，期待和中国专家共同探讨，制定相应的前景规划。

哈萨克斯坦民族大学“一带一路”中心主任达乌林 · 久谢巴耶夫提出，哈萨克斯坦即将建设阿拉比大学的硅谷。基于中国政府提供的超级计算机，哈萨克斯坦将会成立一个国际 IT 园区，即“一带一路”集群园区。他建议现场做推介的中国高科技企业进驻园区并实施项目。

赵白鸽博士最后作总结发言时表示，第一，必须从思想上拥抱第四次产业革命，尤其是要拥抱年轻人才，助推新型技术与产业的融合；第二，加强机制层面的合作，要促进两国在国家规划战略及园区建设等方面的沟通交流；第三，要充分发挥智库、商会、联盟等非政府组织的桥梁作用；第四，要格外重视民生项目的对接和落实，引导积极正面的社会舆论，化解担忧、消除误解，加强友好合作与互利共赢。

中哈共建“一带一路”国际高级研修班课堂

黄奇帆为中哈共建“一带一路”国际高级研修班
哈方代表作专题演讲

哈方代表在北京进行为期五天的课程研修和文化调研，研修班为哈方代表匹配阵容强大的师资力量。十二届全国人大财经委员会副主任委员、中国国际经济交流中心副理事长、原重庆市市长黄奇帆，中巴友好协会会长、联合国前副秘书长沙祖康，国务院参事、原住房和城乡建设部副部长仇保兴，中国社会科学院世界政治与经济研究所所长、研究员张宇燕，北京师范大学新兴市场研究院院长兼发展研究院院长胡必亮，中国社会科学院经济研究所研究员裴长洪，全国律师协会副会长、国浩律师集团事务所首席执行合伙人吕红兵，中国国际投资促进会开发区工作委员会理事长杨建中等各领域知名专家学者担任研修班的主讲嘉宾，围绕“新型全球化”“‘一带一路’建设”“中国的改革开放与探索实践”“中国经济与法律”等专题内容与哈方进行研讨交流。专题研讨结束后，哈方代表对于所有主讲嘉宾的高水平演讲和丰富的知识经验表示充分的肯定，并期待未来双方进一步进行宽领域、全方位的经验交流。

哈方代表团参观上海合作组织青岛峰会主会场

12 月 11 日，中哈研修班全体成员走进青岛，在青岛市商务局、上合示范区管委会的陪同下开展为期三天的实地调研。蓝迪国际智库专家委员会主席赵白鸽、中国社会科学院俄罗斯东欧中亚研究所副所长柴瑜、中国社会科学院“一带一路”研究中心副主任王晓泉与哈方代表先后参观访问上海合作组织青岛峰会主会场、海尔工业园、海信工业园、胶州京东“亚洲一号”物流园、中国国际海运集装箱集团及中国—上海合作组织地方经贸合作示范区（以下简称“上合示范区”）规划展览馆并进行座谈交流。

中哈共建“一带一路”国际高级研修班走进
中国—上海合作组织地方经贸合作示范区

在位于青岛胶州市的上合示范区调研期间，研修班代表了解到青岛作为多边合作的中心，在物流、园区、贸易、商旅、金融五大方面具备集约优势。哈萨克斯坦参议院办公厅副主任、中哈共建“一带一路”国际高级研修班哈萨克斯坦代表团团长阿斯卡尔·乌尔杰姆巴耶夫在听取胶州海关汇报的跨境电商政策与一般贸易政策法规后表示，他们热切地期望与上合示范区开展合作。哈萨克斯坦要更快融入上合示范区的发展，加快哈萨克斯坦在上合组织框架下与中国青岛，特别是上合示范区的合作。希望能够在上合示范区搭建起中哈之间的商业合作平台，为双方投资和经商人员提供机会以及咨询磋商和文件准备方面的帮助。他同时表达了对共同探索哈萨克斯坦相关转口贸易、过境贸易的更多优惠条件和

山东省委常委、青岛市委书记王清宪会见
中哈共建"一带一路"国际高级研修班一行

可能性的意愿。

12 月 13 日下午，中哈共建"一带一路"国际高级研修班于青岛隆重举行结业典礼，来自哈萨克斯坦议会、哈萨克斯坦驻华大使馆、外交部、财政部、首任总统基金会、高端智库的十六名精英人才在华为期十天的研修课程圆满结束。十二届全国人大外事委员会副主任委员、中国社会科学院"一带一路"国际智库专家委员会主席、蓝迪国际智库专家委员会主席赵白鸽，中国社会科学院俄罗斯东欧中亚研究所副所长柴瑜，中国社会科学院"一带一路"研究中心副主任、中国俄罗斯东欧中亚学会秘书长王晓泉为学员颁发结业证书，山东省委常委、青岛市委书记王清宪出席会议并作重要总结发言。青岛市委常委、市委秘书长祝华，青岛市商务局局长赵士玉及青岛市优秀企业代表参会。

结业典礼中，赵白鸽主任首先发表题为《"一带一路"与新型全球化》的主旨演讲。她指出，人类社会进入到新型全球化的发展阶段，中国“一带一路”倡议所倡导的“和平与发展”理念已经成为新型全球化的旗帜和时代发展的主旋律，中国将本着“共商、共建、共享”的原则，致力于构建全球责任共同体、命运共同体和利益共同体。“一带一路”倡议将推动全球治理结构的改革与完善，为全球经济增长和全面可持续发展创造新动力。上合示范区的建立，为“一带一路”国际合作打造了新平台，是地方经贸合作的先行区。她表示，中国与哈萨克斯坦互为友好邻邦，是永久的战略合作伙伴。哈萨克斯坦最早响应“一带一路”倡议，也是上合组织重要的成员国，哈萨克斯坦“光明之路”与“一带一路”倡议战略对接，两国之间有着众多领域的利益交汇点。中哈合作应利用好上合示范区这一国际合作新平台，发挥上合示范区区位、政策、产业基础等诸多发展优势，探索双边合作的新机制、新模式，搭建两国政府合作框架，加强政策、发展规划对接；加强物流、贸易、金融、商旅、园区的互动往来，实现合作共赢；注重智库、商会等组织机构的交流合作，充分发挥 NGO 平台的促进作用。2020 年，中哈双方应实现需求和资源的相互匹配，在园区建设、智慧城市打造、人工智能、农业、环保、文旅等领域开展务实合作。

王清宪在发言中指出，作为“一带一路”国际合作新平台，青岛将充分发挥新亚欧大陆桥经济走廊节点城市的作用，发展国际贸易、现代物流、双向投资和商旅文化四个中心，推动形成“中国东西双向互济、陆海内外联动”的开放新格局。中国和“一带一路”沿线国家、上合组织成员国之间贸易合作的空间是非常巨大的。2019 年，中国和上合组织成员国的贸易量增加了 25%，和“一带一路”沿线国家的贸易量增长了近 30%，在中美贸易摩擦比较严重的情况下，青岛的外贸进出口依然增长了 11%，大大高于全国水平。在中国新一轮的改革开放中，青岛在“一带一路”国际合作中及与上合组织成员国合作中的定位正在发挥巨大而明显的感召作用，青岛的市场活跃程度，尤其是资本市场的活跃程度

山东省委常委、青岛市委书记王清宪出席座谈会并发言

空前提高，工业新兴化、优化产业结构取得重要成果。王清宪向哈萨克斯坦学员表示，以青岛上合示范区为依托，中哈合作的未来具有巨大的发展潜力和广阔的发展空间，双方一定要把合作落实到具体的项目上，逐一推进，务求实效。

哈萨克斯坦代表团团长、哈萨克斯坦国会参议院办公厅副主任阿斯卡尔·乌尔杰姆巴耶夫在座谈会上发言

哈萨克斯坦代表团团长阿斯卡尔·乌尔杰姆巴耶夫在发言中表示，

亲眼看到了中国经济所取得的成就，也明白了为什么中国政府决定将青岛作为发展高新技术产业的前沿基地，青岛是一个非常具有前景的城市，这一切都将会为哈斯克斯坦开辟广阔的机会。

主办方为哈萨克斯坦国会参议院办公厅副主任

阿斯卡尔·乌尔杰姆巴耶夫颁发结业证书

主办方为哈萨克斯坦议会农业问题委员会委员

努尔让·阿里塔耶夫颁发结业证书

通过举行此次研修班，中哈进一步加强了对双方国情、政策的深入了解，探索了未来中哈务实合作的契合点，开创了中哈双边交流对话的新模式，为促进哈萨克斯坦青年领导者深入了解中国的改革开放政策、“一带一路”倡议、上合示范区的定位和优势，并学习借鉴中国产业规划、园区建设、智慧城市打造的相关经验、分享中国的科技创新成果、共同谋划未来互利共赢合作搭建了新平台，为高质量共建“一带一路”提供了新思路。此次研修班增强中哈双方深厚的友谊，研修结束后，哈方代表表示将会认真研究、落实此次研修之旅的智慧成果，为共同实现中哈发展永久战略全面伙伴关系，实现互利共赢的目标作出贡献。

中哈共建“一带一路”国际高级研修班圆满结束

中哈共建“一带一路”国际高级研修班最终形成《中哈合作 2020 计划》等成果。研修班结束后，主办方将积极联动政府、智库、企业等综合资源，进一步具体落实《中哈合作 2020 计划》中智慧城市、园区建设、农业、文旅、物流、新型制造等众多领域的项目，以促进中哈合作务实推进。

十四　蓝迪智库　显露头角：荣获“一带一路”智库合作联盟2019年度“品牌活动奖”

2019年12月26日，蓝迪国际智库作为中联部“一带一路”智库合作联盟理事单位受邀出席“一带一路”高端智库论坛暨“一带一路”智库合作联盟理事会第五次会议，并荣获“一带一路”智库合作联盟2019年度“品牌活动奖”。

“一带一路”高端智库论坛暨“一带一路”智库合作联盟理事会第五次会议现场

本次会议由“一带一路”智库合作联盟秘书处和中联部当代世界研究中心联合主办。会议以“高质量共建‘一带一路’：方向和路径”为主题，围绕“‘一带一路’建设的外部环境变化”“‘一带一路’建设中的三方合作”“‘一带一路’建设中的合作机制对接”和“‘一带一路’建设与新型国际关系”等议题进行了专题研讨。中共中央对外联络部部长宋涛，中共中央对外联络部副部长、“一带一路”智库合作联盟共同理事长郭业洲，北京大学党委书记邱水平，复旦大学党委书记、“一带一路”智库合作联盟共同理事长焦杨，十二届全国人大外事委员会副主任委员、中国社会科学院“一带一路”国际智库专家委员会主席、蓝迪国际智库专家委员会主席赵白鸽等嘉宾参会，并发表致辞。

中共中央对外联络部部长宋涛在论坛上致辞

宋涛在开幕式致辞时表示，当前共建“一带一路”已经成为世界经济发展和全球治理变革的一道亮丽风景。习近平总书记高度重视智库在国家治理和“一带一路”建设中的作用，强调“要发挥智库作用，建设好智库联盟和合作网络”。“一带一路”智库合作联盟成立五年来，在政策解读、调查研究等方面开展了大量富有成效的工作。面向未来，希望“一带一路”智库合作联盟进一步学深悟透习近平总书记关于“一带一路”重要论述的精髓，提升服务“一带一路”建设的本领，打造“一带一路”理论体系和话语体系，并加强智库合作联盟内部建设。中联部将进一步加大对智库合作联盟工作的支持，与各理事单位一道，充分发挥智库合作联盟广泛联系政、产、学、研等社会各界的优势，为高质量共建“一带一路”提供智力支撑，为推动构建人类命运共同体贡献智慧和力量。

赵白鸽博士在论坛上致辞

赵白鸽在发言中表示，“一带一路”是新型全球化的重要载体，是中国走向世界中央舞台的重要途径。在高质量共建“一带一路”的过程中，智库作为探路者、先行者正在发挥着不可替代的作用。蓝迪国际智库在党和国家的政策引导下，在“一带一路”智库合作联盟的帮助和支持下，明确自身责任担当，急国家之所急，紧紧围绕党和政府急需决策的重大课题，开展前瞻性、针对性、储备性政策研究，提出专业化、建设性、切实管用的政策建议，致力于在国家发展的关键历史时期贡献智库的智慧和力量。

赵白鸽指出，蓝迪国际智库坚持与时俱进，不断探索应用型智库创新发展的新思路。第一，蓝迪国际智库紧跟“一带一路”倡议的重点议题，聚焦六条经济走廊建设和重点国际关系，积极开展智库研究、推动国际合作。截至目前共向中央递交48篇研究报告，全部获得国家领导人的重要批示，部分报告及建议有效转化为有关部委和地方政府的政策措施。蓝迪已与缅甸、巴基斯坦、哈萨克斯坦、乌兹别克斯坦、埃塞俄比亚、斯里兰卡等重要节点国家建立起密切的高层联系，并有效开展双边活动。此次“中哈共建‘一带一路’国际高级研修班”荣获“一带一路”智库合作联盟 2019 年度品牌活动奖就是成功案例。

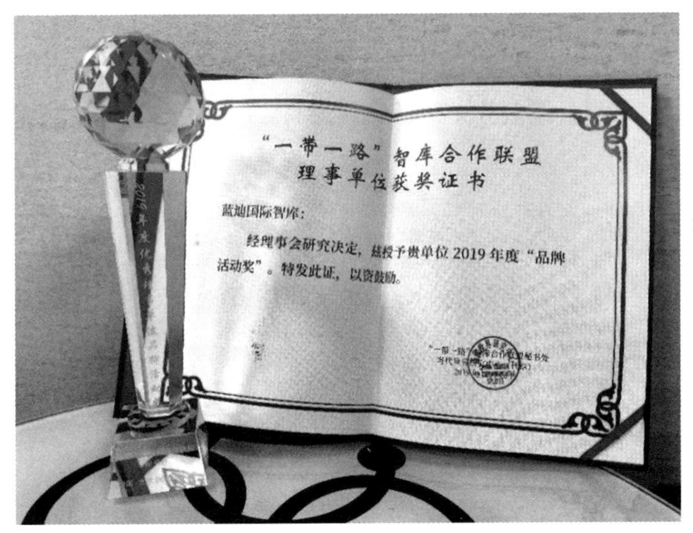

蓝迪国际智库荣获中联部“一带一路”智库合作联盟

2019 年度“品牌活动奖”证书和奖杯

第二，蓝迪国际智库是一个整合资源的平台。21 世纪的成功者和引领者不是单打独斗的个体，而是资源的集大成者。蓝迪国际智库依托中国社会科学院、中国科学院等多领域的丰富资源，开展灵活调度、系统整合，充分发挥人才和科学技术的巨大推动作用。

第三，蓝迪国际智库注重“以点带面”，形成了“城市—国家—区域”的整体布局。智库立足国内新一轮对外开放的节点城市，如青岛、珠海、南宁、宁波、苏州等，链接所在城市的重点产业园区和企业，形成了与上合组织成员国、葡语国家、中东欧国家、欧美国家、东盟成员国的深度对接与务实合作。与此同时，蓝迪国际智库不断探索双边合作的新机制、新模式，加强智库、商会等组织的交流合作，发挥多平台的联动作用。

“一带一路”智库合作联盟成立5年来，一直给予蓝迪国际智库极大的关注和支持。蓝迪国际智库工作荣获“一带一路”智库合作联盟2019年度“品牌活动奖”是联盟的肯定与鼓励，蓝迪国际智库将以此为再出发的新起点，投身于智库联盟建设，为将“一带一路”建设成为和平之路、繁荣之路、开放之路、发展之路、创新之路、文明之路贡献智慧和力量。

扩大对外开放与跨区域合作

一　蓝迪智任　聚焦青岛：主办青岛中国—上海合作组织地方经贸合作示范区建设发展研讨会

自2018年6月习近平主席宣布中国政府支持在青岛建设中国—上海合作组织地方经贸合作示范区（以下简称：上合示范区）以来，青岛市立足国家对外开放大局，强化地方使命担当，突出地方经贸合作定位，坚持高水平谋划、高质量发展，制定了《中国—上海合作组织地方经贸合作示范区建设总体方案》。2019年7月24日，习近平主席主持召开中央深改委第九次会议，审议通过了《中国—上海合作组织地方经贸合作示范区建设总体方案》，上合示范区将被打造为“一带一路”国际合作的新平台。

中国—上海合作组织地方经贸合作示范区

2019 年 8 月 12 日至 14 日，蓝迪国际智库应青岛市委市政府的邀请，组织专家团队赴青岛开展专题调研，召开系列主题研讨会。会议期间，专家团队与地方政府领导围绕规划好、建设好、发展好上合示范区“五大中心”，即“建设国际物流中心、现代贸易中心、双向投资合作中心、商旅文化交流中心、海洋合作中心”等重大议题进行了充分讨论，并提出相关建议。

中国—上海合作组织地方经贸合作示范区座谈会

青岛中国—上海合作组织地方经贸合作示范区建设发展研讨会现场

8 月 12 日，蓝迪国际智库专家团队深入调研上合示范区，在调研期间与青岛市商务局、胶州市人民政府领导、上合示范区管委会相关负责人，就统筹规划上合示范区、发挥上合示范区区位优势、建设物流贸易综合枢纽、开展与上合组织成员国经贸合作及人文交流、开展上合示范区与政府和智库以及企业的合作等议题进行了专题研讨。十二届全国人大外事委员会副主任委员、中国社会科学院“一带一路”国际智库专家委员会主席、蓝迪国际智库专家委员会主席赵白鸽主持会议。十二届全国人大财经委员会副主任委员、中国国际经济交流中心副理事长、原重庆市市长黄奇帆，中巴友好协会会长、联合国前副秘书长沙祖康，中国国际经济交流中心副理事长兼秘书长，河南省人大常委会原副主任张大卫参加了此次研讨会。

8 月 13 日，中国—上海合作组织地方经贸合作示范区建设发展研讨会在山东省青岛市召开。蓝迪国际智库的专家代表与青岛市地方政府领导围绕上合示范区如何打造“一带一路”国际合作新平台等议题建言献策。会上，山东省委常委、青岛市委书记王清宪表示，建设上合示范区

山东省委常委、青岛市委书记王清宪在研讨会上致辞

最核心的任务是打造平台，努力打造长江以北地区国家纵深开放新的重要支点，面向整个“一带一路”区域，推动形成“东西双向互济、陆海内外联动”的开放格局。青岛将用平台思维做发展乘法、用生态思维优先发展环境，深化与智库的战略合作，真正把上合示范区建好用好，为国家开放大局作出应有的贡献。

十二届全国人大财经委员会副主任委员、中国国际经济交流中心副理事长、重庆市原市长黄奇帆在研讨会上发言

黄奇帆从金融开放、税收调整、海关监管、要素流动等方面为上合示范区建设提出了十二条支持政策，为青岛地方贯彻落实国家顶层设计

提供了切实可行的配套政策建议。

中巴友好协会会长、联合国前副秘书长沙祖康在研讨会上发言

沙祖康建议，上合示范区要体现“面向上合”的特点，唱响高质量和绿色、开放、廉洁的“一带一路”主基调。同时，讲“开放”，与第三方合作，面向全世界推动整个“一带一路”建设。他表示，上合示范区应和上合组织秘书处建立起密切联系，开展定期的交流联络和考察，利用秘书处来推动上合示范区的建设。要设立专门联络员制度，以建立制度性的对口联络，促进信息交流与合作。

中国国际经济交流中心副理事长兼秘书长、河南省原副省长张大卫在研讨会上发言

张大卫建议，青岛可利用区位优势，综合交通优势和现代化产业优

势，将上合示范区营造成一个新空间，体现新理念，集聚新要素，构建新的产业组织，形成新模式，从而建设一个新平台。新平台要考虑产业变革、全球化新挑战、国际经贸关系新格局变化的因素，要满足产业的新供给和居民的新消费，要在打造新供应链上下功夫，使上合示范区成为撬动“一带一路”倡议的支点，带动中国经济自身升级实现突围。

十二届全国人大外事委员会副主任委员、中国社会科学院“一带一路”国际智库专家委员会主席、蓝迪国际智库专家委员会主席赵白鸽主持研讨会

赵白鸽表示，建立上合示范区首先要统一思想。上合示范区的建设必须设立完整的话语体系，应站在新型全球化和“平等互利”原则的高度，遵循“共商、共建、共享”的原则，与上合组织成员国及“一带一路”共建国家共商合作大计，共享合作成果。

会后，蓝迪国际智库与青岛中国—上海合作组织地方经贸合作示范区达成战略合作。蓝迪国际智库将助力上合示范区系统梳理其对政策和对国际合作的要求，围绕“物流先导、贸易拓展、产能合作、跨境发展、双园互动”等主题设计具体执行计划，促进上合示范区的发展。8月26

日，中国社会科学院“一带一路”国际智库、蓝迪国际智库专家团队共同完成了《关于建设中国—上海合作组织地方经贸合作示范区的研究报告》，详细讨论了如何充分发挥上合示范区的重要作用，打造“一带一路”国际合作新平台，为更好地助力中国走近世界中央舞台等一系列重大问题，该报告获得有关领导重要批示。

二　横琴探索　融汇发展：主办珠海第二届十字门金融周论坛

从左到右：澳门中国企业协会会长傅建国、蓝迪国际智库专家委员会主席赵白鸽、珠海市政府副市长阎武、珠海市横琴新区党委副书记、管委会主任杨川共同启动珠海第二届十字门金融周论坛

珠海经济特区——横琴新区因澳门而生，因澳门而兴。在这样的背景下，两个地区实现优势互补合作越来越得以深化，建设横琴新区的初心是为澳门产业多元化发展创造条件。自2018年珠海市金融工作局与澳门金融管理局签订《珠澳金融合作备忘录》以来，横琴与澳门协同两地发展、深化开放合作，加快建设澳门特色金融服务基地，推动两地金融

市场融合，实现优势互补，合作日趋全面与常态化。

珠海第二届十字门金融周论坛会场

珠海市副市长阎武在论坛开幕式上致辞

为全方位探索金融赋能珠澳优势产业融合发展，第二届十字门金融周于 2019 年 8 月 19 日在广东省珠海市横琴新区举行。本次金融周以

“金融＋赋能产业融合与发展”为主题，十二届全国人大财经委员会副主任委员、中国国际经济交流中心副理事长、原重庆市市长黄奇帆，十二届全国人大外事委员会副主任委员、中国社会科学院“一带一路”国际智库专家委员会主席、蓝迪国际智库专家委员会主席赵白鸽，中国银行业协会首席经济学家巴曙松，中美绿色基金董事长、国家发展和改革委员会发展规划司原司长徐林，中国银行原行长、海南省原副省长李礼辉，中国社保基金理事会原副理事长王忠民，中国医药创新促进会执行会长宋瑞霖等来自全国各地300余位金融领域专家、学者齐聚横琴，探讨珠海、澳门多领域发展新模式。此次十字门金融周由横琴新区管理委员会、中国社会科学院“一带一路”国际智库、澳门中国企业协会联合主办，横琴新区金融服务局、横琴新区金融服务中心、横琴新区金融行业协会协办，并由蓝迪国际智库、华金国际会展承办。

赵白鸽博士在论坛开幕式上致辞

赵白鸽在开幕致辞中表示，珠澳合作正面临一个非常重要的转轨时期，以此为契机，横琴应乘着粤港澳发展的东风，逐渐壮大成为中国金融界的排头兵。她表示，蓝迪国际智库的专家将紧紧围绕金融服务实体经济，深入探讨如何充分发挥横琴与澳门地缘毗邻的优势，进一步深化珠澳合作，探索多领域发展新模式，为横琴金融产业发展及珠澳金融合作出谋划策。

十二届全国人大财经委员会副主任委员、中国国际经济交流中心副理事长、重庆市原市长黄奇帆在论坛上发表主旨演讲

黄奇帆在演讲中表示，从横琴 2019 年上半年各项经济数据来看，横琴新区发展速度在全国名列前茅，国际贸易指标仍有较大提升空间。他分析认为，目前横琴已经出台的各项金融政策，大多与产业链金融相关。要发展产业链金融，需要基础的产业链和贸易量为依托，横琴作为自由贸易区，可大力发展科技驱动的创新创意产业园区，发展与自由贸易区核心功能相关联的国际贸易，如转口贸易、离岸贸易、会展贸易、服务贸易、跨境电子商务贸易和数字贸易六大国际贸易，为这六大类国际贸易提供政策空间。

中美绿色基金董事长、国家发展和改革委员会发展规划司原司长

徐林在论坛上发表主旨演讲

徐林表示，粤港澳大湾区是中国经济最具活力的地区之一，也是最具发展潜力和创新活力的地区之一。粤港澳大湾区坚持践行绿色发展，会成为高水准的宜居宜业的湾区，对未来全球高端要素和人才会更有吸引力，其发展潜力和空间可以得到进一步拓展。

中国银行原行长、海南省原副省长李礼辉在论坛上发表主旨演讲

李礼辉在论坛上表示，数字货币在未来的全球数字经济竞争中居于核心

地位，数字货币会不会对全球货币体系进行又一次重构，这是值得探讨的问题。当前特别需要关注的是可信任机构的数字货币。他认为，数字货币可能会冲击主权货币的地位、重塑货币体系。数字货币的霸权地位将由可信任机构数字货币的覆盖范围、用户规模和实体资产的规模来决定。同时，数字货币的出现可能形成跨越商业银行的金融体系，可能形成覆盖全球各个角落的集中基础设施，进而影响人民币国际化的进程。

北京大学汇丰金融研究院执行院长、中国银行行业协会首席经济学家、中国宏观经济学会副会长巴曙松在论坛上发表主旨演讲

巴曙松提出，要把珠澳作为推动葡语系境外人民币交易的一个重要平台，推动澳门的离岸金融市场和珠海的跨境金融市场之间的联动；以黄金和大宗商品定位为主，推进珠澳金融衍生品市场的发展；以跨境金融合作为途径来推进澳门的传统业务向特色金融业务转型；珠澳地区要建成出口信用保险制度，要打造绿色融资租赁和数字货币交易等。

中国社保基金理事会原副理事长王忠民在论坛上发表主旨演讲

王忠民在展望2019年珠海金融行业发展时，提出资管新规实施将我国资管行业发展划分为两个时期，之前是快速成长的发展时期，今后将进入高质量的发展时期，在这一背景下，资产管理机构和产品通道发生了巨大的变化：一是银行理财子公司的成立，将带来超过30万亿银行表内资产转换为表外资产；二是母基金迎来极大的发展空间。通过母基金的形式投资市场中的专业垂直细分领域基金，一方面降低投资选择的失误概率，另一方面可以通过母基金放大资本的规模，提升了资本的利用效率和投资成功率；三是伴随数字货币的发展，数字资产的托管平台具有蓬勃发展的潜能，这三大领域都将是珠海金融行业发展的机会。

本届横琴十字门金融周以金融跨界的形式，涵盖“金融+旅游”“金融+大健康”“金融+科技”“金融+文化”等板块。宋瑞霖针对中国医药创新提出，医药创新折射的是一个国家创新能力和系统性的工业能力，中国的医药产业和科技创新研发投入的强度在不断提高。中国企业坚持走创新之路，越来越重视研发，本土制药正在崛起，中国的药企在药物研发的道路上正在不断提升自己的价值。宋瑞霖对于横琴未来的医药产业发展给出了“药方”：第一，横琴要利用澳门与葡语系国家的连接助力中国药品通过“一带一路”走出去。同时，建立中国与欧盟之间的药品认证平台，让葡萄牙成为中国药企通向欧洲的转折点；第二，横琴可建立中国药品与欧洲药品相互申报与服务贸易的平台，成为中欧药品交易的通道，实现转口贸易和离岸贸易；第三，建立国际药品知识产权评估和交易中心；第四，横琴要把中医药向前推进，建成天然药物的标准和评价中心，要在制定标准方面发挥出最大价值。

中国医药创新促进会执行会长宋瑞霖在论坛上发表主旨演讲

出席第二届十字门金融周蓝迪国际智库专家合影：宋瑞霖、李礼辉、黄奇帆、赵白鸽、王忠民、徐林、杨川

横琴不断探索促进琴澳跨境金融合作建设思路，正在从建设粤澳跨境金融合作（珠海）示范区、打造与澳门趋同的金融监管机制、探索实行“单一通行证”制度、建设保险创新产业园、丰富粤澳金融合作、提升澳门金融人才配套服务水平等多方面进行积极尝试和实践。

三 横琴机遇 突破创新：主办横琴与澳门深度合作发展研讨会

2019 年 3 月，蓝迪国际智库与珠海市横琴新区管理委员建立战略合作伙伴关系，并成立蓝迪珠海合作中心，即在横琴新区打造一个新型的智库平台，设立战略咨询、管理咨询的专业机构，为优化横琴产业结构布局提出建设性意见并协助落实。同时，对应横琴产业发展需求匹配项目资源，以蓝迪珠海合作中心为平台，利用横琴及蓝迪国际智库优势资源，为优质项目和高成长型企业快速对接融资渠道，帮助企业实现产融结合，实现企业快速落地和成长。

《中国（广东）横琴自由贸易试验区总体方案》于 2015 年 3 月 24 日由中共中央政治局审议通过，该贸易区定位于促进澳门经济适度多元发展新载体的作用。习主席于 2018 年 10 月 22 日在考察珠海横琴新区时，指出：“建设横琴新区的初心就是为澳门产业多元发展创造条件。”横琴新区就是利用横琴临近澳门的天然地理优势以及发挥澳门多元文化、制度等独特优势，将横琴自由贸易区上升为中国特色横琴自由贸易港，把横琴自贸港建设成为“一国两制”下粤澳合作新模式的典范，这对于促进粤澳“共商、共建、共享”，实现共同发展具有重大意义。

为应对横琴新区发展中面临的机遇与挑战，应珠海市人民政府和横琴新区管理委员会的邀请，蓝迪国际智库组织相关专家于 8 月 17 日赴珠

横琴与澳门深度合作发展研讨会现场

海横琴参加“横琴与澳门深度合作发展研讨会”。研讨会围绕“如何做好澳门产业多元化发展并突破实现自由贸易区的建设”“如何抓住跨境金融创新机遇支持澳门特色金融发展”“如何与澳门合作开展关于大健康、海洋生物、文旅板块的合作”“如何就特区立法、实现澳门与横琴一体化建设的新突破”等问题作了深入讨论。

十二届全国人大外事委员会副主任委员、中国社会科学院“一带一路”国际智库专家委员会主席、蓝迪国际智库专家委员会主席赵白鸽，十二届全国人大财经委员会副主任委员、中国国际经济交流中心副理事长、重庆市原市长黄奇帆，珠海市委书记郭永航，珠海市委副书记、市长姚奕生，广东地方金融监督管理局党组书记、局长何晓军，中国银行原行长、海南省原副省长李礼辉，原全国社会保障基金理事会副理事长王忠民，中美绿色基金董事长徐林等出席本次研讨会并开展深度讨论。

赵白鸽博士主持研讨会并发言

珠海市委书记、市人大常委会主任郭永航在研讨会上发言

广东省地方金融监督管理局党组书记、局长何晓军在研讨会上发言

珠海市政府党组成员、横琴新区党委书记牛敬在研讨会上发言

珠海市横琴新区党委副书记、管委会主任杨川在研讨会上发言

十二届全国人大财经委员会副主任委员、中国国际经济交流中心副理事长、重庆市原市长黄奇帆在研讨会上发言

会议指出，习近平主席反复强调“建设好大湾区，关键在创新”。中国特色横琴自由贸易港建设就是要以制度创新为核心，在符合宪法、基本法和“一国两制”精神的基础上大胆闯、大胆试，开出一条新路来。积极破解体制机制障碍难题，在内外贸、投融资、财政税务、金融创新、入出境等方面探索更加灵活的政策体系、监管模式和管理体制，实现区

域优势叠加，深入推动粤港澳大湾区建设。

中国银行原行长、海南省原副省长李礼辉在研讨会上发言

中美绿色基金董事长徐林在研讨会上发言

中国医药创新促进会执行会长宋瑞霖在研讨会上发言

9 月 6 日，蓝迪国际智库专家组成员就相关调研与研究成果共同形成了《发挥澳门独特优势　建设中国特色横琴自由港的研究报告》，并获得相关领导重要批示。该报告分析了横琴自贸港的战略定位，提出了深化粤澳合作的举措建议和保障措施，强调以横琴自贸港作为国家对外开放的“新窗口”和深化“粤澳”合作的新桥梁，通过“分线管理”和“联合管理”的方式，推动珠澳双向多元化产业发展和实现更高层次、更加开放的国际化发展。立足横琴，辐射大湾区，促进全面对澳对港战略合作，积极深化两岸元素交互，助力澳门特色金融快速实现，促进澳门产业多元化发展。作为中国特色应用型智库，蓝迪国际智库充分发挥服务功能，为助推澳门融入国家“一带一路”发展大局，打造粤港澳大湾区的珠澳新增长极提供智囊支持、资源支持。

四　蓝迪智汇　桂地协力：承办广西壮族自治区开放发展高层咨询会

2015 年，习近平总书记赋予了广西新使命，即面向东盟的国际大通道、西南中南地区开放发展新的战略支点、“一带一路”有机衔接的重要门户。2019 年 8 月，国家出台《西部陆海新通道总体规划》，将广西的北部湾定位为国际门户港，广西在西部陆海新通道建设中的关键性作用进一步彰显。同月，国务院印发《中国（广西）自由贸易试验区总体方案》，以此方案为指引，广西自贸试验区将在畅通国际大通道、打造对东盟合作先行先试示范区和打造西部陆海联通门户港等定位上发挥重大作用。广西应紧抓当前历史机遇，实现中央和地方双轮驱动发展。

广西壮族自治区开放发展高层咨询会现场

9 月 27 日，应广西区委、区政府的邀请，中国社会科学院“一带一路”国际智库、蓝迪国际智库专家代表团参加在南宁举行的广西壮族自治区开放发展高层咨询会。此次会议由中国社会科学院“一带一路”国际智库、中国城市和小城镇改革发展中心主办，并由广西壮族自治区发展和改革委员会、广西壮族自治区南宁市人民政府、蓝迪国际智库承办。十二届全国人大外事委员会副主任委员、中国社会科学院“一带一路”国际智库专家委员会主席、蓝迪国际智库专家委员会主席赵白鸽，十二届全国人大财经委员会副主任委员、中国国际经济交流中心副理事长、重庆市原市长黄奇帆，中国改革开放论坛副理事长王郡里，中美绿色基金董事长徐林，广西壮族自治区常务副主席秦如培，广西壮族自治区南宁市人民政府副市长朱会东，广西壮族自治区发展改革委党组成员、总经济师罗陈娟，中国企业管理研究会会长黄速建，北京交通大学法学院院长、著名物流专家施先亮，蓝迪平台企业爱泊车创始人兼 CEO 闫军等出席会议，共同为广西的发展和规划献计献策。

广西壮族自治区发展改革委党组成员、总经济师罗陈娟在咨询会上发言

会上，罗陈娟首先向各位蓝迪智库专家代表作了关于广西发展总体情况的汇报。随后，蓝迪国际智库专家委员会代表纷纷发言。

十二届全国人大财经委员会副主任委员、中国国际经济交流中心副理事长、重庆市原市长黄奇帆在研讨会上发言

黄奇帆预见性地指出，广西的自贸试验区虽然是我们国家 18 个自贸区中最新推出的一个，但在未来几年，其发展速度、发展效果及其发挥的功能可能会迅速领先其他的自贸区，广西自贸试验区的发展具有“天时地利人和”的优势，可能发挥特殊的作用。从天时上看，建立自由贸易试验区的目的是为了对标《中国—东盟自由贸易协定》（简称 FTA）。2013 年 11 月，中共十八届三中全会通过《中共中央关于全面深化改革若干重大问题的决定》，该《决定》第七章讲到下一步开放要融入和参与双边的地区间的自由贸易和各种自由贸易协定。为了顺应自由贸易协定，要在上海等一些地方搞自贸试验区，建立自由贸易试验区的目标是为了我们全面地融入 FTA 的过程中进行试验。FTA 可实行零关税、零壁垒、零补贴，有其特定的营商环境。现在东盟十个国家之间就是零关税、零壁垒，我们要按照 FTA 自由贸易协定国家营商环境进行探索。FTA 的营商环境不是为了跟过去的开发区、保税区比高低，而是要对其提升、改善，要对标世界贸易组织（WTO）、对标 FTA，实现其国际化、法治化发

展。中国18个自贸区都和FTA有关。在这样的情况下，中国最早可能签订的FTA就是东盟10国+日本，共11个国家。中国是亚洲的大国，进入FTA才真正有意义，否则就是60%—70%孤立地在搞相关建设。广西自贸试验区正是《决定》的再次实践。会上，黄奇帆还对广西自贸试验区的建设提出了有关税收、金融、贸易等多方面的多条建议。

王郡里在会上指出，智慧城市在实现新科技应用和创新时，不仅要考虑小环境，如环保、垃圾处理等问题，同时要考虑大环境，即整体生态环境的优化和改善；要考虑引进新型技术产业来发展好广西的经济，同时也要维护好广西的生态。他还建议，广西进一步论证低空开放和推进军民融合的发展。

中美绿色基金董事长徐林在咨询会上发表主旨演讲

徐林就广西城镇化和生态价值问题发表意见。他认为，广西要进一步放低城市落户门槛，吸引更多的高层次人才。在生态价值方面，广西应该进一步考虑建立起实现生态价值转化为市场价值的机制。

赵白鸽博士为广西壮族自治区开放发展高层咨询会作总结发言

赵白鸽在总结发言中强调，围绕广西—东盟这条发展主线，广西要做以下四大研究：一是东盟各国国别情况调查研究；二是广西产业分析研究；三是适合广西学习的案例研究；四是对广西现有和未来所需的政策进行研究。同时，为更好地推进广西自贸区的建设，还要做好对于新技术的分析和研究，并对政府工作人员进行培训。

广西壮族自治区党委常委、自治区常务副主席秦如培在咨询会上发言

广西壮族自治区党委常委、自治区常务副主席秦如培表示，期待携

手蓝迪国际智库，根据广西的发展需求和当前国家给予广西的发展战略定位来做好广西未来开放发展的顶层设计，为广西的进一步开放和发展助力。

五　蓝迪智享　宁波示范：主办宁波“17＋1”经贸合作示范区高层咨询会

中东欧国家是“一带一路”共建国家和欧亚大陆的重要枢纽，把中东欧地区打造成“一带一路”倡议融入欧洲经济圈的重要承接地是中国新一轮对外开放的重要部署。

在全面对接“一带一路”倡议，贯彻落实《中国—中东欧国家合作杜布罗夫尼克纲要》，促进中东欧全面合作的过程中，宁波作为中国重要的沿海开放城市，走在了对接“17＋1合作”的最前沿。

2019年9月4日，蓝迪国际智库参加在斯洛文尼亚布莱德举办的第六届中国—中东欧国家高级别智库研讨会，十二届全国人大外事委员会副主任委员、中国社会科学院“一带一路”国际智库专家委员会主席、蓝迪国际智库专家委员会主席赵白鸽出席研讨会并发表主旨演讲。她指出，中东欧作为欧洲的新兴经济体，发展迅速、潜力无限。中国愿意通过积极推动“17＋1合作”来推动欧洲内部的均衡和可持续发展，造福中东欧国家人民，同中东欧国家分享中国的发展机遇，为助力中欧关系的全面发展贡献力量。

10月16日至19日，为进一步强化宁波与中东欧国家战略合作的平台优势，全面提升中国—中东欧国家经贸合作示范区的建设成效与服务水平，优化中国与中东欧17国、欧盟国家的合作伙伴关系，努力实现将中国—中东欧国家“17＋1合作”打造为“一带一路”倡议融入欧洲经济圈的重要承载地的国家部署，应宁波市委市政府邀请，中国社会科学院“一带一路”国际智库、蓝迪国际智库组织专家团队赴宁波开展专题调研并召开"17 +1"经贸合作示范区建设发展高层咨询会。

宁波"17 +1"经贸合作示范区高层咨询会现场

宁波"17 +1"经贸合作示范区高层咨询会蓝迪国际智库专家代表团

十二届全国人大外事委员会副主任委员、中国社会科学院"一带一路"国际智库专家委员会主席、蓝迪国际智库专家委员会主席赵白鸽，中国国际经济交流中心副理事长、重庆市原市长黄奇帆，中国改革开放论坛副理事长、原广州军区副参谋长、驻港部队原副司令员王郡里，国务院参事、原住房和城乡建设部副部长仇保兴，中国社会科学院欧洲研究所所长黄平，中国社会科学院欧洲研究所中东欧研究室主任刘作奎在会议期间围绕“新形势下示范区的发展定位、功能布局及重点任务”等议题进行了充分讨论。

浙江省宁波市委副书记、市长裘东耀在咨询会上致辞

浙江省省委副书记、宁波市委书记郑栅洁出席专家代表团见面会。浙江省宁波市委副书记、市长裘东耀发表致辞，他表示，2018 年，宁波市实现地区生产总值 10746 亿元，跻身万亿 GDP 城市行列。宁波加快建设宁波梅山保税港区、宁波杭州湾新区等国家级平台，同时推进以中东欧国家为重点的“一带一路”建设，连续举办四届中国—中东欧国家投资贸易博览会，2019 年还成功举办首届中国—中东欧国家博览会暨国际消费品博览会等重大活动。宁波外贸自营进出口总额 2018 全年突破 1300 亿美元，是全国第八个外贸超 1000 亿美元的城市；跨境电商进出口额达

1093.7 亿元，是全国首个跨境电商进口年交易额突破 100 亿美元的城市。宁波将利用好港口资源，发挥开放的优势，扎实推进“17 +1”经贸合作示范区的建设。

浙江省宁波市副市长李关定在介绍宁波“17 +1”经贸合作示范区建设情况时表示，宁波把与中东欧合作作为参与“一带一路”的重要载体来抓，进一步拓展了中国与中东欧合作的广度和深度，拟将宁波打造为中东欧对华贸易、投资、人文交流“三个首选之地”。他指出，推动“17 +1”经贸合作示范区是宁波当前的紧要任务，要将示范区建设成为推动“一带一路”倡议融入欧洲经济圈的新枢纽、推动“17 +1 合作”与长三角一体化战略协同互促的新通道、承载“17 +1”框架内经贸务实合作举措的新平台、地方探索实践国际跨区域合作制度创新的新高地。

黄奇帆指出，宁波“ 17 +1”经贸合作示范区是中国和欧洲合作的一个桥头堡。欧洲二十几国海关一体化使得它对中东欧 17 个国家的业务可通过中东欧转到欧洲的一个转口地方。宁波是个大港，未来实现转口贸易、离岸贸易、跨境电子商务贸易的三单合一分流是关键。

仇保兴在发言时强调，欧盟国家在应对气候变化方面是最积极的，绿色低碳将是进入欧盟大市场的门票。“17 +1”的国家人口众多、资源比较缺少，一定要把绿色建材、绿色建筑、绿色交通、绿色能源、绿色生态城区作为一个非常重要的战略。中东欧的合作示范区需要在生态绿色和低碳方面下功夫。

王郡里说，“17 +1 合作”已成为推动中欧在“一带一路”倡议下合作的重要平台和抓手，秉承“共商、共建、共享”原则，使“一带一路”成为走向发展的通途，特别是在中东欧国家推行文化先行尤为重要。另外还要与中东欧国家在体育方面进行交流与合作。

黄平表示，“17 +1 合作”既是“一带一路”的一个有机组成部分，也是中欧关系的一个有机组成部分。宁波要进一步提质增效，提高平台影响力，抓主要领域和主要亮点。不面面俱到，也不大包大揽，把每一项合作做好、做精、做扎实，就可以通过“17 + 1”合作平台走向中东欧，乃至走向整个欧洲。

赵白鸽在总结发言时指出，宁波“17 + 1”经贸合作示范区定位是关键，要打造新枢纽、新通道、新平台和新高地。“17 + 1”合作机制是推进中东欧合作的重大平台，是国家在新时代开放大局下赋予宁波的重大使命。宁波作为中国重点开放城市，加强与中东欧各国合作，既是宁波推动更高水平开放的新机遇，也是浙江打造“一带一路”战略枢纽的新载体，更是立足长三角、联通中东欧、融入全世界的新通道。宁波地处“一带一路”和长江经济带交汇点，是古丝绸之路的“活化石”和“一带一路”节点城市，要将港口最大资源和最大优势发挥到极致。宁波在“一带一路”建设中一直走在全国的最前沿，从发布“海上丝路贸易指数”、浙江省政府批复设立宁波“一带一路”建设综合试验区，再到2018年6月出台的以“1 + X”为架构的对外开放实施意见，宁波不断展现着自身参与“一带一路”的热情与引领优势。深化建设宁波“17 + 1”经贸合作示范区这项重要措施，将有利于“将中国—中东欧国家合作打造为‘一带一路’倡议融入欧洲经济圈的重要承载地”。示范区能够充分借助“一带一路”的建设契机，不断挖掘与中东欧国家合作机遇，开拓合作空间，全面提升示范区的合作机制效用，使其成为共建“一带一路”名副其实的标杆和样板。

蓝迪国际智库在充分调研与研究讨论的基础上，于2019年10月31日，组织专家组成员完成了《关于建设宁波—中东欧国家经贸合作示范区的研究报告》，并指导宁波市政府完成了《关于建设宁波—中东欧国家经贸合作示范区的总体方案》，其系统分析了新形势下宁波与中东欧国家的合作现状、示范区建设的特点、问题与挑战，并提出了对示范区的布局、功能定位及重点任务的建议，《报告》与《总体方案》一并获得相关领导的重要批示。

六　蓝迪智引　苏州坐标：主办“奋进新时代，苏州再出发”高级咨询会

“奋进新时代，苏州再出发”高级咨询会现场

江苏省委常委、苏州市委书记蓝绍敏出席咨询会并致辞

当前，苏州市面对“一带一路”、长江经济带发展、长三角一体化、自贸区建设等国家战略叠加实施的重大历史机遇，发展动能正从要素驱动

转向创新驱动，工业和信息化进程正处在一个关键阶段，并在孕育新一轮布局。但是苏州城市发展仍面临两大瓶颈：一是地方政策红利弱化；二是现有国家级平台——中新合作工业园区理事会协调机制和昆山深化双岸产业合作试验区协调机制能级弱化。苏州亟须寻求新的更高层次平台来促进经济社会高质量发展。鉴于此，苏州市委、市政府积极寻求外脑资源，与中国社会科学院“一带一路”国际智库联合主办“奋进新时代，苏州再出发”高层咨询会，并由蓝迪国际智库承办。会议旨在精准把脉苏州发展的突破点，为苏州在国家战略机遇期实现“再出发”建言献策。

十二届全国人大财经委员会副主任委员、中国国际经济交流中心副理事长、重庆市原市长黄奇帆在咨询会上作主旨发言

在前期深入了解苏州发展情况并开展实地调研的基础上，2019 年 11 月 18 日，“奋进新时代，苏州再出发”高级咨询会成功召开。十二届全国人大外事委员会副主任委员、中国社会科学院“一带一路”国际智库专家委员会主席、蓝迪国际智库专家委员会主席赵白鸽主持咨询会。十二届全国人大财经委员会副主任委员、中国国际经济交流中心副理事长、重庆市原市长黄奇帆，中巴友好协会会长、联合国前副秘书长沙祖康，中国改革开放论坛副理事长王郡里，

中美绿色基金会董事长徐林，中国华夏文化遗产基金会理事长耿静等蓝迪国际智库专家委员会代表作主旨发言。江苏省委常委、苏州市委书记蓝绍敏出席咨询会并致辞，市委副书记、市长李亚平，市人大常委会主任陈振一，市政协主席周伟强，市委副书记朱民出席咨询会。会议围绕苏州“如何应对风险挑战”“培育新经济新业态”“抢抓国家战略发展机遇”“推动‘开放再出发’”“建设高层次国际化文化平台”等问题作了深入交流讨论。

在发言中，黄奇帆建议，苏州作为中国改革开放的典型城市和成功缩影，要保持定力、增强信心，积极应对好中美经贸摩擦，不断巩固和扩大制造业优势，打造更加完备的垂直整合产业链集群；加快自贸区苏州片区创新试验，大力发展服务贸易；用好自贸区政策，发挥中新苏州工业园区示范引领作用，以苏州为主阵地，推动建立中德等国际合作的更高平台、更优机制。

中巴友好协会会长、联合国前副秘书长沙祖康在咨询会上作主旨发言

沙祖康建议，苏州要充分研究当今世界复杂的政治经济局势，尤其是中美经贸摩擦可能带来的消极影响。与此同时，要积极参与“一带一路”建设，努力开拓新兴市场，加强与第三方国家合作，扩大苏州对外开放新空间；苏州应结合自身优势举办主题突出、紧跟时代的优秀论坛，

开展国际性的研讨活动，加强与联合国世界卫生组织、教科文组织的联系，探索与国际组织对接合作的潜在可能性。

中国改革开放论坛副理事长王郡里在咨询会上发言

王郡里建议，要以更高的站位和视野，融入并服务好国家战略，在国际竞合新形势下做大做强苏州核心产业。苏州下一阶段的产业布局要充分考虑与“17 +1”中东欧国家和“一带一路”沿线国家合作，将布局范围放宽一点，眼光放远一点。

中美绿色基金会董事长徐林在咨询会上发言

徐林建议，苏州应充分利用长三角一体化等国家战略机遇，认真考虑和上海的关系，形成合理分工、相互协作、相互支撑的关系；要不断优化营商环境，提升对优质资源要素的集聚能力，积极发展新型服务业，拥抱新一轮消费升级“红利”，苏州所有服务业的供给可以面向整个长三角城市群的消费者，像高端医疗、旅游休闲等都是值得认真挖掘和打造的领域；另外，绿色低碳是未来的趋势，以绿色低碳转型为要求来发展能源体系可以使苏州的绿色发展水平进一步提高。

中国华夏文化遗产基金会理事长耿静在咨询会上发言

耿静建议，要更加注重历史文化资源的传承、保护和利用，通过举办国际性文化论坛、塑造知名文化品牌等来提升苏州的国际影响力和美誉度。

赵白鸽在总结发言时指出，苏州未来经济发展首先要注重全球布局，秉持三点原则：第一，在当前复杂的国际局势下，自觉服务于国家安全战略；第二，要团结处理好与欧美发达国家的关系，稳中求胜；第三，要注重和发展中国家的合作，尤其是与“一带一路”节点国家的合作。其次要优化区域布局，进一步与上海协调联动发展，加强和其他都市圈的关系，利用好“长三角一体化”的国家战略机遇。最后，赵

十二届全国人大外事委员会副主任委员、中国社会科学院
“一带一路”国际智库专家委员会主席、
蓝迪国际智库专家委员会主席赵白鸽作“奋进新时代，苏州再出发”
高级咨询会专家观点总结发言

白鸽主任表示，苏州在产业布局的深化拓展方面存在巨大潜力。目前，在四大产业布局方面，要进一步加强传统产业链的迭代升级。同时，通过进一步加快引进新型技术项目，更新优化传统产业布局。

江苏省委常委、苏州市委书记蓝绍敏在咨询会上代表苏州市委市政府作总结发言

蓝绍敏代表苏州市委、市政府对蓝迪国际智库为苏州发展提出宝贵建议给予大力肯定并表示衷心感谢。他说，作为“最强地级市”，苏州的发展一直在向更高处攀登。进入新时代，要更好地勇当“两个标杆”，而走出高质量发展的“苏州之路”则急需进一步发挥智库的力量，找准新的发展动力和坐标，在实践中多做研究性、探索性、开创性工作，作出“无问之答”，提出“无解之解”，勇闯“无人区”。蓝绍敏希望，蓝迪国际智库持续关注苏州、跟踪苏州、服务苏州，为苏州新时代高质量发展时刻把脉问诊、经常建言献策、助力推动突破，确保双方合作取得更大实效。同时，围绕“开放再出发”，助力苏州加快谋划新的国家级战略平台落户，推动现有平台功能提升，搭建起更加广阔的发展舞台，放大各类国家级、省级开放平台叠加互动“集成效应”。

蓝迪国际智库专家委员会代表与苏州市委、市人大常委会、市政府、市政协领导同志和市有关部门负责同志合影留念

此次高层咨询会中，蓝迪国际智库专家围绕苏州“如何提升国际影响力和人才吸引力”“如何结合国家重大战略将自身打造为能级更高的平

台载体”“如何上升为国家级对外经贸平台”“如何为创新发展提供动能策划”等重要议题建言献策，并在会后形成《关于在苏州设立中国新时代对外开放示范区的报告》和《中美关系的现状、未来走势及政策建议》两篇高质量研究报告，为苏州软实力建设、苏州经济跨越式发展提供了人才保障和智力支撑。两份报告递送中央后，均获相关领导重要批示。

第四次产业革命与智慧城市

一　军民协作　重点布局：出席中央军民融合新兴技术专题座谈会

为牢牢把握新时代推动军民融合深度发展的重点任务，深入贯彻军民融合发展战略，推进军民科技协同创新，2019 年 4 月，中国社会科学院“一带一路”国际智库、工业和信息化部赛迪研究院与蓝迪国际智库共同合作，对加快推进中国军民融合新兴技术创新突破进行了认真研究，完成了《抓住机遇　超前布局　加快推进军民融合新兴技术创新突破》的研究报告。报告指出，新一轮科技革命将催生一批战略新兴产业，这将为产业布局优化、打破国际竞争格局带来深远的影响。报告通过对国内外新兴技术趋势的分析与研究，为军民融合发展的重点技术方向及产业化发展提出建议，获得高层领导的重要批示。

5 月 14 日，应中央军民融合发展委员会办公室邀请，蓝迪国际智库研究团队参加了专题研讨会。十二届全国人大外事委员会副主任委员、中国社会科学院“一带一路”国际智库专家委员会主席、蓝迪国际智库专家委员会主席赵白鸽，中国电子信息产业发展研究院院长卢山，中国城市和小城镇发展中心学术委员会秘书长冯奎，蓝迪国际智库平台企业泰豪科技股份有限公司总裁杨剑出席会议并作专题汇报。

研讨会主要围绕“如何把握新一轮科技革命的历史机遇”“聚焦军民融合新兴技术战略重点”“聚力实现军民融合新兴技术创新突破”等议题展开讨论。会上，专家们从人工智能与机器人、新能源、新材料、增材制造、虚拟现实与数字仿真、空间技术、人体增强技术、量子信息技术这八个科技领域，分析了技术需求与发展战略，特别对军用技术的民用化问题进行了充分讨论，强调了以智慧城市为载体，推动新兴科技技术服务民生、服务人类的重要性。与会代表一致认为，智慧城市为军事技术向民用转移提供了广阔市场。智慧城市建设内容丰富，对新技术需求量大，是军用先进技术向民用进行转移转化的重要市场主体。推动“军转民”“民参军”“军民协同创新”高质量发展，有利于助力智慧城市各领域建设可持续发展。

本次研讨会的圆满举办，充分体现出在军民融合发展中，中国社会科学院“一带一路”国际智库、工业和信息化部赛迪研究院、蓝迪国际智库等能够提供全面的理论、政策、方法的研究与支撑，发挥推动军民融合深度发展的智库作用。

二　凝心汇智　平台协同：出席 2019（第五届）中国智慧城市国际博览会

2019 年 6 月 14 日上午，以“共建绿色和智慧的未来城市”为主题的 2019（第五届）中国智慧城市博览会在北京展览馆隆重开幕。中国智慧城市博览会由中国城市和小城镇改革发展中心主办，至今已成功举办了四届，是落实新型智慧城市发展政策，宣传推介智慧城市建设优秀案例与成果，加强智慧城市国内外交流合作的重要平台。

2019（第五届）中国智慧城市博览会在北京展览馆隆重开幕

中欧绿色智慧城市创新实践交流会亮相2019（第五届）中国智慧城市博览会

十二届全国政协副主席王钦敏，国家发展和改革委员会副秘书长任志武，十二届全国人大外事委员会副主任委员、中国社会科学院“一带一路”国际智库专家委员会主席、蓝迪国际智库专家委员会主席赵白鸽，天津市人民政府政协副主席李绍洪，教育部科技司司长雷朝滋，国家发展和改革委员会财政金融和信用建设司副司长张春，中国城市和小城镇发展改革中心主任史育龙，中国城市和小城镇改革发展中心理事长李铁，中国科学院院士、中国工程院院士李德仁，中美绿色基金董事长徐林，韩国驻华大使馆公使衔参赞权大铁，中国欧盟商会副主席马西莫·巴纳斯科，麦肯锡全球研究院院长华强森等嘉宾出席博览会开幕式并发表主旨演讲。

赵白鸽博士在 2019（第五届）中国智慧城市国际博览会上作主旨演讲

赵白鸽博士在讲话中表示，当今世界，人类面临的重大机遇是第四次产业革命，其规模、速度、广度和深度以及全方位的系统性作用都将极大地影响人类发展进程。第四次产业革命表现为各种新兴的、突破性的技术集中出现，涵盖了人工智能、机器人、物联网、3D 打印、纳米技术、生物技术、材料科学、量子计算等诸多领域，推动了全球电子信息技术的创新和发展，而信息化、网络化、数字化，智能化的相互融合与相互促进，使人类进入了一个智能的信息时代。尽管许多技术目前仍处于初级阶段，但由于跨界、跨产业的整合，这些技术将相互促进融合。

“2025”将是第四次产业革命技术发展的关键引爆点，与之伴随的将是原有治理模式、商业模式、分配模式和消费模式的改变。

聚焦第四次产业革命，共建绿色智慧城市将面临诸多可持续发展方面的机遇与挑战。正在兴起的第四次产业革命为中国创造了重要机遇，使其能够与发达国家站在同一起跑线上。智慧城市建设是政府与企业互相促进的过程，是一个极为复杂的系统工程。政府应该创新政策机制与企业共同参与，扩大彼此间合作的机会，建立多方共赢的生态系统，令智慧城市更突出“智慧”的特征。面对这场城市发展模式的深刻变革，构建绿色智慧城市不仅可以提高城市的管理水平和快速应变能力，营造健康、便捷、舒适的城市环境，还是提高国家创新能力、实现国家创新战略的行动重点和战略支点。我们需要明确思路、凝聚力量，在中国智慧城市建设的实践中取得跨越式发展。

中国城市和小城镇改革发展中心学术委员会秘书长冯奎发表演讲

6 月 14 日下午，由中国城市和小城镇改革发展中心、法国展望与创新基金会和蓝迪国际智库共同主办的“中欧绿色智慧城市创新实践交流会”亮相2019（第五届）中国智慧城市国际博览会。蓝迪国际智库专家委员会主席赵白鸽与中国城市和小城镇改革发展中心学术委员会秘书长冯奎、法国工商会副主席张安东、中国信息协会副会长朱玉、《中国信息界》总编辑尚进等出席会议并讲话。中欧绿色智慧城市峰会代表、中欧绿色智慧城市样板城市市长、中欧双方专家学者、中欧企业领军人物等参与交流会。

蓝迪平台企业——科大讯飞智慧城市事业部副总裁童建军发言

蓝迪平台企业——科大讯飞智慧城市事业部副总裁童建军在交流会上表示，科大讯飞是国家设立的首批四个新一代人工智能开放平台之一，被称为“人工智能国家队”，是人工智能的龙头企业。新型智慧城市建设需要大量的人工智能技术，科大讯飞的使命是用人工智能建设美好城市。科大讯飞要通过构建城市超脑在各个行业生态中使用人工智能，推进智慧城市建设。

三川智慧科技股份有限公司副总裁郑田田和碧水源副总裁刘安波也作为蓝迪平台企业成员参加了交流会的“绿色智慧城市创新发展”的对

蓝迪平台企业代表发言

话环节。三川智慧郑田田副总裁表示，智慧城市为传统水表制造企业的三川智慧打开了一扇智慧之窗。作为终端数据采集设备，水表连接千家万户，为收集采集数据，传统机械水表必须上门。因此，水业公司的人力成本巨大。智能水表可以有效地解决上门抄表的问题。随着流量计量技术、网络通信技术、自动控制技术、GIS 地理信息技术、微功耗供电技术、云计算技术等日趋成熟与完善，智能水表已成为市场热点和发展必然。碧水源副总裁刘安波表示，智慧城市首先应该是宜居、美丽、绿色的。碧水源通过膜工艺给出了安全的办法来解决污水、供水安全和水少的问题，以科技手段实现人与水的和谐。

赵白鸽博士在总结发言中指出，政府作为主导力量需要发挥在绿色智慧城市建设方面的职能，要引领政策规划、搭建公共平台、培养相关人才、引导资金运作；要加强对样板城市和重点企业的支持力度，促进市场开放和智慧城市经验的推广，鼓励企业间进行资源整合，推动建立智慧城市的市场化机制；还要促进信息、文化与产业的交流与互动，推动绿色智慧城市纵向深入发展，构建国际化智慧城市。同时，企业作为市场经济的主体是智慧城市建设的最大支撑者，也是城市新形象的主要缔造者，应该抓住第四次产业革命的机遇，更加广泛地参与智慧城市建设。蓝迪国际智库将积极联动蓝迪平台企业为绿色智慧城市的建设作出贡献，共建绿色智慧未来城市。交流会中，赵白鸽博士还代表蓝迪平台 350 家企业为现场嘉宾赠送《蓝迪国际智库年度报告》（2018）及《“一带一路”年度发展报告》（2018）。

赵白鸽博士作 2019（第五届）中国智慧城市国际博览会总结发言

赵白鸽博士向现场嘉宾赠书

中国城市和小城镇改革发展中心主办的中国智慧城市博览会已被列入《关于印发新型智慧城市建设部级协调工作组制度及2016—2018年任务分工的通知》中的重要工作之一。前四届累计参展单位600余家，累计展出面积13万平方米，累计参观人数40余万人次，是目前国内智慧城市领域极具规模和影响力的大型国际博览会。

三 “未来已来 走进民生”：蓝迪专场唱响2019中欧绿色智慧城市峰会

2019 中欧绿色智慧城市峰会开幕

在第四次产业革命的时代背景下，科技创新已成为重塑世界格局、创造人类未来的主导力量。新时期如何推动科技创新走出实验室，走进民生，深度融合并广泛渗透到人类社会的各个方面是值得思考的重要议题。

自2015年起，在欧盟委员会指导下，中国城市和小城镇改革发展中心、法国展望与创新基金会、中国社会科学院“一带一路”国际智库、蓝迪国际智库共同主办的中欧绿色智慧城市峰会系列活动连续在香港、深圳、宁波成功举办，共有中欧32个国家和地区约110个中欧城市代表团参会，已成为目前国际化水平高、内容丰富、合作务实的绿色智慧城市国际合作

2019中欧绿色智慧城市峰会嘉宾会谈现场

交流平台之一。2019年9月26日至28日，在欧盟委员会指导下，由中国城市和小城镇改革发展中心、法国展望与创新基金会、中国社会科学院"一带一路"国际智库、蓝迪国际智库共同主办的中欧绿色智慧城市峰会第四次产业革命与智慧城市发展论坛在广西南宁召开，来自中国及欧盟各国城市代表、专家学者、企业负责人等500余人参加了此次活动。

广西壮族自治区党委书记、人大常委会主任鹿心社在南宁会见法国前总理、法国展望与创新基金会主席让-皮埃尔·拉法兰

峰会期间，广西壮族自治区党委书记、自治区人大常委会主任鹿心社，会见了法国前总理、法国总统中国特使、法国展望与创新基金会主

席拉法兰，和十二届全国人大外事委员会副主任委员、中国社会科学院“一带一路”国际智库专家委员会主席、蓝迪国际智库专家委员会主席赵白鸽，以及十二届全国人大财经委员会副主任委员、中国国际经济交流中心副理事长、原重庆市市长黄奇帆等与会嘉宾。

鹿心社对拉法兰长期致力于促进中法友好合作、增进中法友谊表示感谢，并对他获授中华人民共和国“友谊勋章”表示祝贺。他说，本届峰会就“推动建立示范性绿色智慧城市”“推动创新科技走进民生”等议题开展主旨演讲和交流探讨，必将有力推动中国与欧盟城市进一步深化合作，共同促进中欧绿色智慧城市高质量发展。当前，广西正抢抓建设西部陆海新通道、中国（广西）自由贸易试验区、面向东盟的金融开放门户、中国—东盟信息港等重大机遇，结合推进数字广西建设，大力建设绿色智慧城市。广西期望与欧盟各国各地区、各城市以中欧绿色智慧城市峰会为平台，进一步深化经贸投资、科技创新、教育、文化等领域的友好交流合作，实现优势互补、共同发展。

法国前总理、法国展望与创新基金会主席让－皮埃尔·拉法兰

出席 2019 第四次产业革命与智慧城市发展论坛，并在“未来已来”专场致辞

拉法兰表示，建设绿色智慧城市是当今的一个重要话题，也是欧中合作的一个重要领域。法国愿加强与广西各城市之间的合作，包括在数字医疗、自动驾驶、新技术应用等方面交流经验和相互学习，这也需要从国家层面进行推动。

会见后，拉法兰出席峰会开幕式并致辞，他呼吁各方要通过加强城市以及城市市民之间的合作，加强公有行业、私有行业、国际行业合作等来加强国家之间的合作，共同努力解决绿色智慧城市建设过程中遇到的问题，推动世界和谐发展。

欧盟驻华大使郁白、中国国际经济交流中心副理事长黄奇帆、中国社会科学院“一带一路”国际智库专家委员会主席赵白鸽、浙江省智能制造专家委员会主任毛光烈、中国城市和小城镇改革发展中心理事长李铁、中国城市和小城镇改革发展中心主任史育龙、中美绿色基金会董事长徐林等在峰会论坛上发表主旨演讲，就绿色智慧城市发展的现状、前景等问题提出真知灼见。

2019 中欧绿色智慧城市峰会第四次产业革命与智慧城市发展论坛

“走进民生”会场嘉宾对话

当日下午，一场由蓝迪国际智库精心策划的跨国对话——“未来已来，走进民生”2019 中欧绿色智慧城市峰会第四次产业革命与智慧城市发展论坛隆重开幕。论坛主要分为两场：第一场以“未来已来”为主题，主要回答人类应如何在第四次产业革命的浪潮中激发新一轮的科技创新，如何应用第四次产业革命的创新科技来打造智慧城市等问题。对话嘉宾为：法国展望与创新基金会主席拉法兰、欧盟驻华大使郁白、法国巴黎城市形态与复杂系统研究所所长薛杰、欧盟委员会地区总司高级顾问霍尔、中国改革开放论坛副理事长王郡里、中美绿色基金会董事长徐林和浙江省宁波市人民政府党组成员、副市长李关定。嘉宾们从国际规则、国内法制、政策规制和技术要因等多角度阐述了绿色智慧城市的构建与发展，并提出第四次产业革命的科技创新会带来物理空间、网络空间和生物空间三者的融合，科技创新是打造智慧城市的必要手段。

第二场以“走进民生”为主题，主要讨论科技将如何服务于民生的课题。这是一场蓝迪国际智库平台优秀创新企业代表与欧盟优秀企业的头脑风暴。意大利罗马大学研究协调员莫雷里、法国城市大脑 DOTVISION 公司首席执行官纪尧姆·佩勒提耶尔、佩罗建筑首席执行官欧克达瓦·佩罗、武汉兰丁医学高科技有限公司董事长孙小蓉、山东天壮环保科技有限公司董事长王丽红、广西中科曙光云计算有限公司董事长张爱萍、汉能科技装备集团首席执行官梁洪涛、安世亚太科技股份有限公司战略合作总经理邢军等八位嘉宾展开精彩对话。对话嘉宾一致认为，科技创新的根本是服务于人类，第四次产业革命的科技创新必须走出实验室，走进民生。

作为本次论坛的倡议者和主持人，赵白鸽主任从第四次产业革命对未来城市绿色发展展望、智慧城市构建和运行、国家质量基础设施促进智慧城市高质量发展以及惠及民生举措和实效四个维度进行了评述。她认为，人类文明因工业革命开启而不断迭代前行，并逐步迎来第四次产业革命全面到来的曙光。随着工业革命带来对人类文明的全面回顾和深刻思考，对“绿色发展”的追求成为各方思想碰撞的共识。蓝迪国际智库从高质量发展角度集合全球共识，认为构成第四次产业革命的重要支撑性创新技术是“新能源”+“大数据 & 人工智能”的多场景叠合应用，而这两者的跨界融合与泛在，将为“绿色发展”带来深度的产城融合与业态变革。

她指出，智慧城市是基于城市综合功能性满足的地域集合体，需要智慧融入技术迭代和创新，利用“新能源”+“大数据 & 人工智能”对城市智慧化的改造与升级。其本质是对可再生能源的充分利用和合理化科学化大幅削减化石能源的直接使用，最大限度提升城市万物互联感知度，在满足“以人为本”和“绿色和谐”的城市发展理念的同时，使“绿色”与“智慧”赋能城市。同时，她就国家质量基础设施促进绿色智慧城市高质量发展进行了论述，认为联合国工业发展组织和国际标准化组织提出的国家质量基础设施理念，将国际公认的计量、标准、认可和检验检测认证（合格评定）质量合规性要素融入第四次产业革命创新科技产业化中，是确保各相关领域高质量发展的重要基础。最后，她就惠及民生举措和实效等方面进行了总结。

此次峰会上，蓝迪国际智库企业代表分别体现出在各自创新性技术中提升与国家质量基础设施各主要因素的融合速度，不仅使产业链跨界融合以及质量合规性有效组合，更为绿色智慧城市的高质量发展提供了全面而稳健的保障与支撑。峰会对创新技术成果的应用与展示体现了先进科技对智慧城市、智慧交通、智慧医疗、智慧教育等民生发展的强大促进作用，创新技术成果不仅能提升城市“绿色”和“智慧”的综合实效，还可实现民生的明显改善。峰会发布了《中欧绿色智慧城市南宁共识》。峰会对成功经验的扩散推广，将惠及“一带一路”共建国家、地区乃至全球，惠及民众生活，可为全球应对环境和气候问题贡献力量和智慧。

附录一　　蓝迪国际智库 2019 年重要活动

类别	序号	重要活动
“一带一路”倡议与国际合作	1	航空专场　紫荆盛会：承办第四届“空中丝绸之路”国际论坛
	2	蓝迪智作　精品传递：主办“一带一路”研讨会暨《“一带一路”年度发展报告》（2018）新书发布会
	3	数字之路　联通寰宇：出席第二届“一带一路”国际合作高峰论坛“数字丝绸之路”分论坛
	4	中巴友好　再谱新篇：出席巴基斯坦中国贸易与投资论坛
	5	探索转变　公平发展：出席第十六届欧亚媒体论坛
	6	睦邻友好　携手前行：出访乌兹别克斯坦
	7	中巴样本　合作力量：承办中巴经济走廊高峰论坛（2019）
	8	关注民生　落实成果：出席中巴经济走廊第九次联委会
	9	中国启示　观点交流：出席法国展望与创新基金会 2019 年年会
	10	智库论剑　思想碰撞：出席第六届中国—中东欧国家高级别智库研讨会
	11	拓展空间　打造典范：出访调研希腊
	12	蓝迪智声　精彩呈现：出席第二届创新经济论坛
	13	创新模式　诚意互动：承办中哈共建“一带一路”国际高级研修班
	14	蓝迪智库　与时俱进：荣获“一带一路”智库合作联盟 2019 年度“品牌活动奖”
扩大对外开放与跨区域合作	15	蓝迪智任　聚焦青岛：主办青岛中国—上海合作组织地方经贸合作示范区建设发展研讨会
	16	横琴探索　融汇发展：主办珠海第二届十字门金融周论坛
	17	横琴机遇　突破创新：主办横琴与澳门深度合作发展研讨会
	18	蓝迪智汇　桂地协力：承办广西壮族自治区开放发展高层咨询会
	19	蓝迪智享　宁波示范：主办宁波“17 + 1”经贸合作示范区高层咨询会
	20	蓝迪智引　苏州坐标：主办“奋进新时代，苏州再出发”高级咨询会

续表

类别	序号	重要活动
第四次产业革命与智慧城市	21	军民协作　重点布局：出席中央军民融合新兴技术专题座谈会
	22	凝心汇智　平台协同：出席2019（第五届）中国智慧城市国际博览会
	23	"未来已来　走进民生"：蓝迪专场唱响2019中欧绿色智慧城市峰会

第二节　研究成果

自2015年启动以来，蓝迪国际智库始终以服务党和政府科学民主依法决策为宗旨，紧紧围绕党和政府决策亟待解决的重大课题，聚焦第四次产业革命下的新技术和新产业、"一带一路"倡议和经济社会发展中的重大现实问题，积极开展国内、国际调研，在与多方深入探讨、协同合作中形成了一系列具有前瞻性、针对性、建设性的决策咨询研究报告，充分发挥了应用型智库咨政建言、理论创新、社会服务的重要功能。

在过去的五年中（2015—2019年），蓝迪国际智库致力于促进应用型研究成果转化，所完成的48篇研究报告均获得中央及国务院领导的重要批示，为中央提供了高质量的决策咨询意见，同时也为地方提供了专业化建设性的政策建议，提高了地方党委和政府的综合研判和战略谋划能力。2019年，蓝迪国际智库在中国社会科学院、中国科学院、中国工业与信息化部赛迪研究院、中央军民融合发展委员会办公室、中国城市和小城镇改革发展中心以及地方政府机关如青岛市政府、宁波市政府、苏州市政府政策研究室、横琴金融服务局的大力支持下，围绕"第四次产业革命下的新科技和新产业""'一带一路'倡议的重要节点国家和地区""新开放格局下的国际跨区域合作机制"三大主题共完成了10篇研究报告。同时，蓝迪国际智库高度关注国际热点，美国前众议院议长纽特·金里奇于2019年10月22日出版了《特朗普对阵中国：美国所面临的最大威胁》一书，该书一经出版，便成为亚马逊畅销书籍，居政治贸易及关税类排行榜第一名。蓝迪国际智库敏锐发现该书对我国研判中美关系和国际形势具有重要参考价值，携手工信部赛迪研究院完成该书译著。

2019研究成果摘要

一 《中白工业园战略定位及创新发展思路》

自2013年中白两国建立全面战略伙伴关系以来，双方政治互信不断增强，经济合作成效显著。白俄罗斯地理位置优越，是"丝绸之路经济带"的重要节点，中国—白俄罗斯工业园（以下简称"中白工业园"）于2015年3月启动建设，占地112.5平方公里，是白俄罗斯最大的招商引资项目，也是中国在海外最大的经贸合作区。

2019年2月，中白工业园被批准为白俄罗斯境内首个区域经济特区，它是中白合作共建"丝绸之路经济带"的标志性工程。中白工业园是"一带一路"上的明珠，也是中外园区的典范。其战略位置十分重要，将对欧盟、中东欧、欧亚地区秩序产生深远影响。

2019年1月，蓝迪国际智库与中国社科院俄罗斯东欧中亚研究所共同完成了《中白工业园战略定位及创新发展思路》的研究报告。

本报告详细分析了中白工业园的发展历程、发展现状以及所面临的发展难题，就如何解决这些难题提出相关建议：一、观念、政策融通，推动白方给予工业园先行先试的特殊政策；二、多方融资，风险共担，除政府出资外，引进多边开发性金融机构参与融资；三、积极发展支柱产业，形成有核心竞争力的产业集群，针对周边市场需求组织研发和生产；四、加强中白法律法规、标准的对接；五、精准招商，吸引造血功能强的企业入驻园区；六、加强国际园区合作与交流；七、与高校、科研院所广泛合作，为园区发展培养人才。该报告得到高层领导的批复和高度重视，相关建议为中白工业园的建设发展起到了推动作用。

二 《抓住机遇 超前布局 加快推进军民融合新兴技术创新突破》

科技是第一生产力，也是核心战斗力。军民科技协同创新是军民融合发展最关键最活跃的领域。为深入贯彻军民融合发展战略，推进军民科技协同创新，蓝迪国际智库在系统研究国内外发展趋势基础上，对加快推进中国军民融合新兴技术创新突破进行了认真研究。

2019年4月18日，蓝迪国际智库与工业和信息化部赛迪研究院、中国城市和小城镇发展中心、泰豪科技股份有限公司共同形成了《抓住机遇 超前布局 加快推进军民融合新兴技术创新突破》的研究报告。

本报告系统梳理了国内外军民融合新兴技术发展趋势，在对白宫科技政策办公室、德国经济与能源部、伦敦国际战略研究所等机构文件进行研究分析的基础上，提出应加快推进我国军民融合新兴技术创新突破。报告聚焦人工智能技术与机器人技术、新能源技术、新材料技术、增材制造技术（3D打印）、虚拟现实与数字仿真技术、空间技术、人体增强技术等八大科技领域，从国内外发展现状、市场主要参与方、社会影响、经济影响、军事影响等方面进行了全面的研究，旨在通过对新兴技术趋势的分析与研究，给出军民融合发展的重点技术方向及产业化发展建议。

报告提出五点建议：一要发挥军民融合体制优势，积极开展军民两用核心技术体系研究，突破新兴技术“卡脖子”的瓶颈；二要培育科技创新生态环境，通过商业应用分摊研发投入，推进军民协同创新，加速军事应用；三要探索建立新兴技术创新平台，充分发挥军民融合产业园区等各类创新平台或基地的载体作用，发挥产业集聚效应，推动技术创新和产业化进程；四要注重搞好战略统筹引领发展，加大顶层统筹力度，重点关注战略方向并提前布局相关基础理论及其应用的研究，争取在薄弱环节实现系统性突破；五要建立军民融合的新型话语体系，使用未来工业的概念明确制定国家的新型产业和投资政策。

该报告得到高层领导的批复和高度重视，对助推战略新兴产业发展，优化产业布局，打破国际竞争格局具有深远影响。

三 《哈萨克斯坦总统大选后的政局走向分析及我应对之策》

2019 年 6 月 9 日，托卡耶夫正式当选为哈萨克斯坦总统，哈萨克斯坦政坛开启了一个独具特色的权力过渡期。2019 年 6 月 13 日，蓝迪国际智库与中国社会科学院俄罗斯东欧中亚研究所在深入调研和研究的基础上，共同形成了《哈萨克斯坦总统大选后的政局走向分析及我应对之策》的研究报告。

该研究报告指出哈萨克斯坦权力过渡期的核心特点是纳扎尔巴耶夫依然居于权力的核心地位，国家战略和意识形态、安全和国防权力、政党以及权力部门都继续由纳扎尔巴耶夫控制，并在此基础上，继续考察、甄选并最终决定过渡期结束后的接班人。在哈萨克斯坦最高权力过渡阶段，其对外合作取向将继续保持“三不变”，即“奉行多元外交战略的取向不变；奉行经济优先的对外战略，实现经济快速稳步增长的取向不变；把俄罗斯视作国家安全保障，把美国视作国际威望的推手，把中国视作外部经济资源的取向不变”。

报告中指出纳扎尔巴耶夫的长女、哈萨克斯坦参议院议长纳扎尔巴耶娃在会见我驻哈大使张霄同志时表示，加强中哈间的相互学习和对话很有必要，中国有很多经验值得哈方学习，希望建立中哈双边高层次人才研修机制，并在新总统访华时启动该项目。

该报告建议我国宜利用好哈萨克斯坦政治过渡阶段“求稳、求缓、求利”的机遇，加强与哈萨克斯坦年轻一代的密切合作，提出了依托中国社会科学院国家高端智库平台，举办中哈共建“一带一路”国际高级研修班的建议。

该报告现已得到高层领导的批复和高度重视，为实现中哈两国互惠互利与合作共赢贡献了力量。

四　《推动连云港建成“一带一路”安防产业研发制造基地的若干政策建议》

安防产业是伴随社会安全需求增长而形成的产业，已成为当前突显的新需求。安防产业包括安防产品设备和安防服务两大类别。现代安防产业是综合应用电子信息、通信、计算机、生物信息等先进技术的高新技术行业，是包括现代制造业、现代服务业等在内的，领域广泛的宽口径产业群，是规模增长快、利润率附加值高且发展潜力巨大的新兴行业。

2019 年 6 月 28 日，蓝迪国际智库在浙江大学和国际执法安全合作研究会的参与和支持下，共同形成了《推动连云港建成“一带一路”安防产业研发制造基地的若干政策建议》。本报告分析梳理了我国与国际安防产业的现状特点与发展趋势，系统分析了在连云港建立“一带一路”安防产业研发制造基地的优势和挑战，提出了建立连云港“一带一路”安防产业研发制造基地的建议，强调：一、以连云港基地为示范点，推动体制机制创新；二、以“一带一路”为载体，提升国际拓展能力；三、以企业为主体，明确方向和路径；四、以科技为动力，打造创新驱动模式；五、以金融为支撑，建立投资融资平台；六、以人才为根本，促进产业国际交流。

该报告现已得到高层领导的批复和高度重视，相关建议为建立“一带一路”安防产业研发制造基地提供了发展思路。

五　《关于建设中国—上海合作组织地方经贸合作示范区的研究报告》

2018 年 6 月 10 日，习近平总书记在上合组织青岛峰会上宣布支持青岛建设上合示范区。2019 年 7 月 24 日，总书记主持召开中央深改委第九次会议，审议通过了《中国—上海合作组织地方经贸合作示范区建设总体方案》，上合示范区将被打造为“一带一路”国际合作的新平台。作为长江以北地区国家纵深开放新的重要战略支点，青岛具有“东西双向互济”“陆海内外联动”的独特优势，通过上合示范区建设，使东西双向合作在青岛交汇、互动、共同发展，对于青岛、山东乃至全国都具有十分重要的战略意义。

2019 年 8 月 25 日，蓝迪国际智库与青岛市政府政策研室通过调研与研究，在 8 月 13 日的“中国—上海合作组织地方经贸合作示范区建设发展研讨会”蓝迪国际智库专家的意见基础上，进一步形成了《关于建设中国—上海合作组织地方经贸合作示范区的研究报告》。

本报告深刻剖析了上合示范区发展中面临的机遇与挑战，对如何将上合示范区打造为“一带一路”国际合作新平台进行了总结性思考和建议，报告指出了当前急需推进的五项重点工作：第一，成立专家咨询委员会；第二，统一思想认识，凝聚工作合力；第三，建立统一的对外话语体系；第四，对标世界一流经验；第五，妥善防范和化解各种潜在挑战。

报告指出上合示范区是一个国家级重大开放平台，建议在国家层面做好以下四个方面的工作：一是赋予一批特殊优惠政策；二是建立上合示范区建设工作协调推进机制；三是支持上合示范区建立对外协调联络机制；四是支持青岛申办第三届“一带一路”国际合作高峰论坛。

该报告现已得到高层领导的批复和高度重视，为上合示范区发展建设提供了智力支持。

六　《关于发挥澳门独特优势　建设中国特色横琴自由贸易港的研究报告》

2015年3月24日，珠海横琴自由贸易区由中央政治局审议通过，横琴自贸区定位于促进澳门经济适度多元发展新载体、新高地。2018年10月22日，习近平主席在考察横琴新区时指出：“建设横琴新区的初心就是为澳门产业多元发展创造条件。横琴有粤澳合作的先天优势，要加强政策扶持，丰富合作内涵，拓展合作空间，发展新兴产业，促进澳门经济发展活力。”由此，横琴自贸区发挥临近澳门地理优势和澳门多元文化、制度等独特优势，由自贸区上升为中国特色横琴自由贸易港，建设“一国两制”下粤澳合作新模式。这对于推动澳门在国家发展战略中培育新优势、发挥新作用、实现新发展、作出新贡献具有重大意义。

2019年9月18日，蓝迪国际智库与横琴金融服务局围绕“如何以珠海为支撑，推动澳门产业多元化和国际化发展”“如何通过制度创新，实现珠澳一体化建设”等问题进行了深入研究与讨论，并形成了《关于发挥澳门独特优势　建设中国特色横琴自由贸易港的研究报告》。

本报告分析了横琴自贸港的战略定位，提出了深化粤澳合作的举措建议和保障措施，强调以横琴自贸港作为国家对外开放的“新窗口”和深化“粤澳”合作的新桥梁，通过“分线管理”和“联合管理”的方式，推动珠澳双向多元化产业发展和实现更高层次、更加开放的国际化发展，进一步促进澳门融入国家“一带一路”发展大局，打造粤港澳大湾区的珠澳新增长极。

该报告现已得到高层领导的批复和高度重视，为横琴自贸港的发展建设提供了智力支持。

七 《关于建设宁波—中东欧国家经贸合作示范区的研究报告》

2018 年6 月，宁波正式启动了全国首个“16 +1”经贸合作示范区的平台建设，这标志着宁波参与“16 +1 合作”已进入同中东欧国家进一步深化对接的历史新阶段。随着希腊作为正式成员国加入，中国—中东欧合作机制内涵不断得以丰富和拓展，“16 +1 合作”已升级为“17 +1 合作”，宁波“17 +1”经贸合作示范区在中国同中东欧国家各领域务实合作中的引领地位和巨大发展潜力进一步凸显。

2019 年 10 月 31 日，蓝迪国际智库形成了《关于建设宁波—中东欧国家经贸合作示范区的研究报告》，该报告为宁波贯彻国家新一轮对外开放重要部署，深入实施“一带一路”倡议和中国—中东欧国家合作规划，助力宁波主动融入长三角一体化高质量发展国家战略，为全面提升示范区建设水平，提出了建设性意见。

该报告建议，宁波要坚持主动融入、服务全局；互利合作、双向双赢；政府引导、市场主导；绿色低碳、环境友好；改革引领、示范先行的建设原则，充分发挥宁波与中东欧国家合作的首创优势、首发优势和首位优势，全面提升宁波与中东欧及欧洲其他国家经贸科技人文领域的合作交流，将宁波基本建成中国—中东欧国家经贸促进中心、科技创新中心、文化交流中心，逐步成为我国与中东欧国家共享发展成果的核心载体。远期目标是努力把“17+1”示范区建设成为推动“一带一路”倡议融入欧洲经济圈的新通道、承载“17+1”经贸合作举措的新平台、地方探索国际合作制度创新的新高地。报告提出了以下重点任务：一、提升中东欧博览会能级；二、提升双边贸易规模；三、提升科技产业合作水平；四、提升互联互通枢纽功能；五、提升金融开放创新；六、提升人文交流影响。同时为保障总体方案的顺利实施，该报告还提出了相应的保障举措。

该报告已得到高层领导的高度重视及重要批复，现已有效转化为宁波市政府高质量建设示范区的政策措施。

八　《关于全面提升宁波“17+1”经贸合作示范区建设的总体方案》

为贯彻国家新一轮对外开放重要部署，深入实施“一带一路”倡议和中国—中东欧国家合作规划，主动融入长三角一体化高质量发展国家战略，全面提升“17+1”经贸合作示范区建设水平，在蓝迪国际智库的参与和指导下，宁波市委市政府与蓝迪国际智库共同制定了《关于全面提升宁波“17+1”经贸合作示范区建设的总体方案》（以下简称《总体方案》）。

在空间布局与功能定位方面，《总体方案》提出构筑“一园四片多点”联动发展的空间新格局。“一园”即“中东欧国际科技产业园”，“四片”包括“宁波保税区贸易物流片区、江北老外滩人文交流片区、东钱湖会议展览片区、东部新城展示交易片区”。“多点”包括“梅山保税港区、临空经济示范区、甬江科创大走廊、慈溪滨海新区”等区域，发挥各自在区位、产业、贸易、物流等方面的特色优势，推动与中东欧国家贸易投资、科技产业、人文交流等重点领域合作，为“17+1”示范区建设提供资源要素和产业配套等功能支撑。

在重要任务方面，《总体方案》提出通过聚焦开放通道、国际贸易、科技创新、产业合作、文化交流等领域，持续推进“17+1”双边贸易首选之地、产业合作首选之地和人文交流首选之地建设，让古丝绸之路“活化石”焕发新活力，为国家推动“一带一路”建设、构筑全方位开放格局履行宁波使命、擎起宁波担当。

在保障措施方面，《总体方案》建议要完善组织保障，争取相关部委为“17+1”示范区建设提供支持，建立部省市协作机制；创新体制机制，强化与中东欧国家驻华使领馆及我驻中东欧国家使馆的紧密联系，加强与中东欧商协会的合作，建立多方沟通交流、协调推进的常态化机制；加强政策支撑，加快复制推广各类开放先行先试平台的经验政策，积极争取赋予“政策从优、自动适用”原则，推动示范区在贸易、投资、金融、人员流动等领域探索政策创新；强化宣传推广，不断实践并及时总结提炼示范区建设经验，加速复制推广，充分利用各类主流媒体、新兴媒体，广泛开展示范区建设的宣传报道，引导和汇聚社会各界力量共同参与示范区建设。

该报告已经获得高层领导的高度重视及重要批复，为全面提升宁波“17+1”经贸合作示范区建设提供了有利的智力支持。

九　《关于在苏州设立中国新时代对外开放示范区的报告》

当今世界面临百年未有之大变局，国际形势复杂多变，不确定不稳定因素增多，全球贸易持续放缓，中国制造业转型发展制约较多，进一步加大了经济下行压力。以开放型经济为主要支撑、以制造业为主体产业的苏州，在全国对外开放进程中所面临的挑战表现得更为集中、更为尖锐。

为通过高质量对外开放破解时代命题，蓝迪国际智库应苏州市委市政府的邀请于 11 月 18 日在苏州市召开“奋进新时代 苏州再出发”高级咨询会，并在深度调研与研究的基础上，与苏州市委市政府于 11 月 28 日共同完成了《关于在苏州设立中国新时代对外开放示范区的报告》。

本报告提出在苏州设立中国新时代对外开放示范区，指出了该示范区的重要意义，系统分析了示范区成立的基础条件、目标定位、具体任务、推进建议。在苏州设立中国新时代对外开放示范区对于应对、化解美国经贸摩擦具有战略意义。一方面，苏州是中美经贸摩擦的首要重镇，急需采取更大的开放力度来应对中美经贸摩擦困境；另一方面，苏州制造业面临着巨大的转型压力，亟须探索新的对外开放路径实现高质量发展。长远来看，苏州建设“中国新时代对外开放示范区”的总体目标是：“到 2025 年，初步建立制造业和服务业国际化、高质量特征更加鲜明的产业体系，经济抵抗外部风险能力极大提升，更大范围、更宽领域、更深层次的全面开放格局初步形成，苏州的综合实力、发展质量跻身全球城市行列；到 2035 年，在全球产业链、价值链、供应链中的地位更加突出，更高水平的开放型经济新体制更加成熟稳定，成为深度融入经济全球化、具有一定竞争力、创新力、影响力的全国典范，能为上海建设全球卓越城市起到协同增强效应的作用。”

该报告得到高层领导的批复和高度重视，相关建议为助力“苏州开放再出发”发挥了促进作用。

十 《中美关系的现状、未来走势及政策建议》

当今世界正处于两极格局瓦解后、多极格局确立前的漫长过渡期，风险和挑战高度集中，中国的上升和美国的收缩正在成为新一轮世界格局调整的关键因素。中美关系的走向既是关乎世界和平和稳定的安全问题，也是关乎实现中华民族伟大复兴中国梦的发展问题。2019 年 11 月 18 日，蓝迪国际智库通过深度调研与研究，形成了《中美关系的现状、未来走势及政策建议》的研究报告。

报告指出 40 年来，中美关系的演变表明由于中国的崛起和新型全球化的发展，中美关系正在经历诸多压力和风险，不稳定性和不确定性因素进一步凸显。形势虽然复杂，但中美两国之间仍存在交流、合作的可能性。中美两国在经济全球化条件下广泛存在的共同利益没有发生改变，在第四次产业革命的科技浪潮下寻求科技创新发展的合作需求没有发生改变。

报告分析了中美关系的未来走势，围绕“如何应对中美关系新态势，推动形成新的合作模式，争取实现和平竞争、合作共赢”等重要议题提出了六项政策建议：一是认清中美斗争的长期性、复杂性、艰巨性，及时调整我国“两个一百年”奋斗目标的实现策略；二是认清与美国的差距，进一步强化交流与学习；三是认清与美国在科技创新领域的差距，通过共赢方式吸收全球科技发展的成果；四是坚持试点先行，选择部分基础比较好的省市作为示范区，探索中美新的合作机制；五是形成中央层面的协调机制，积极应对各种可能的变化；六是充分利用智库在信息收集、数据挖掘、趋势分析等方面的作用，相关建议有助于积极应对中美关系新态势。

该报告得到高层领导的批复和高度重视，相关建议为积极应对中美关系新态势提供了智力支持。

十一　译著《特朗普对阵中国：美国所面临的最大威胁》

2019年10月22日，美国共和党政治家、前众议院议长纽特·金里奇出版了《特朗普对阵中国：美国所面临的最大威胁》一书。作者联系当前国际政治形势和美国的国内政治形势中提出的关于美中关系一系列的观点，在美国引起对华竞争的全国性辩论，也为美国政府和私营部门的未来行动计划提供重要启示。该书一经出版，便成为亚马逊畅销书籍，居政治贸易及关税类排行榜第一名。

本书内容涵盖政治、经济、科技、人权、军事等多个领域，为研究美国对华战略提供了最新资料，作者关于如何应对中国挑战的相关论点，对我国研判中美关系和国际形势也具有重要参考价值。蓝迪国际智库联合工信部赛迪研究院和中国社会科学院"一带一路"国际智库完成该书译著，该书对于中国大国关系的战略调整具有重要意义，将有助于中国政府在当前中美关系面临诸多压力和挑战的情况下，采取有效措施来调整中美关系走向，寻求新的方式推进中美互利合作。

附录二　　蓝迪国际智库2019年研究报告

类别	序号	题 目
研究报告	1	《中白工业园战略定位及创新发展思路》
	2	《抓住机遇 超前布局 加快推进军民融合新兴技术创新突破》
	3	《哈萨克斯坦总统大选后的政局走向分析及我应对之策》
	4	《推动连云港建成"一带一路"安防产业研发制造基地的若干政策建议》
	5	《关于建设中国—上海合作组织地方经贸合作示范区的研究报告》
	6	《关于发挥澳门独特优势 建设中国特色横琴自由贸易港的研究报告》

续表

类别	序号	题目
研究报告	7	《关于建设宁波—中东欧国家经贸合作示范区的研究报告》
	8	《关于全面提升宁波“17+1”经贸合作示范区建设的总体方案》
	9	《关于在苏州设立中国新时代对外开放示范区的报告》
	10	《中美关系的现状、未来走势及政策建议》
译著	11	《特朗普对阵中国：美国所面临的最大威胁》

第二部分　蓝迪国际智库合作伙伴

蓝迪国际智库作为新型应用型智库，自2015年成立以来，不断利用自身平台优势，扩大全球合作“朋友圈”，积极建立、发展优质的战略合作伙伴关系，并将其作为蓝迪国际智库实现高质量、可持续发展的重要基础和战略资源。

在“一带一路”倡议不断向纵深发展的宏观时代背景下，蓝迪国际智库现已形成了一批重要的战略合作伙伴，并始终秉持“资源共享、合作共赢”的宗旨，与其开展了高效、务实的合作，共同致力于新时代“一带一路”倡议的探索和实践。

蓝迪国际智库的国内外战略合作伙伴包括中联部“一带一路”智库合作联盟、中央军民融合发展委员会办公室、中国人民政治协商会议全国委员会民族和宗教委员会、中国社会科学院、中国科学院、工业和信息化部赛迪研究院、中国城市和小城镇改革发展中心、中华全国律师协会等，也包括政府职能部门、国家级科研院所、行业协会及主流媒体，如中国网、中国日报、中国经济网等，特别与一些国际智库建立了实质性的合作，如法国展望与创新基金会、沙拉夫基金会、欧亚发展基金会、伊斯兰堡战略研究所、巴基斯坦中国学会等具有国际影响力的高端智库。

蓝迪国际智库从战略、项目和专业技术层面，建立了“全方位、深层次、多领域”的智库关系网络，形成了与国内外政党、政府、议会、智库、企业、金融机构、社会组织、媒体和国际多双边机构间的战略合作伙伴关系，这为蓝迪国际智库建设和可持续发展创造了良好的支撑条件。

经过五年来的不懈探索与努力，蓝迪国际智库在“创新、协调、绿色、开放、共享”的理念下，与合作伙伴共同努力逐步探索出一套以“问题、需求、项目、结果”为导向，以“G2G、T2T、B2B”为核心的合作模式；并初步形成了以青岛、珠海、南宁、宁波、苏州为纽带，与上海合作组织成员国、葡语系国家、粤港澳大湾区、东盟成员国、中东欧国家、欧美等地的国际跨区域项目合作和资源双向互通。

蓝迪国际智库强大的资源整合功能为合作伙伴间的信息互通、资源共享奠定了坚实基础。通过创建蓝迪平台企业群，实现了平台内企业及时、充分、有效的信息沟通，并通过发掘、培育、推介企业，帮助国内外企业“走出去”“请进来”，充分发挥其在“一带一路”建设中的隐形力量。同时，通过增强各国优秀企业间的合作交流，为企业带来先进理念、技术、管理和资金等方面的实际利好，帮助企业提升核心竞争力，拓展海外市场和国际影响力，从而实现推进企业技术进步和产业升级的多赢效果。

未来，蓝迪国际智库将继续优化平台网络资源、建立智库平台生态链，以第四次产业革命为契机，充分联动并拓展国内外资源，与合作伙伴建立起“高度信任、利益共享、协同发展”的良性互动关系，从而在推进“一带一路”建设的进程中发挥越来越重要的作用。

◇◇第一节　“一带一路”智库合作联盟

“一带一路”智库合作联盟是由中共中央对外联络部牵头，联合国务院发展研究中心、中国社会科学院、复旦大学，以“实现整合研究资源、加强分工协调、形成智慧合力”为目标，于2015年4月8日在北京成立。其宗旨是凝聚国内外各方力量，围绕“一带一路”建设开展政策性、前瞻性研究，为中国及沿线国家政府建言献策，增进国家间政策沟通，推动各方将“共商、共建、共享”原则落到实处。同时，智库联盟致力于以智库交往带动人文交流，通过中外智库共同发布联合研究报告等方式，增进“一带一路”沿线民众对倡议的准确理解，增进民众之间的友好感情，为“一带一路”建设营造良好的舆论氛围，打造坚实的社会民意基础。

“一带一路”智库合作联盟理事单位囊括了上海国际问题研究所、中央党校国际战略研究所、中国社会科学院各涉外研究所、中国现代国际关系研究院、蓝迪国际智库等大部分国内“一带一路”权威研究智库；既有深厚底蕴的权威型智库，也有高校智库和注重应用、实践的新型智库，具有很强的影响力及号召力。

“一带一路”智库合作联盟将对“一带一路”沿线国家和域外国家所有智库开放，以更好地传承和弘扬“和平合作、开放包容、互学互鉴、互利共赢”的丝路精神，推动亚欧非互利合作不断迈上新台阶为使命，以研究和总结在“一带一路”倡议的引导下如何发挥智库的平台作用，进一步推进各国间的务实工作，为“一带一路”倡议在沿线国家的顺利开展发挥智库的二轨外交作用。

蓝迪国际智库在智库研究、国际合作以及促进“一带一路”建设等方面开展了大量工作，并一直致力于推动新科技产业在“一带一路”沿线国家和地区的发展。自 2017 年 2 月以来，蓝迪国际智库入选“一带一路”智库合作联盟理事会，成为其重要的理事成员之一。2019 年 12 月 26 日，蓝迪国际智库因出色举办中哈共建“一带一路”国际高级研修班而获得了“一带一路”智库合作联盟理事会评选出的年度优秀理事单位“品牌活动奖”。

“一带一路”智库合作联盟一直高度重视蓝迪国际智库的发展与成长。2019 年 4 月 16 日，中国社会科学院“一带一路”国际智库、中国城市和小城镇改革发展中心、“一带一路”智库合作联盟在北京共同举办了“一带一路”发展研讨会。中共中央对外联络部副部长郭业洲同志在会上发表了讲话，充分肯定了蓝迪国际智库作为一个独立的应用型智库，始终致力于发掘、培育、推介优秀的中国企业，始终坚持以“问题、需求、项目、结果”为导向，创建企业合作交流群，为企业搭建“共商、共建、共享”的合作交流平台。对于不断涌现的新技术、产品、标准和品牌进行集成式的顶层设计，在第四次产业革命到来之际，形成了共同推动社会发展的重要力量。5 年多来，蓝迪国际智库项目积极探索中国智库建设的新机制、新路径，得到了中外各界权威的高度评价和广泛认可，也为提升中国的影响力作出了重要的贡献。此外，蓝迪国际智库项目设立以来一直紧密围绕党和国家工作大局，充分发挥咨政建言、理论创新、舆论引导、社会服务、公共外交等重要功能，在深入开展智库研究、积极推动“一带一路”务实合作、有效搭建国际合作平台及打造高端智库影响力等几方面的工作，均取得了可喜的成绩，在智库建设中的实践方式和取得的经验，都非常值得赞赏和借鉴。中联部对中国社会科学院“一带一路”国际智库、蓝迪国际智库这五年来的辛勤付出和努力表示崇高的敬意。

未来，蓝迪国际智库与“一带一路”智库合作联盟的合作将会更重视理论创新和深入实践，加强国内外智库间的合作交流，尤其是推动以“一带一路”沿线国家的知名智库为主，建立有效的国家智库信息分享和对话机制，坚持以“人民为中心”的发展思想，高效利用智库资源，深入研究如何让“一带一路”倡议生产出丰富的智库成果，更好地造福普通民众。

◇◇第二节　中央军民融合发展委员会办公室

2017 年 10 月 18 日，中华人民共和国中共中央总书记、国家主席、中央军委主席习近平同志在党的十九大报告中指出：“坚持富国和强军相统一，强化统一领导、顶层设计、改革创新和重大项目落实，深化国防科技工业改革，形成军民融合深度发展格局，构建一体化的国家战略体系和能力。”这是以习近平同志为核心的党中央着眼新时代坚持和发展中国特色社会主义，着眼国家发展和安全作出的重大战略部署，也首次将军民融合发展上升为国家战略。中央军民融合发展委员会办公室成立于 2017 年 1 月 22 日，这是中共中央政治局召开会议决定设立的组织机构，是中央层面军民融合发展重大问题的决策和议事协调机构。中央军民融合发展委员会办公室统一领导军民融合深度发展，对中央政治局、中央政治局常务委员会负责。2018 年 3 月 2 日，十九届中央军民融合发展委员会第一次全体会议审议通过了《军民融合发展战略纲要》，开创了我国军民融合深度发展的新格局。

为牢牢把握新时代军民融合深度发展的重点任务，深入贯彻军民融合发展战略，推进军民科技协同创新，蓝迪国际智库经过深入研究，形成了《国内外军民融合战略分析及对我国的相关政策建议》和《抓住机遇超前布局加快推进军民融合新兴技术创新突破》两篇重要报告，系统分析了国内外军民融合战略，并提出对我国军民融合战略的相关政策建议。两份报告均获得有关领导重要批示。

2019 年 5 月 15 日为落实中央批示精神，中央军民融合办邀请中国社会科学院“一带一路”国际智库代表就《抓住机遇超前布局加快推进军民融合新兴技术创新突破》召开专项座谈会，并将中国社会科学院“一带一路”国际智库和蓝迪国际智库作为其战略合作智库，共同在研究国内外发展趋势基础上，对加快推进我国军民融合新兴技术创新突破进行深入探讨，并为实现军民融合新兴技术创新试点落地，共同组织了对国内军民融合重点区域及企业进行实地调研，对于优化军民融合产业布局，提升国际竞争力进行深入探索。

2019 年 6 月 28 日，由中央军民融合办组织，中国社会科学院“一带一路”国际智库、蓝迪国际智库组成调研工作组，对江西省内重点军民融合企业进行实地调研。十二届全国人大外事委员会副主任委员、中国社会科学院“一带一路”国际智库专家委员会主席、蓝迪国际智库专家委员会主席赵白鸽及军融办相关领导参与调研工作。江西省委书记、省人大常委会主任刘奇同志接见了代表团全体成员，江西省军民融合办、科技厅、工信委、财政局等主要领导就江西省军民融合发展情况及军民融合新兴技术创新示范区与调研工作组进行深入交流。

2019 年 10 月 23—24 日，由中国社会科学院“一带一路”国际智库、蓝迪国际智库主办，工业和信息化部赛迪研究院、中国城市和小城镇发展中心协办的“新科技与‘一带一路’建设研讨会”，组织 20 余名行业专家、学者，对包括新型制造业、新材料等高新技术的潜力企业，进行交流和评估。并探索这些新技术在进入军民融合、智慧城市及与“一带一路”沿线各国开展技术合作的可能性。

蓝迪国际智库作为中央军民融合发展委员会办公室的战略合作智库，肩负着特殊的历史责任和使命。未来，蓝迪国际智库与中央军民融合发展委员会在军民融合的研究报告、战略解读、专家研讨会等方面继续进行深入合作，双方充分发挥各自的平台资源，不断推进高新技术在国防军工领域的实际应用，进一步增强专家智库与军民融合发展实践的契合度，不负党和国家的信任。

◇◇第三节　中国人民政治协商会议全国委员会民族和宗教委员会

中国人民政治协商会议全国委员会民族和宗教委员会（以下简称“民宗委”）是中国人民政治协商会议全国委员会设置的九个专门委员会之一，是中国宗教界和平委员会的业务主管单位。

民宗委在常务委员会和主席会议领导下，围绕“团结、民主”两大主题，组织委员就民族、宗教方面的问题开展调研及相关活动，包括深入学习、宣传和贯彻中国特色社会主义理论和宣传国家有关改革开放的方针政策；密切联系少数民族、宗教界委员和代表人士，听取和反映他们的意见和建议；组织本委员会委员调查了解国家的民族宗教政策的贯彻执行情况，对民族宗教工作方面的重要问题进行调查研究，提出意见和建议；加强与国家民族宗教部门的联系；发挥民族宗教界人士在促进祖国统一、维护世界和平事业中的作用。

为落实好汪洋主席关于“建立富有政协特色的应用型智库”的指示精神，进一步探索实践政协应用型智库建设，做好政协民族宗教工作，提高政协履职工作水平、扩大人民政协的影响，促进“一带一路”建设与发展，更好地为国家发展大局服务，2019 年 7 月民宗委与蓝迪国际智库正式签署为战略合作伙伴关系，并召开了第一次联合工作组会议。十二届全国人大外事委员会副主任委员、中国社会科学院“一带一路”国际智库专家委员会主席、蓝迪国际智库专家委员会主席赵白鸽，全国政协委员、全国政协民族和宗教委员会驻会副主任、分党组副书记杨小波，全国政协委员、全国政协民族和宗教委员会副主任、国家民委原副主任罗黎明，全国政协委员、中国佛教协会副会长、中国佛学院常务副院长宗性，全国政协民族和宗教委员会办公室副主任窦文，全国政协民族和宗教委员会办公室巡视员赵丽以及中国社会科学院“一带一路”国际智库、蓝迪国际智库代表出席了座谈会。双方就“建设政协应用型智库，促进宗教文化交流互鉴”“积极开展与‘一带一路’共建国家、地区、民族、宗教界人士的合作交流，促进民心相通”等重要议题进行了深入讨论。

杨小波副书记表示，“一带一路”是一条开放合作之路，也是一条交流互鉴之路。“一带一路”为不同宗教文化之间交流和共同发展创造了新平台，促进不同宗教文化间的了解与合作。宗教文化对“一带一路”战略的推进和发展产生重要影响，“一带一路”战略为世界和谐发展和各民族友好交往创造有利条件，并促进不同宗教文化共同发展。

“一带一路”建设的“五通发展”，即“政策沟通、设施联通、贸易畅通、资金融通和民心相通”，其中“民心相通”至关重要，宗教文化则是影响民心相通的重要因素。建设政协应用型智库应结合中国社会科学院“一带一路”国际智库、蓝迪国际智库的优势，为解决“一带一路”民心相通和周边国家宗教问题提供治本之策。

赵白鸽主任表示，建设富有政协特色的应用型智库，是推动政协事业高质量发展的重要举措。中国社会科学院“一带一路”国际智库、蓝迪国际智库自成立以来，在王伟光理事长及党组的正确领导下，充分发挥“一带一路”倡议在优化全球治理体系和促进世界经济增长等方面的重要作用，聚焦其中的战略性、全局性、趋势性问题，提供专业研究成果和建议，取得了较大的成果。中国社会科学院“一带一路”国际智库、蓝迪国际智库将依托高端智库平台优势，组织一支拥有深具政策研究力的国际化人才团队，与政协民宗委积极共建富有政协特色的应用型智库。

2019 年 11 月 8 日，蓝迪国际智库与民宗委第二次工作座谈会在京举行。赵白鸽主任、杨小波副书记共同主持会议。双方系统回顾了 2019 年合作进展的情况，并探讨了 2020 年双方合作的重点以及长效工作机制的建立。下一步，双方将在共建“一带一路”跨区域交流合作、打造政协应用型智库、坚持宗教中国化等方面共同努力，形成高度信任、密切合作的伙伴关系。中国社会科学院“一带一路”国际智库、蓝迪国际智库依托自身的平台资源优势，在宗教文化领域，广泛组织海内外宗教专家、学者的力量，深入开展对中国宗教文化的研究，为实现在“一带一路”倡议下，促进宗教文明交流互鉴，加强民心相通提出具有参考价值的建议。共同秉承“务实、高效”的精神，着眼于“一带一路”建设中的民族和宗教问题研究，以“国际调研、国别报告、合作交流”为抓手，聚焦“民心相通”，助力“一带一路”倡议高质量发展。

◇◇第四节　中国社会科学院

中国社会科学院是中国哲学社会科学研究的最高学术机构和综合研究中心，是党中央国务院重要的思想库和智囊团。中国社会科学院拥有 6 大学部、40 个研究院所、88 个研究中心、180 余个非实体研究中心、近 300 个二三级学科、120 个国家重点学科。全院科研业务人员 3200 余人，其中高级专业人员 1676 名、学部委员 61 人、荣誉学部委员 133 人。该院主管全国性学术社团 105 个，并代管中国地方志指导小组办公室。

广泛开展对外学术交流是中国社会科学院长期坚持的方针。目前，中国社会科学院对外交流已遍及世界80多个国家和地区，同国外200多个社科研究机构、基金会和政府有关部门建立了交流关系，与20多个国家和地区签订了交流协议。据美国宾夕法尼亚大学发布的《全球智库报告2014》中，中国社会科学院以第20名的成绩跻身“全球智库50强”。《全球智库报告2018》中，中国社会科学院以第39名的成绩蝉联“亚洲最高智库”。2019年2月7日公布的《2018中国智库报告——影响力排名与政策建议》中，中国社会科学院以学术影响力第一、决策影响力第一的成绩，获得综合影响力第一的排名。在2019年7月22日发布的《2018年中国智库影响力评价与排名》中，以学术影响力第一、社会影响力第二、国际影响力第一的成绩，成为中国最具影响力综合排名第一的全能型智库。

中国社会科学院丰富、优质的学术资源、社会资源和国际资源为蓝迪国际智库的成功孕育和跨越式成长奠定了坚实的基础。依托于中国社会科学院各研究所、研究中心和专家团队的专业力量，蓝迪国际智库不断在智库研究工作和国际会议平台上实现新突破，获得新发展，取得新成就。

2019年，蓝迪国际智库与中国社会科学院亚太与全球战略研究院在巴基斯坦伊斯兰堡联合举办中巴经济走廊高峰论坛（2019）。与中国社会科学院欧洲研究所共同出访法国、希腊进行调研，并参加在斯洛文尼亚布莱德举办的第六届中国—中东欧国家高级别智库研讨会，共同联合深度探索与研究中东欧“17+1”与中国区域城市的合作。与中国社会科学院俄罗斯东欧中亚研究所共同出访哈萨克斯坦、乌兹别克斯坦，并成功联合举办中哈共建“一带一路”国际高级研修班，以及在蓝迪国际智库研究报告的形成过程中，中国社会科学院提供了人才和智力支持。

未来，蓝迪国际智库将进一步与中国社会科学院在学术研究、政策解读、国际交流、会议举办等方面开展广泛交流和紧密合作，进一步服务国家战略，并为中国企业参与“一带一路”提供相关指导。

◇◇第五节　中国科学院

中国科学院成立于 1949 年 11 月，为中国自然科学最高学术机构、科学技术最高咨询机构、自然科学与高技术综合研究发展中心。中国科学院提出了建设国家创新体系的构想，先后实施知识创新工程、“创新 2020”《“率先行动”计划暨全面深化改革纲要》，提出了《迎接知识经济时代，建设国家创新体系》《创新促进发展，科技引领未来》《创新 2050：科学技术与中国的未来》《科技发展新态势与面向 2020 年的战略选择》等战略研究报告。

全院共拥有 12 个分院、100 多家科研院所、3 所大学（中国科学院大学、中国科学技术大学、上海科技大学）、130 多个国家级重点实验室和工程中心、210 多个野外观测台站，承担 20 余项国家重大科技基础设施的建设与运行。目前已建成了完整的自然科学学科体系，物理、化学、材料科学、数学、环境与生态学、地球科学等学科整体水平已进入世界先进行列，一些领域方向也具备了进入世界第一方阵的良好态势。在解决关系国家全局和长远发展的重大问题上，已成为不可替代的国家战略科技力量。

在第四次产业革命的浪潮中，蓝迪国际智库紧抓科技创新这一核心要素。蓝迪国际智库始终与中国科学院在科技方面保持长期稳定的合作。双方对蓝迪平台的科技企业展开深度调研，对企业的核心技术做出分析和评估，给企业的技术发展提供指引方向，进一步有效推动企业的核心技术研发和提升。

未来，蓝迪国际智库与中国科学院将在“一带一路”框架下，做好第四次产业革命的布局和发展，通过整合资源，互通有无，发挥增量资源优势，在双创、技术孵化、国际合作和军民融合等方面加强合作；同时，以智慧城市和科技特色小镇为合作载体，充分利用中国科学院科技和蓝迪平台企业资源，将技术成果推向市场，让更多的科学技术走进民生，造福人民。

◇◇第六节　工业和信息化部赛迪研究院

中国电子信息产业发展研究院（以下简称“工信部赛迪研究院”）是直属于国家工业和信息化部的一类科研事业单位。成立 20 多年来，一直致力于面向政府、企业、社会，提供研究咨询、评测认证、媒体传播与技术研发等专业服务，形成了政府决策与软科学研究、传媒与网络服务、咨询与外包服务、评测与认证服务、软件开发与信息技术服务五业并举发展的业务格局。研究院总部设在北京，并在上海、重庆、广州、深圳、海南、云南等地设有分支机构。现有员工 2000 余人，其中各类专业技术人员 1200 余人（含高级职称人员 110 人）。

咨询是工信部赛迪研究院的品牌业务和本职工作。除了为政府部门和企业提供相关工业和信息化经济政策、发展战略、发展规划、可行性研究等咨询服务外，工信部赛迪研究院还承担并完成了多个国家重大项目，取得了丰硕的研究成果。其下设工业化研究中心和信息化研究中心，两个中心共设 18 个研究所，主要为工业和信息化部各司局提供决策支撑服务，是直属工业和信息化部的智力支持单位。同时，工信部赛迪研究院还为国家发改委和科技部等有关部委、地方政府以及企业提供咨询服务。赛迪顾问股份有限公司是中国首家在香港创业板上市、业内率先通过国际、国家质量管理与体系（ISO9001）标准认证的现代咨询企业，凭借其行业资源、信息技术与数据渠道等竞争优势，为客户提供公共政策制定、产业竞争力提升、发展战略与规划、营销策略与研究、人力资源管理、IT 规划与治理等现代咨询服务。

自蓝迪国际智库成立以来，工信部赛迪研究院一直是蓝迪国际智库重要的战略合作伙伴。双方始终致力于第四次产业革命的技术开发与推广，为推动中国未来科技的创新发展而共同努力。

2019 年 1 月 3 日，赛迪研究院举办了以“第四次产业革命下的中国创新”为主题的学习论坛。十二届全国人大外事委员会副主任委员、中国社会科学院“一带一路”国际智库专家委员会主席、蓝迪国际智库专家委员会主席赵白鸽出席了该论坛，并指出，蓝迪将为蓝迪平台上汇聚的三百多家企业形成一个跨界的综合平台，以迎接第四次产业革命的挑战。

2019 年 6 月 28 日，为探索建立新兴技术创新平台，充分发挥军民融合产业园区等各类创新平台的载体作用和产业集聚效应，由蓝迪国际智库、工信部赛迪研究院和中央军民融合办相关专家代表共同组建的工作小组赴江西省对新时代革命老区军民融合深度发展的新路子进行实地调研。蓝迪国际智库将在工信部赛迪研究院的参与和支持下，对江西省建设军民融合创新示范基地给予资源整合、技术创新、评测认证、媒体传播等方面的支持，使江西省军民融合新兴技术创新试点尽快建成，使军民融合创新技术真正服务民众，惠及民生。

2019 年 10 月 23—24 日由蓝迪国际智库主办、工信部赛迪研究院协办的新科技与“一带一路”建设研讨会在北京召开。双方对蓝迪平台下的至玥腾风科技集团、安世亚太科技股份有限公司、珠海凯利得新材料有限公司、深圳萱嘉生物科技有限公司、三川智慧科技股份有限公司这五家以备战“第四次产业革命”为目标的创新技术企业做了深入调研，了解企业的核心技术和市场前景等情况，为企业下一步发展规划提出相关建议。

依托工信部赛迪研究院的优势科研资源及蓝迪国际智库的平台优势，双方将进一步为蓝迪平台下以“第四次产业革命”创新技术为核心的企业提供政策研究、技术标准、信息服务等方面的系统服务，通过报告或专家评审会形式，进一步论证企业技术的先进性、科学性、适用性及是否具备产业化条件，从而助力中国的优秀企业通过“一带一路”平台“走出去”。

◇◇第七节　国家发展与改革委员会中国城市和小城镇改革发展中心

国家发展和改革委员会中国城市和小城镇改革发展中心（以下简称“中国城市和小城镇改革发展中心”）是专门从事城镇化和城镇发展政策研究和决策咨询的专业机构，并承担国家发展和改革委和国家相关单位部门有关农村发展改革和政策研究咨询的职能。同时，负责全国小城镇发展改革试点的指导工作。中国城市和小城镇改革发展中心长期参与中央、国务院有关城镇化的政策文件的起草和咨询，并指导和推广了一批城市和小城镇在发展改革方面的试点经验。该中心帮助各级城镇政府制定了上百个经济社会发展、空间和土地利用规划，并多次组织有关城镇化和城市发展的大型国际论坛。

为将顶层设计与基层试点相结合，推进新型城镇化顺利实施，中国城市和小城镇改革发展中心成立规划院和综合交通研究院，致力于多规融合方法的探索和交通、产业和空间协同发展规律的探究，为国家新型城镇化发展、城市发展战略、产业转型升级、综合交通体系的发展规划以及基本政策的制定及实施提供理论与技术支撑。为落实新型智慧城市发展政策，宣传推介智慧城市建设优秀案例与成果，加强国内外智慧城市交流，搭建智慧城市国内外合作的重要平台，在新型智慧城市建设部级协调工作组的指导下，由中国城市和小城镇改革发展中心主办的中国智慧城市博览会是目前国内智慧城市领域中最具规模和影响力的大型国际博览会。

2019 年 6 月 14 日，由中国城市和小城镇改革发展中心与中国社会科学院“一带一路”国际智库、蓝迪国际智库联合举办的第五届中国智慧城市国际博览会以“共建绿色和智慧的未来城市”为主题在京召开。此次大会向全世界展示了智慧城市前沿研究成果和中欧绿色智慧城市建设成果，积极促成了企业、机构资源对贫困地区开展精准扶贫工作，务实地搭建了商务合作交流平台，推进智慧城市国际合作，积极开拓项目落地。参会代表共绘智慧城市未来蓝图，聚力推动新型智慧城市高质量发展。

中欧绿色智慧城市峰会是目前国际化水平最高、内容最为丰富、形式最为务实的绿色智慧城市国际合作交流平台之一。2019 年 9 月 26 日，由欧盟委员会指导，中国城市和小城镇改革发展中心、法国展望与创新基金会、广西壮族自治区南宁市人民政府、中国社会科学院“一带一路”国际智库、蓝迪国际智库等机构共同主办的“2019 中欧绿色智慧城市峰会”在广西南宁举办。期间，蓝迪国际智库与中国城市和小城镇改革发展中心联合举办了“2019 中欧绿色智慧城市峰会第四次工业革命与智慧城市发展论坛”。中欧相关领域专家、学者及宁波和意大利等城市和企业代表参与“未来已来”和“走进民生”两场对话，在技术应用、产业推广、技术创新等共同关切的领域，就新技术对智慧城市和人类美好生活的影响进行了广泛而深入的探讨。

2019 年 9 月 27 日，广西壮族自治区开放发展高层咨询会在南宁举行，由蓝迪国际智库与中国城市和小城镇改革发展中心联合主办，广西壮族自治区发展和改革委员会、广西壮族自治区南宁市人民政府承办。会上，蓝迪国际智库专家代表们从南宁的定位和实际需求出发，围绕“广西—东盟”这一发展主线为广西壮族自治区开放发展建言献策，助力广西顶层设计。

未来，在第四次产业革命浪潮下，蓝迪国际智库与中国城市和小城镇改革发展中心在共建绿色智慧城市方面的合作前景广大。双方将保持在绿色智慧城市建设上的合作，蓝迪国际智库充分发挥智库平台的智慧优势提出具有针对性和可实施性的咨询报告，以“一带一路”为纽带，积极联动蓝迪平台国内外优秀企业广泛参与绿色智慧城市建设，为进一步推动“绿色丝绸之路”的发展，更为实现全球绿色、环保、可持续发展这一伟大目标，与中国城市和小城镇改革发展中心携手同行。

◇◇第八节　中华全国律师协会

中华全国律师协会于 1985 年 7 月 25 日设立，是全国的律师自律组织，依法对律师实施行业管理。中华全国律师协会主办有《中国律师》杂志和“中国律师网”。

中华全国律师协会保障律师依法执业，维护律师的合法权益，为全国律师搭建总结、交流工作经验的平台；在制定行业规范、法律、行政法规、规章以及律师协会章程规定和规范律师行业管理等方面发挥至关重要的作用。

蓝迪国际智库高度重视法律在指导中国企业“走出去”过程中所

起到的重要作用。在成立之初，蓝迪国际智库便与中华全国律师协会建立了良好的战略合作伙伴关系，中华全国律师协会副会长吕红兵为蓝迪国际智库专家委员会委员。在过去的合作中，中华全国律师协会充分汇聚了全国律师事务所高端律师人才资源，为蓝迪国际智库在关于国内外法律政策研究方面的工作提供了巨大支持，并为蓝迪平台企业“一带一路”走出去，提供了优质法律服务，降低和规避企业在投资运营过程中可能遇到的风险。蓝迪国际智库也充分发挥其国际资源优势，为中华全国律师协会搭建国际交流合作平台。2019 年 11 月，蓝迪国际智库成功为中华全国律师协会对接法国项目，进一步助推中法律师界的互学互鉴。

蓝迪国际智库自成立以来，就与中华全国律师协会的成员单位国浩律师事务所保持紧密的合作关系，积极促进国浩律师事务所为企业提供法律服务；2016 年至今，共同发布《国浩·蓝迪“一带一路”投资与法律资讯》963 期和《国浩·蓝迪“一带一路”周讯》180 期，这两项资讯的长期发布对于参与“一带一路”建设的企业提供有价值的信息和针对性的商业投资指导。未来，双方将继续坚持多样化的“一带一路”信息发布，从而促进企业更高质量地参与“一带一路”建设。

在“一带一路”框架下，随着越来越多的国内企业“走出去”和外资企业“走进来”，企业对当地的土地政策、劳工政策、金融政策、税收政策等方面的诉求变得更为迫切。2020 年，蓝迪国际智库与中华全国律师协会的合作将重点聚焦研究企业的法律服务需求，包括市场准入、直接投资、国际金融交易、知识产权保护、劳动、环境。同时，双方将继续充分发挥各自资源优势，加强法律服务机构的对接、服务内容的对接和服务载体的对接，完善法律服务开放措施，探索新的合作领域，并在培养高素质涉外律师人才和加强对涉外律师人才的推荐、聘用上共同努力，为中国企业“走出去”作出更多的贡献。

◇◇第九节　中国华夏文化遗产基金会

中国华夏文化遗产基金会是中国文化遗产发现、研究、保护的社会组织之一，其业务主管单位为中华人民共和国文化部。于2007年8月28日在中华人民共和国民政部登记注册，是具备在海内外募集资金的全国性公募基金会。

基金会秉承“取之于民，用之于民，造福人类”的原则，通过广泛而严格的资金募集和使用，在全球范围内发现、研究、保护、传承、弘扬中国物质文化遗产和非物质文化遗产，以唤醒全社会对文化遗产保护的意识为己任，配合政府调动民间力量修缮和保护中国文化、历史遗迹，制定保护标准，定期组织专家召开研讨会和培训会，开展更多文化保护活动，并积极配合联合国教科文组织参与国际合作，当好联合国教科文组织中国委员会的助手。

2019年4月至6月，中国华夏文化遗产基金会与蓝迪国际智库（珠海）就关于“挖掘和保护中华民族美妆老字号”及“设立保护中华美妆老字号专项基金”等事宜进行了深入沟通，发现双方在文遗保护、文创产品孵化、文化产业博览会等方面存在广泛合作空间。

2019年8月20日，十二届全国人大外事委员会副主任委员、中国社会科学院“一带一路”国际智库专家委员会主席、蓝迪国际智库专家委员会主席赵白鸽与中国华夏文化遗产基金会副秘书长德央在珠海就双方合作的深度和广度展开了深入讨论。双方均认为，关于最新印发的《横琴新区扶持文化创意产业发展办法（试行）》中明确指出，对文化艺术品交流交易中心、文化产业博览会、博物馆、展览馆等各种文化活动及文博设施建设均有相应的扶持政策，双方可在横琴共同发起“‘一带一路’国际文化遗产博览会”“‘一带一路’国际文化遗产保护峰会”，并申请永久性会址。此外，赵白鸽主任表示，双方的合作不应局限在珠海，而应扩大到上合组织成员国、中东欧国家及“一带一路”沿线国家中，通过文化保护工程促进与沿线各国的民心工程建设，推动“一带一路”民心相通。也可深入走进一些文化遗产资源丰富的关键结点国家，如泰国、柬埔寨等东南亚国家，伊朗、阿富汗等中东国家，发起“一带一路”宗教文化保护项目，为国家“一带一路”伟大倡议服务。结合基金会数字化博物馆的规划，“买全球、卖全球”，将国际的文化遗产以数字化的方式落地中国的同时，也可以向海外输出整个文化创意。

2020 年，蓝迪国际智库与中国华夏文化遗产基金会将全面开展战略合作，通过“一带一路”沿线关键结点国家发起宗教文化保护活动，双方共享技术资源，利用 VR、AI 技术发起“文遗 + 数字化”非遗保护项目，为国家“一带一路”高质量发展助力。

◇◇第十节　中国职工国际旅行社总社

中国职工国际旅行社总社（以下简称“中职旅”）创建于 1986 年，由中华全国总工会创办，经国家旅游局批准建立，于 2005 年被北京市旅游局推荐为首批诚信旅行社。中国职工国际旅行社的职责：通过组织不同形式的旅游、考察和交流活动，增进中国职工和世界各国职工之间的相互了解，增进友谊，促进世界和平。近年来，中国职旅总社积极响应党和国家“一带一路”战略，加强与“一带一路”国家多领域的务实合作，建立友好经贸往来。

2019 年，蓝迪国际智库与中职旅签署了战略合作协议，双方共享各自的平台资源，充分发掘、培育、推介先进技术企业。蓝迪国际智库以项目为依托，联动中职旅社旗下多家子公司合力打造国际交流平台，与“一带一路”沿线国家和地区相关机构在产业开发、文化旅游等方面开展了深度合作。2019 年中国职工国际旅行社总社所属日坛宾馆为中哈共建“一带一路”国际高级研修班提供了后勤保障与服务。

未来，蓝迪国际智库将与中职旅共同推进企业信用评价体系建设，为企业信用评价提供标准。共同成立产业基金，投资国内外文旅、健康项目。共同组织开展总工会及工会系统内部关于“一带一路”研究课题的培训工作。此外，双方还将进一步探讨关于合理利用中国职工国际旅行总社现有的海外机构资源，在推广蓝迪国际智库平台上，以第四次产业革命为核心的文化、旅游、环保、健康类的高新技术产品，以及在教育、培训等方面探索更深层次合作的空间。

◇◇第十一节　国家卫生健康委员会人才交流服务中心

国家卫生健康委员会人才交流服务中心（以下简称“国家卫健委人才中心”）成立于 1998 年 12 月，是经中央机构编制委员会办公室批准成立的国家卫生健康委员会直属事业单位，主要承担全国卫生健康人力资源开发与服务职能。

国家卫健委人才中心的主要业务领域涵盖人才评价、人才培训、国际合作与交流、人才社会化服务、政策研究等，设有北京卫人人力资源开发有限公司和北京卫人伟业国际医药研究中心等独立法人机构，主办有国家卫生健康委员会优秀期刊《中国卫生人才》杂志和中国卫生人才网。同时，还承担着职业技能鉴定、涉外专业技术人员资格认定等职能，先后挂牌成立了世界卫生组织人力资源合作中心和中法卫生人才培训合作中心。服务对象涵盖各级各类卫生机构和卫生健康人才，全年服务人次超过 300 万。此外，中心已通过北京市人才服务机构的 4A 等级（最高等级）评定，并获得北京市人力资源诚信服务示范单位。

2019 年，国家卫健委人才中心与蓝迪国际智库建立了长期稳定的合作关系，旨在推动以第四次产业革命新型技术为核心的医疗企业“走出去”顺利落地而开展深入、紧密合作。2019 年 10 月 26 日，国家卫健委人才中心、蓝迪国际智库、中国职工国际旅行社在京共同举办了“一带一路”医学人才培养联盟研讨会，集智赋能，就如何搭建“一带一路”卫生健康人才培养国际合作交流共享平台，如何推进落实第四次产业革命与人类健康相关的科技项目顺利落地，展开了深入讨论并达成共识。

研讨会上，国家卫健委人才中心党委书记、主任张俊华表示，人才中心目前在人才评价、人才培训、国际合作与交流等方面已取得阶段性成果，与十几个国家的 300 多家大学建立了合作伙伴关系。每年组织相关国家专业交流培训人数达 5 万—6 万人，其中包含哈佛、斯坦福、剑桥等国际一流名校。在医疗、卫生、教育等方面的国内外人才招聘和派遣上，国家卫健委人才中心更是深度配合国家发展战略。

2020 年，国家卫健委人才中心与蓝迪国际智库的合作，必将在国内外政府、企业、智库资源多边联动发展的思路上，实现“共商、共建、共享”全球医疗卫生科技及人才的建设。双方将以国内关键节点城市，带动全球战略布局，在质子疗法、肿瘤基因疗法、人工智能医疗等新兴领域，以及国外先进的创新药、仿制药技术领域深化国际交流合作。通过专题研讨会、合作交流推介会、大型国际影响力的技术创新大会等形式，实质性地深化国际卫生交流与相关医疗项目国际化落地，为推动中国领先的医疗科技走出国门和培养一大批建设“健康丝绸之路”的优秀医学人才而共同努力。

◇◇第十二节　中国标准化研究院

随着我国经济水平的高速发展，我国经济发展的整体需求正在由高速增长转向高质量发展。在以“一带一路”为代表的新型全球化的大时代背景下，作为国际通行的贸易便利化工具，“质量和标准的认证认可”问题将直接影响着中国参与全球化的深度与广度。它既是维护国家利益的武器，也是倒逼产业进步、提升国际竞争力的重要工具。

中国标准化研究院于1999年7月13日经中央机构编制委员会办公室批准成立，直属于国家质量监督检验检疫总局，是从事标准化研究的国家级社会公益类科研机构。

中国标准化研究院针对中国国民经济和社会发展中全局性、战略性和综合性的标准化问题进行研究，开展相关领域的标准修订和宣贯工作，承担相关领域的标准化科学实验研究、验证、测试评价、开发及其科研成果推广应用工作，承担国家市场监督管理总局以及国家标准化管理委员会的相关管理职能，包括我国缺陷产品召回管理、国家标准评估、全国工业产品、食品生产许可证审查等。

中国标准化研究院瞄准国家和社会需要，积极开展各类标准化科研工作，目前承担46个全国标准化（分）技术委员会，以第一起草单位研制国家标准1326项。此外，研究院积极参与国际标准化活动，承担ISO国内技术对口单位63个，主导制定ISO国际标准49项。

在“一带一路”的建设和发展中，国家质量基础（NQI——计量、标准、检验检测、认证认可），将成为制约企业走出去的关键内容。蓝迪国际智库自成立以来，就把该领域作为七大服务体系之一，与中国标准化研究院始终保持密切合作，积极为蓝迪平台的优秀企业做好“走出去”的标准化体系和服务支撑，以更高质量打造中国品牌。

◇◇第十三节　国家市场监督管理总局认证认可技术研究中心

建设质量强国是党中央的重要战略决策，是提升我国竞争力的重要支撑，也是“一带一路”建设高质量推进的基础保障。离开了质量基础，信任也就无从谈起。因此，必须着力提升认证认可质量和水平，更好地服务贸易顺畅开展。

国家市场监督管理总局认证认可技术研究中心（以下简称：国认中心）是国家市场监督管理总局直属正司局级单位，是中央机构编制委员会批准的公益二类事业单位。国认中心是我国国家层面从事认证认可检验检测研究的科研机构和智库型机构，是以认证认可检验检测政策理论、学术研究、监管辅助、标准研究、从业人员能力提升为主要职责的技术支撑服务机构。

多年来，我国构建了高质量的认证认可检验检测服务体系，为提升产品和服务质量、促进经济社会发展作出了积极贡献。

2019 年 5 月 29 日，一场题为“传递信任、促进贸易——认证认可智库对话”的会议在北京国谊宾馆顺利召开。会议由国家市场监督管理总局认证认可技术研究中心与中国国际贸易促进委员会贸促中心联合主办。蓝迪国际智库专家委员会主席赵白鸽发表了题为《认证认可与我国对外开放》的主旨演讲。演讲阐述了在新型全球化和第四次产业革命的时代背景下，认证认可作为质量管理和质量保证的重要手段，越来越受到各国政府的重视。由认证认可和检验检测作为重要组成部分，结合计量与标准，共同形成的国家质量基础设施（NQI），已经成为国际市场竞争的焦点与重要支撑，随着“一带一路”建设的不断发展，也将成为其建设发展非常重要的环节。

NQI 作为国际公认的质量一体化核心支撑理念，在进入新型全球化治理下具有特殊的时代意义。NQI 以计量、标准与认证认可和检验检测形成合格评定“三位一体”理念，它是实现和满足我国高质量发展战略规划、切实支撑产业发展、贸易国际便利化的重要支撑。第四次产业革命的技术浪潮，正在以前所未有的力度冲击着我们的视野，颠覆着我们的想象，重塑着世界的未来。万物互联、云端智能、跨界融合成为第四次产业革命浪潮的核心特点。如何在纷繁复杂、瞬息万变的今天把握住产业的裂变式升级，把握跨界科技的工业化生产，实现跨界商品的贸易便利化等，是摆在我们面前的新命题。如果我们将 NQI 以其内在的稳健性，最大限度地与第四次产业革命颠覆式科创技术相融合，我国将在未来定义和把握新兴产业生态发展趋势方面，取得重要的战略优势。面对贸易保护主义、气候变化、资源节约和环境保护等全球重大问题，建设认证认可强国，尽快肩负起与自身能力相适应的国际责任，为世界经济、贸易、环境、安全、健康提供更多国际公共产品成为中国认证认可的发展方向。

蓝迪国际智库始终致力于在国内外发掘、培育、推介优秀的高新技术企业，一直高度重视与专门从事“质量和标准的认证认可”研究及应用推广的专业化、全面化、国际化的服务机构进行密切合作，他们在“一带一路”建设中发挥着重要的作用，蓝迪国际智库将进一步携手认证认可技术研究中心，共谋认证认可持续健康有序发展的方法和路径，为我国构建全面对外开放新格局提供智力支持。

◇◇第十四节　北京标研科技发展中心

北京标研科技发展中心（简称“北标研”）是蓝迪国际智库理事单位（质量发展协调机构）、北京计量协会秘书长单位、中国信息协会医疗卫生与健康产业分会秘书长单位，也是为服务第四次产业革命创新技术跨界融合产业化而创办的国际综合性质量发展事务机构。

北标研是以国家质量基础设施（NQI）理论和自主原创国际质量合规性（IQC）全新理论为基础，以产业链重塑和打造全新产业生态为关注点，将“标准化 + 计量校准 + 检验检测认证 + 国际认可”等质量要素多协同模式融入创新技术引领型企业和创新产业聚集区产业生态构筑中，开展法理、政策、标准、产业化、管理和国际化等综合性高质量发展研究及应用推广，以及高端质量管理人才、技术实操人员培养和综合质量咨询、评估服务的高科技发展机构。北标研对接“一带一路”沿线国家，提供国内外创新技术产业化和区域高质量发展规划。

2019 年，北标研完成了国家市场监管总局认可与检验检测认证领域唯一一部法规国家《认证认可条例》草案修订和评估报告工作。作为《国家认可机构管理办法》起草组副组长、主要执笔人谭晓东完成了国家市场监管总局对国家认可机构唯一的一部部门规章编撰。在学理创新方面，北标研首次提出国际质量合规性（IQC）理念支撑的《国家团体标准国内外应用路径研究》论文，荣获第十六届中国标准化论坛优秀奖。北标研指导多行业创新技术标准化，并作为中关村标准主要技术支撑单位，对中关村产业联盟团标的审评、团标示范试点企业论证与团标实施后效果评估提供全面的技术服务。

目前，北京标研科技发展中心已帮助蓝迪平台企业武汉兰丁公司顺利完成“人工智能（AI）癌筛实验室服务规范”国家标准立项和相关技术三项国家级团标立项，并协助蓝迪国际智库先后组织实施了“NQI支撑区域经济高质量发展（海南）高级研修班”和“NQI支撑华东区域高端装备制造——智慧医疗器械高质量发展研修班”，还为全国多个省市场监管局和与区域质量相关的省域局委办实施高质量发展研修培训和授课。北标研主任谭晓东被科技部授予“国家级高新区高质量发展认定师资资格”、商务部“一带一路”沿线国家外交官高质量发展认定师资等。

未来，蓝迪国际智库将与北京标研科技发展中心将继续深化技术标准制定的合作，为顺利实现中国优秀企业抱团出海提供技术和智力支持。

◇◇第十五节 媒体合作伙伴

中国网

中国网是国务院新闻办公室领导，中国外文出版发行事业局管理的国家重点新闻网站。中国网拥有独立新闻采编、报道和发布权，是国务院新闻办公室新闻发布会独家中英文网络直播发布网站，是国家重大活动、各大部委新闻发布会、全国“两会”新闻中心指定的网络报道和直播媒体，拥有数百名国内外，各领域专家、学者资源，享有独家编发各种相关政策解读的权利。坚持以新闻为前导，以国情为基础，通过精心整合的即时新闻、翔实的背景资料和网上独家的深度报道，以多语种、多媒体形式，向世界及时全面地介绍中国。

自2000年成立以来，陆续实现了用中、英、法、西、德、日、俄、阿、韩、世界语 10 个语种 11 个文版，24 小时对外发布信息，访问用户覆盖全球 200 多个国家和地区，成为中国进行国际传播、信息交流的重要窗口。

中国日报社

中国日报社是中央主要宣传文化单位之一，自 1981 年创刊以来一直是中国走向世界、世界了解中国的重要窗口，也是国内外高端人士首选的中国英文媒体。尤其是在 2019 年 1 月 2 日，《中国日报国际版》正式创刊后，有效整合了原有美国版、英国版、欧洲版、亚洲版、东南亚版、非洲版、拉美版和加拿大版等多个海外版资源，覆盖 63 个国家和地区，十余种媒介平台，全媒体用户总数超过 2 亿，成为向世界讲述中国故事、传播中国声音的主流媒体渠道和平台。

中国日报是亚洲新闻联盟（ANN）的核心成员。该联盟由中国、泰国、新加坡、马来西亚、印度尼西亚、韩国、印度等 20 个国家的 24 家权威媒体组成。此外，中国日报还与全球主要媒体开展更为广泛的交流，包括路透社、美联社、法新社、塔斯社、今日俄罗斯通讯社、彭博社、英国广播公司等。

中国经济网

中国经济网是经济日报主办的国家重点新闻网站，以经济报道、资讯传播和经济服务为主要发展方向，致力于打造“最具权威性的财经网站和最有影响力的互动平台”。网站正式发布于 2003 年 7 月 28 日，目前拥有 100 多个涵盖经济生活各领域的专业频道，以 8 种外语对外发布，每日对外发布新闻信息 1 万条左右。

中国经济网被中央网信办主管的《网络传播》杂志评为“中国新闻网站传播力十强”。经济网评论作品曾获“中国新闻奖特别奖”，创造了网络作品获得该奖项的历史。其官方微信公众号的影响力在全国数千万个微信公众号中名列前二十。

中国经济网始终坚持多元化发展，连续承办多届全国食品安全宣传周系列活动、世界互联网大会分论坛、中韩媒体高层对话、中巴经济走廊媒体论坛、金砖国家财经论坛等，获得高层领导肯定。中国经济网与数百家部委、机构、企业达成战略合作，拥有上千人的观察家、专家团资源。

光明网

光明网创办于1998年1月1日，是中华人民共和国最早设立的新闻网站之一。二十年来，光明网继承了光明日报在教科文卫理等领域的优秀传统，在依托光明日报社丰富资源和影响力优势的基础上，在新媒体领域开拓创新，形成了强大的传播力、影响力。

以“知识分子网上精神家园，权威思想理论文化网站”为定位，秉承“新闻视野、文化视角、思想深度、理论高度”的理念，充分运用先进传播技术和丰富的传播平台，正确引导社会思想意识，传播优秀文化，凝聚民族精神，成为网络舆论阵地、特别是思想理论文化领域的中坚力量。

光明网荣获了“全国科普工作先进集体”“首都文明单位标兵”等众多荣誉称号。开展了“百场讲坛”“诗词中国”“传统诗词创作大赛”“汉字输入大赛”“寻找最美”等系列活动；涌现了光明网记者张瑋这一全国“走转改”先进典型；拥有17项自主研发的国家计算机软件著作权产品，支持了中国长安网、共产党员网等网站的建设；光明网的“在线培训管理平台”“手机文化创作平台”“下一代互联网移动信息服务”等项目，被列入国家级建设项目。

2019 年重要媒体合作

蓝迪国际智库自成立以来，高度重视媒体资源的聚集和整合，与国内各大媒体建立战略合作伙伴关系，积极通过媒体传播，报道蓝迪国际智库的工作动态，提升了国内外影响力。2019 年，蓝迪国际智库主办了“第四届海上丝绸之路国际论坛”“中巴经济走廊高峰论坛”“上海合作组织地方经贸合作示范区建设发展研讨会”“第二届十字门金融周论坛”“2019 中欧绿色智慧城市峰会”共 5 场具有国际影响力的大型会议和新科技与“一带一路”建设研讨会等学术研讨会，通过合作媒体对蓝迪国际智库重要工作进行发布和传播，让世界看到中国的发展和创新能力，同时也引起社会各界的广泛关注和讨论，大大增加了蓝迪国际智库在国内外的知名度和影响力。

2019 年 4 月 27 日下午，十二届全国人大外事委员会副主任委员、中国社会科学院“一带一路”国际智库专家委员会主席、蓝迪国际智库专家委员会主席赵白鸽受邀出席了由中国日报社主办的，以“共建‘一带一路’开创美好未来”为主题的第六期“新时代大讲堂”，并做主旨发言。会上，赵白鸽博士围绕习近平总书记的重要讲话和第二届“一带一路”国际合作高峰论坛成果，对推动共建“一带一路”实现高质量发展、构建全球互联互通伙伴关系、完善全球治理体系、构建人类命运共同体等问题进行了精彩发言。她认为，在当前的第四次产业革命浪潮中，世界正在发生重大变化，这一变革与新型全球化的进程并行。“一带一路”建设的意义在于推动全球治理体系的改革与完善、创造全球经济增长和复苏的新动力，促进全面可持续发展。因此，“一带一路”为构建人类命运共同体的伟大实践、推进全球化进程起到了重大作用。习近平主席在本届“一带一路”国际合作高峰论坛上提出，要努力实现高标准、惠民生、可持续目标，让共建“一带一路”成果更好惠及全体人民，为当地经济社会发展作出实实在在的贡献。

2019 年 11 月 12 日，由国家民委、中国网、中国社会科学院“一带一路”国际智库共同主办的 2019“一带一路”走出去国际论坛在北京盛大召开。本次论坛旨在贯彻落实“一带一路”倡议，加强“一带一路”沿线国家的交流和合作，为国际贸易和投资搭建新平台，为完善全球经济治理拓展新实践，呼吁各国关注创新和合作。蓝迪国际智库专家委员会主席赵白鸽表示，“一带一路”倡议现在已经被世界广泛接受，共建国家不论发展程度、宗教信仰、文化背景和历史背景如何，在和平与发展的道路上享有同等的权利，这也是“一带一路”最根本的内核。国家民委国际交流司司长魏国雄表示，“丝绸之路”的历史是一部各国人民合作的历史。2000 多年前，连接亚欧非几大洲文明的“古丝绸之路”成为当时沿线各国相互交流合作、共同繁荣发展的重要纽带，也为那时中国各族人民和“古丝绸之路”沿线民族打开了对外交往合作的大门。今天的“一带一路”是对古丝绸之路的传承和提升，更是对“开放合作”这一丝路精神的弘扬和光大。亚洲基础设施投资银行投资运营局局长潘于恩表示，作为 21 世纪的企业，亚投行一直致力于可持续发展目标。目前，亚投行有扎实的专业团队和知识体系，与其他国家在绿色发展方面有诸多合作，如在马尔代夫开展废物转化能源项目，在哈萨克斯坦等国家开展相关项目合作。未来，将为“一带一路”共建国家提供更多帮助。本次大会受到国内外主流媒体的广泛关注。

蓝迪国际智库国内外影响力的不断提升，除了自身的努力之外，也离不开国内外主流媒体的积极参与和大力推广。蓝迪自建立之初，始终高度重视与媒体伙伴间的良性互动和长远合作，也非常关注智库与媒体的融合发展。因为，智库和媒体都是十分重要的国家智力资源，都在一定程度上影响国家走向、引导社会舆论。智库与媒体间的融合发展，能充分发挥媒体的渠道优势和传播优势，补智库理论产品发布渠道之“短”。同时，借智库深度剖析与科学建言能力，补媒体研究能力缺乏之“短”，实现真正意义上的优势互补和融合发展。

未来，蓝迪国际智库将重点关注“中国特色新型智库体系”与媒体的融合发展问题，搭建学术交流平台，定期举办学术交流和专题研讨活动，培训和发布智库研究成果，为助力智库与媒体的融合发展做出实质性的推进工作。同时，会进一步加强与媒体的合作，借助完整的媒体网络在国内和国际社会上积极发声，展现中国当代新型智库的风采、魅力和引导力，尤其是在“一带一路”建设上，要通过整合媒体资源，更加深层次地展现智库在服务国家战略和提升国家软实力上所发挥的重要而积极的作用。

第十六节　法国展望与创新基金会

法国展望与创新基金会是由法国前参议员雷诺·莫诺力与欧莱雅总裁佛朗斯瓦·达雷在 1989 年创办的公益组织。目前由法国前总理、2019 中华人民共和国“友谊勋章”获得者让－皮埃尔·拉法兰先生担任主席。基金会创立的主旨在于促进对当今世界根本变化的认知、展望与思考，以帮助法国决策层、政府、企业了解时事并作出反应。

法国展望与创新基金会始终致力于为战略性议题带来国际视角，为法国青年与发展中国家青年建立联系，依托企业力量，特别是中小企业，力求进入新兴市场。为此，基金会汇聚各领域专家和企业负责人、知识分子、政治及行政决策者给予有效的咨询建议。

法国展望与创新基金会的重点研究方向主要有以下三方面：第一，理解、评估当今世界发展现状，特别是对中国及非洲；第二，激发企业，特别是中小企业的竞争力，给予引导和扶持；第三，参与构建新型全球化的治理。

蓝迪国际智库与法国展望与创新基金会已建立多年战略合作伙伴关系。赵白鸽博士于2019年8月应拉法兰先生的邀请，赴法国普瓦捷市出席了法国展望与创新基金会第十三次年会，并召开双边专题会议，就共同举办2019中欧智慧城市论坛相关事宜进行了讨论，就会议内容的顶层设计交换意见并达成共识。同时，确认双方团队之间建立双边工作小组以便更好地思考“绿色丝绸之路”框架下的各个项目及其未来给中法双方的企业、地方政府及协会等带来的潜在合作机会。

2019年9月26日，拉法兰先生组织欧盟智慧城市领域的知名学者专家鼎力支持蓝迪国际智库在广西南宁举办的2019中欧绿色智慧城市峰会。峰会论坛主要分为两场：“未来已来”和“走进民生”，嘉宾们从国际规则、国内法制、政策规制和技术要因等多角度阐述了绿色智慧城市的构建与发展，并提出第四次产业革命的科技创新会带来物理空间、网络空间和生物空间三者的融合，科技创新是打造智慧城市的必要手段。

2019年11月7日，蓝迪国际智库与法国展望与创新基金会首次在京召开“绿色丝绸之路”工作研讨会。十二届全国人大外事委员会副主任委员、中国社会科学院“一带一路”国际智库专家委员会主席、蓝迪国际智库专家委员会主席赵白鸽带领蓝迪国际智库工作团队和法国展望与创新基金会秘书长瑟尔日·德加莱先生团队，就未来开展“绿色丝绸之路”框架下的合作机遇交换了意见，并就双方在加强区域合作、促进新型科学技术互通、推进项目对接、实现多双边可持续绿色发展等重要议题达成一致意见。

双方明确新型科学技术的互学互鉴将是中法未来合作的重要方向。蓝迪国际智库拥有丰富的高科技企业资源，如科大讯飞、创世纪、天壮、推想、兰丁等，中方可以借鉴法国优秀的绿色智慧城市建设经验，合力利用第四次产业革命新型创新科技打造智慧城市，为双方需求形成良好配置，实现可持续发展。未来，双方将共同促进两国企业和技术的务实对接，深度挖掘合作需求，搭建项目对接平台，通过更加高效的协同工作，推进“绿色丝绸之路”框架下中法、中欧极具发展潜力的项目落地。

未来，双方将通过专项工作小组保持机制性沟通，积极参与到多双边、跨区域合作机制当中来，充分挖掘多边合作组织和地方经贸合作示范区的资源，如上合组织成员国、东盟国家、中东欧国家等，以及相对应的青岛上合示范区、宁波中东欧国家经贸合作示范区、苏州经贸合作示范区、横琴自由贸易港等，加强双方在“一带一路”框架下、以绿色智慧城市为载体，在环保、健康医疗、AI、通信等多领域的合作，促进互惠互利，实现共同发展。

◇◇第十七节　埃及沙拉夫可持续发展基金会

埃及沙拉夫可持续发展基金会是一个非营利性、非政府组织，其宗旨是为埃及实现可持续发展和经济增长而不断奋斗。自 2015 年成立以来，埃及沙拉夫可持续发展基金会已成功与各类国家组织和国际组织建立起合作伙伴关系，该基金会坚信多样化的合作伙伴会带来各种优势和资源，应保持开放的态度，实现知识共享和能力提升，以确保多方面可持续发展目标的顺利实现。

沙拉夫可持续发展基金会非常重视与合作伙伴在教育、创新与科研、环境与气候变化、新能源与可再生能源和知识技术转化等方面开展相关的合作，并尽一切努力帮助埃及实现可持续发展。

2019 年，蓝迪国际智库与埃及沙拉夫可持续发展基金会在充分互相理解和互信的基础上，建立了合作伙伴关系。双方承诺将在两国文化和科技创新层面开展广泛交流和实质性的推进工作。未来，双方将重点关注医疗、教育、住房、新能源及高新技术应用领域下的项目合作问题。通过政府、智库、企业三维度协同，搭建资源平台，进一步推动埃及经济社会发展，尤其是塔达经济区、新开罗工业园区等重点区域的经济发展，创建良好的商业环境，切实推进优秀科研成果转化项目的顺利落地，实现“共商、共建、共享”。

◇◇第十八节　欧亚发展基金会

欧亚发展基金会连续十六年主办“欧亚媒体年度论坛”，该基金会是哈萨克斯坦的非政府组织，创办人为哈萨克斯坦参议院议长达丽加·纳扎尔巴耶娃博士。欧亚媒体论坛于 2002 年首次举行，自启动伊始就已经成为一个具有巨大影响力的大型国际性对话平台，其主题涉及政治、经济和社会问题。论坛就欧亚大陆和整个国际社会的地缘政治、经济、社会文化发展等关键问题进行自由和公开的对话。目前已吸引越来越多的专家学者就国际热点话题展开观点碰撞和思想交锋，为地区乃至全球发展建言献策。蓝迪国际智库是欧亚发展基金会的重要合作伙伴，自 2018 年起，已连续参加两届“欧亚媒体年度论坛”。

十二届全国人大外事委员会副主任委员、中国社会科学院“一带一路”国际智库专家委员会主席、蓝迪国际智库专家委员会主席赵白鸽作为本届论坛的特邀嘉宾在开幕式上发表题为《共建"一带一路"推动新型全球化》的主旨演讲。她认为，世界需要新型全球化，必须高举和平与发展的伟大旗帜，实现"共商、共建、共享"原则。目前在"一带一路"建设格局中，"六廊六路多国多港"的互联互通架构基本形成，作为共建"一带一路"的联合首倡者和建设者，哈萨克斯坦地处"中国—中亚—西亚"经济走廊关键枢纽，在推动"一带一路"发展中发挥了关键作用。以服务于"一带一路"为宗旨的蓝迪国际智库十分重视哈萨克斯坦的战略作用，其积极参与"一带一路"建设所产生的影响将辐射中东欧和中亚区域。

会后，为推动中哈两国更好地做好产业发展政策和规划的对接和协调，蓝迪国际智库向哈萨克斯坦参议院议长、欧亚媒体论坛组委会主席达丽加·纳扎尔巴耶娃博士提交了有关举办中哈共建"一带一路"国际高级研修班的建议，该建议得到了哈参议院议长达丽加·纳扎尔巴耶娃的高度认可与支持。

2019 年 12 月 5 日，中哈共建"一带一路"国际高级研修班在北京成功启动，来自哈萨克斯坦议会、外交部、财政部、国家级智库、哈驻华使馆的 16 位高级管理者和研究者在华参加了为期十天的高级研修课程。该研修班通过内容精细化的系统设计，帮助哈萨克斯坦代表深入了解中国改革开放政策和当前中国产业的发展趋势，为哈国社会改革和经济发展提供相互借鉴和交流的机会，对于进一步实现哈国经济的"跨越式"发展和促进社会现代化、促进中哈两国的务实合作具有重大意义。

2020 年，蓝迪国际智库将加强与欧亚发展基金会的合作，继续积极参与欧亚媒体年度论坛的相关活动，在重要的国际论坛上持续发出关于"一带一路"倡议的声音，正面引导国际社会对于"一带一路"倡议的舆论。

◇◇第十九节　巴基斯坦伊斯兰堡战略研究所

巴基斯坦伊斯兰堡战略研究所成立于1973年，是一家自主非营利性研究机构，致力于针对影响国际和平与安全的地区性及全球性战略问题提供深度见解和客观分析，并促进公众对影响巴基斯坦和整个国际社会重大问题的广泛理解，是该领域的先驱之一。

巴基斯坦伊斯兰堡战略研究所旨在基于公开信息和情报开展调研、讨论和研究分析，通过回顾历史和展望未来为学者、专家、搭建一个对巴基斯坦和国际社会产生重要战略影响的问题研究平台，其研究内容涉及和平、安全以及国家实力的各种要素。研究所定期举行研讨会，组织相关领域的专家、学者就战略问题发表意见。始终与全球其他地区的类似机构建立并保持合作关系，并代表巴基斯坦参加国际战略会议。截至目前，研究所已与全球各类研究机构签署了三十余份谅解备忘录。

2019年6月20日至21日，中巴经济走廊高峰论坛（2019）在伊斯兰堡隆重召开。本次论坛由蓝迪国际智库与巴基斯坦伊斯兰堡战略研究所、泽米尔基金会共同组织。中国社会科学院副院长蔡昉，中国社会科学院“一带一路”国际智库专家委员会主席、蓝迪国际智库专家委员会主席赵白鸽，巴外交部部长库雷希，巴计划部部长巴赫蒂亚尔，巴参议院副主席萨利姆·曼德瓦拉，巴参议院外事委员会主席穆沙希德等参会并发表重要讲话，中巴两国学者、智库代表、企业家等参加有关活动并参与讨论，实现中巴参会代表的务实交流与合作。此次“中巴经济走廊”高峰论坛富有建设性的高端对话和后续具有务实性的项目对接，标志着“蓝迪国际智库模式”的务实效应国际化，这是蓝迪国际智库与巴基斯坦伊斯兰堡战略研究所有效双边合作的成功范例。

未来，双方将共同挖掘两国合作潜力，聚焦中巴在农业、海洋经济及第四次产业革命新型科技等产业及社会民生领域的合作，增强政府、智库和企业在促进中巴经济走廊建设中的协同联动作用，为切实实现区域合作和产业对接提出系统性的建议，落实以人民为中心的发展理念，确保中巴经济走廊合作致稳行远，为巴发展及地区互联互通作出更大贡献。

◇◇第二十节　巴基斯坦中国学会

2009 年 10 月 1 日，在巴基斯坦参议员穆沙希德·侯赛因·萨义德的主持下，巴基斯坦中国学会（以下简称“巴中学会”）正式成立。巴中学会是非政府、无党派、非政治的智库，也是首个促进中国和巴基斯坦两国人民在国防、外交、教育、能源、经济和环境等领域联系的智库，并特别关注青年和妇女发展。巴中学会依托“中巴经济走廊”和“一带一路”倡议，采取了一系列有效举措来促进中国与巴基斯坦两国关系进一步向前发展。

近些年，巴中学会在研究两国教育、文化的连通性等方面，在各类研讨会上都取得了丰硕成果，得到了中国和巴基斯坦国内专家学者、政府领导高层的高度认可和广泛关注。通过广泛调动两国资源，巴中学会制定了中巴经济走廊信息收集和核查综合机制，为中巴经济走廊的利益相关方参与到该机制提供了途径，促进相关方增进其对中巴双边合作的了解，增强互动，为实现共建、共赢作出了重要贡献。

随着“一带一路”倡议的推进，中巴经济走廊作为“一带一路”倡议的旗舰项目，将为"一带一路"沿线国家树立标杆与样板。未来，蓝迪国际智库与巴中学会将继续深化合作，重点聚焦以中巴经济走廊为核心的区域发展和产业政策研究，拓宽企业合作平台，服务重点行业，以促进中巴经济实现共同发展、共同繁荣。

第三部分　蓝迪国际智库团队

蓝迪国际智库专家委员会由国际关系、法律政策、可持续发展、宏观经济、金融、科技、企业管理、社会民生、历史文化等各领域的专家学者和企业家组成。该委员会在蓝迪国际智库形成决策、制定发展路线的过程中发挥了重大作用。

蓝迪国际智库专家委员会充分发挥综合性应用型智库咨政建言、理论创新、舆论引导、社会服务、公共外交等重要功能，围绕与共建“一带一路”倡议相关的重大问题，向中央递交了具有前瞻性、建设性的高质量决策咨询报告；为地方，尤其是为共建“一带一路”倡议的重要节点城市和国际跨区域合作的重点城市优化顶层设计，提高地方党委和政府的综合研判和战略谋划能力，提出了切实可行的建议；引导企业积极应用第四次产业革命的创新性成果，助推企业“走出去”积极参与共建“一带一路”，为激发其作为市场主体的作用提供了重要指引。

专家委员会为国内外专家学者和企业家开展深入交流研讨、促进研究成果的应用型转化搭建了重要平台；并以多双边高层交往为重要纽带，促进国内外政府高层对话，不断加强国际交流与合作，充分发挥了蓝迪国际智库专家委员会的优势。

截至2019年末，蓝迪国际智库专家委员会核心成员共65人，十二届全国人民代表大会外事委员会副主任委员、中国社会科学院“一带一路”

国际智库专家委员会主席赵白鸽担任蓝迪国际智库专家委员会主席；十二届全国人大财经委员会副主任委员、中国国际经济交流中心副理事长、原重庆市市长黄奇帆，十三届全国人民代表大会农业与农村委员会副主任委员、中国社会科学院副院长、党组成员蔡昉担任蓝迪国际智库专家委员会联合主席。

蓝迪国际智库专家委员会国内、国际专家学者、企业及行业专家具体名单如下：

国内专家学者 39 人：

蔡昉、曹文炼、曹远征、房秋晨、冯奎、耿静、胡必亮、黄平、黄奇帆、金鑫、李吉平、李礼辉、李希光、李向阳、刘殿勋、龙永图、陆家海、卢山、卢守纪、罗熹、牛仁亮、潘家华、裴长洪、仇保兴、任建新、沙祖康、史育龙、宋瑞霖、孙壮志、王郡里、王镭、王忠民、夏青、徐锭明、徐林、张大卫、赵白鸽、周明伟、周锡生。

国际专家学者 10 人（排名不分先后）：

达丽加·纳扎尔巴耶娃（Dariga NAZARBAYEVA）、德西·艾伯特·马马希特（Desi Albert MAMAHIT）、伊萨姆·沙拉夫（Essam SHARAF）、伊克巴尔·苏威（Iqbal SURVE）、让－皮埃尔·拉法兰（Jean－Pierre RAFFARIN）、图尔苏纳里·库兹耶夫（Tursunali KUZIEV）、穆沙希德·侯赛因·萨义德（Mushahid Hussain SYED）、萨利姆·曼迪瓦拉（Saleem MANDVIWALA）、宋永吉（Young－gil/SONG 송 영 길）、扎尔科·奥布拉多维奇（Žarko OBRADOVIć）。

企业及行业专家 16 人：

毕胜、刁志中、李仙德、林庆星、刘家强、吕红兵、孙小蓉、谭晓东、田耀斌、王济武、王丽红、王育武、杨剑、张保中、张国明、赵楠。

◇◇第一节　蓝迪国际智库专家委员会

赵白鸽（专家委员会主席）
Baige ZHAO

十二届全国人民代表大会外事委员会副主任委员
中国社会科学院"一带一路"国际智库专家委员会主席

赵白鸽博士为中华人民共和国十二届全国人大外事委员会副主任委员、中国社会科学院"一带一路"国际智库专家委员会主席、蓝迪国际智库专家委员会主席、国家发展改革委中欧绿色智慧城市奖专家组组长。她致力于"一带一路"倡议的有效实施，积极向党中央、国务院建言献策，组建了由政府、智库、企业共同组成的"一带一路"平台，为中国进入新型全球化建设发挥了重要的作用。她积极参与促进中外国际交流，推动中欧绿色和智慧城市交流合作与模式创新，为城市发展寻找新方向。2019 年，赵白鸽获得巴基斯坦政府授予的"卓越新月奖"国家荣誉勋章。

赵白鸽博士任职全国人大常委会委员、外事委员会副主任委员期间，担任中英议会交流机制主席、中国—南非议会交流机制常务副主席，是全国人大对欧洲 8 国、对非洲 15 国的双边友好小组组长，主要通过开展与外国议员交流，促进全国人大与各国议会的交流。2015 年，赵白鸽被选为亚洲议会大会经济委员会主席。

赵白鸽博士积极参与国际人道主义事业。2011—2014 年，赵白鸽博士担任中国红十字会常务副会长，并于2013年当选为红十字会与红新月会国际联合会副主席，负责协调亚太和中东地区的人道主义事务，积极应对国际人道主义危机，开展冲突和灾害管理，成功组织了应对菲律宾海燕台风、缅甸北部难民、四川雅安地震等人道主义救援工作。

赵白鸽博士是第三届国家气候变化专家委员会委员，在2009、2011年度分别参与了哥本哈根气候变化大会及德班气候变化会议讨论并做发言。她积极参与发掘、培育和推介具有社会责任感与能力和情怀的优秀企业参与可持续发展及应对气候变化的工作。

赵白鸽博士积极推动人口与发展领域的工作。2003—2011年，在担任国家人口计生委副主任并兼任国际人口方案管理委员会主席及世界家庭联盟亚太区副主席等职务期间，她积极参与制定国家人口发展战略，推进人口领域改革和计划生育政策的调整完善，成功获得了国际社会对中国人口项目的支持，为中国人口政策转型作出贡献。

赵白鸽博士在医药科技领域具有重要影响力。1988年，赵白鸽博士获英国剑桥大学生物医学博士学位；1989—1994年，她担任上海科学院计划生育科学研究所所长，同时担任世界卫生组织合作中心主任、世界卫生组织亚太区专家委员会成员，在此期间组织完成了一系列新药研究与开发工作；1994—1998年，赵白鸽博士担任中国国家科委生命科学技术发展中心（美国）主任，成功地完成海外专家委员会的建立，以及国家中医药现代化重大项目的国际推介、融资、注册等工作，推动中国医药企业走向国际。

黄奇帆（专家委员会联合主席）
Qifan HUANG

十二届全国人大财经委员会副主任委员
中国国际经济交流中心副理事长
原重庆市市长

黄奇帆在经济领域是备受推崇的专家，所在的中国国际经济交流中心是国际性经济研究、交流和咨询服务机构，是集中经济研究领域高端人才并广泛联系各方面经济研究力量的综合性社团组织。

黄奇帆在上海工作时间长达33年，为浦东新区开发作出了重要贡献。之后，他又长时间担任重庆市市长，主管财政、金融、工业领域。在当时全球金融危机大背景下，重庆市经济高速发展，金融平衡稳定，这与黄奇帆的贡献是分不开的。

2018年1月，时任十二届全国人大财经委员会副主任委员的黄奇帆返回重庆，被选为中国人民政治协商会议重庆市第五届委员会委员。2018年9月，黄奇帆正式受聘复旦大学特聘教授，加盟复旦经济学院。

在多年的从政生涯中，黄奇帆主要从事和主管经济工作，他对经济体系的运行机制以及“一般均衡”具有深入的理论思考和丰富的实践经验，黄奇帆具有出色的经济治理能力，特别是对于中国金融市场、地票制度、房地产市场的分析鞭辟入里、击中要害，被学界、业界广泛关注。

蔡昉（专家委员会联合主席）
Fang CAI

十三届全国人民代表大会农业与农村委员会副主任委员
中国社会科学院副院长、党组成员

蔡昉曾获 1998 年度国家级“有突出贡献的中青年专家”称号，2003 年被七部委授予“出国留学人员杰出成就奖”，曾是“第四届中国发展百人奖”获得者、“第四届中国农村发展研究奖”获得者，并被评选为“影响新中国 60 年经济建设的 100 位经济学家”之一。

1998 年，蔡昉出任中国社会科学院人口与劳动经济研究所所长，就我国的人口、就业问题作出了长足深远的研究。

2006 年，我国部分地区出现“民工荒”，针对这一前所未有的情况，蔡昉提出我国的劳动力供给正面临“刘易斯拐点”的到来，享受了 20 多年“人口红利”的经济增长面临着由这种红利即将消失带来的发展模式转型的结论。这一观点在经济学界和人口学界引起了巨大争议。而今天，他的判断正逐渐被现实论证。

除了在劳动人口学领域的重要地位，蔡昉在宏观经济改革方面的研究著作也被奉为经典，许多重要学术成果具有标志性意义。其主要著有《中国的二元经济与劳动力转移——理论分析与政策建议》《十字路口的抉择——深化农业经济体制改革的思考》《穷人的经济学》《中国劳动力市场发育与转型》等，合著《中国的奇迹：发展战略与经济改革》和《中国经济》等，主编《中国人口与劳动问题报告》系列、《中国经济转型 30 年》等。

在蔡昉的经济改革领域研究中，《中国的奇迹：发展战略与经济改革》（蔡昉、林毅夫、李周合著）一书引起强烈反响。这本 20 世纪 90 年代出版的书籍大胆预测，按 PPP 计算中国的经济规模会在 2015 年赶上美国，按当时的市场汇率计算，中国则会在 2030 年赶上美国。结论一出引发各界哗然。从现实情况看，书中预言几乎成真。本书的另一位作者，著名经济学家林毅夫近期也对该书给予了极高的评价，他认为，这本书对中国这二十年来经济增长的预测和中国经济实际的表现高度一致，对二十年来中国从计划经济向市场经济的转型中所出现的问题和根除问题的思路也和中国经济转型的实际进程基本吻合。

近年来，蔡昉及其研究团队所提出的“就业优先战略”“户籍制度改革分类实施”等政策建议被写入了中央文件。无论是最初的农业、农村问题的研究，还是探讨中国奇迹之谜，再转向贫富差距和劳动力转移及城市就业问题，再到后来提出“刘易斯拐点”和“人口红利”的结论，蔡昉在每个领域都提出了独到的见解。

（一）国内专家学者

曹文炼
Wenlian CAO

丝路产业与金融国际联盟理事长

国家发展和改革委员会国际合作中心学术委员会主任

国家发展和改革委员会国际合作中心发展理事会主席

曹文炼是我国金融政策和改革领域的著名专家，他长期参与国家重要宏观调控政策、中长期规划和重大改革方案的研究制定。曾先后参与 1993 年财税金融外汇改革、1994 年第一次中央经济工作会议的文件起草以及 1997 年、2002 年和 2007 年三次全国金融工作会议的筹备与文件起草；曾参与 2005 年中国投资公司筹备、1993—2008 年国家政策性银行和国有大型商业银行历次改革方案的研究制定，曾开创和主持中国产业投资基金、创业投资、飞机轮船融资租赁等政策法规的研制与实践，参与组织推动国内信用体系建设。

2008 年，由于对推动股权投资基金业发展的贡献，获得中国著名财经媒体评选的“中国创业和私募股权投资十年重大政策贡献奖”，是获得该奖的唯一时任政府官员。2009 年，由于对股份制改革研究的贡献，曹文炼与厉以宁等共同获得“第二届中国经济学理论创新奖”。

曹远征
Yuanzheng CAO

中国银行首席经济学家

中银国际控股有限公司董事、副执行总裁

中国诚通控股集团有限公司外部董事

曹远征，武汉大学经济学硕士，中国人民大学经济学博士，现任中国银行首席经济学家，中银国际控股有限公司董事、副执行总裁。2019 年 9 月 9 日。据国资委网站消息，聘任曹远征为中国诚通控股集团有限公司外部董事。

曹远征曾任中国国家经济体制改革委员会经济体制改革研究院常务副院长，国外经济体制司比较经济体制处处长，中国经济体制改革研究所比较经济体制研究室副主任。

他是国家特殊津贴获得者，国务院新闻办《中国网》专栏作家、专家。德国 Damstadt 大学经济学院访问学者。兼任中国人民大学经济学院博士生导师、美国南加州大学客座教授、上海复旦大学兼职教授、中国宏观经济学会副秘书长等。著名经济学家论坛“中国经济50人论坛”成员，中国民生研究院特约研究员。著有《通货膨胀的国际传递》《世界经济体系中的发达与不发达关系》《改革：我们面临的挑战与选择》《东亚崛起的奥秘》《中国经济：面向未来的发展与挑战》《面向2020年的中国经济体制改革》《民营化：中国的经验》《中国私营经济的发展》等书。

房秋晨
Qiuchen FANG

中国对外承包工程商会会长

房秋晨毕业于对外经济贸易大学国际企业管理专业，2000年获得首都经贸大学企业管理硕士学位。

1989年加入原对外贸易经济合作部工作，先后在北京温阳进出口贸易公司、国家商务部合作司办公室、非洲处、工程处等部门工作，曾担任调研员、处长等职务；1997—2000年挂职任河北省泊头市副市长，分管流通领域工作，包括外贸和外经合作。

房秋晨还有着丰富的外交工作经验，曾先后被派驻非洲、欧洲、亚洲国家担任外交官，在促进中国与驻在国双边经贸关系方面做了大量卓有成效的工作。2001—2003年，房秋晨任中国驻马其顿大使馆经济商务参赞；2006—2011年，任中国驻印度尼西亚大使馆公使衔经济商务参赞；2011—2015年，房秋晨担任商务部美洲大洋洲司副司级商务参赞、副司长，分管美洲、大洋洲地区除美国外英语国家的双边经贸事务，负责拟订并组织实施与所负责国别（地区）的经贸合作发展政策，参与多双边《中国—东盟自由贸易协定》及有关经贸谈判，处理国别（地区）经贸关系中的重要事务，协助中国企业获得外国市场准入等。

2015 年 4 月至今，房秋晨担任中国对外承包工程商会会长，商会现直属国家商务部，是由中国对外承包工程、劳务合作、工程类投资及相关服务企业组成的全国性行业组织，致力于推动会员企业经营实力的全面提升和中国对外投资与承包工程行业的快速、健康发展。

冯奎
Kui FENG

国家发展和改革委员会中国城市和小城镇改革发展中心学术委员会秘书长、研究员
民盟中央经济委员会副主任

冯奎博士现任国家发展和改革委员会中国城市和小城镇改革发展中心学术委员会秘书长、研究员，民盟中央经济委员会副主任。兼职有中国企业管理研究会副理事长、北京交通大学博士生导师、中央电视台财经特约评论员等，是全国多个城市发展顾问。参与了国家区域经济、新型城镇化、都市圈发展等政策的研究，主持或参与起草了一批重要的政策报告，提出了高质量的政策建议，多次获得中央、国务院、全国人大等方面领导批示。冯奎博士积极推动城市的国际合作，组织策划的活动包括中欧城市博览会、与法国前总理让－皮埃尔·拉法兰担任主席的法国展望与创新基金会一起举办中欧绿色和智慧城市奖暨峰会活动。

著有《中国城镇化转型研究》《中外都市圈与中小城市发展战略》

等。主编了《中国新城新区发展报告》（年度出版）、《中国特色小镇发展报告》《中欧智慧城市发展报告》《中国城市发展评论》《“一带一路”年度发展报告》（2018）等。

冯奎是国内具有影响力的研究城镇化问题的专家，对新型城镇化发展发表重要解读意见。参与国家重要规划的编写或评估，常为中央主流媒体撰写新型城镇化文章。近年来，重点关注京津冀协同发展 、新城新区建设、城市群发展、长江经济发展战略等重大城镇化问题。

冯奎深度参与地方城镇化创新实践，提出多元复合转型的县域城镇化转型理论与模型，获得国家发改委优秀成果奖，并用此理论指导实践。冯奎应邀担任南昌、合肥、阜阳、四平、眉山、安顺、石狮、阆中等20个市（县、区）的战略顾问，开展市、县城镇化的调研与培训活动。

耿静
Jing GENG

中国华夏文化遗产基金会理事长

中国文化产业联盟副主席

全国红军小学建设工程理事会副理事长

耿静女士自2010年开始致力于中国公益事业及文化遗产保护工作等。作为中国华夏文化遗产基金会理事长，耿静女士负责基金会日常运营并带领基金会落地实施多个项目及活动，如“东方之韵”“两岸四地青年牵手丝绸之路行”等，曾多次率参访团赴巴基斯坦、日本、英国、美国、法国、北欧等国家和地区进行考察访问与文化交流。

耿静坚持关注教育领域的公益行动，并长期开展助学活动。在她的组织带领下，基金会"小灯泡"公益项目为山区的儿童、红军小学的学生们多次举办夏令营，设立奖学金、助学金，并为其培训师资、捐赠图书与学习用具。

2015 年，耿静女士加入蓝迪平台，积极推进"中巴文化走廊"建设以及筹备基金会下属"一带一路"文化研究院，促进了中巴两国文化交流。

胡必亮
Biliang HU

北京师范大学新兴市场研究院院长
北京师范大学"一带一路"学院执行院长
北京师范大学"一带一路"研究院院长

胡必亮，是中南财经政法大学经济学学士、亚洲理工学院—多特蒙德大学联合理学硕士、德国维藤大学经济学博士，北京师范大学教授、博士生导师。现任北京师范大学新兴市场研究院院长、北京师范大学"一带一路"学院执行院长、北京师范大学"一带一路"研究院院长。

曾任世界银行经济官员、法国兴业证券亚洲公司首席中国经济学家和该公司驻北京首席代表、美国 DoubleBridge Technologies，Inc. 联合创始人兼财务总监、中国社会科学院研究员兼中国社科院研究生院博士生导师、哈佛大学高级研究员、北京师范大学经济与资源管理研究院副院长、院长。

其经济学研究与中国经济改革历程紧密相连——20 世纪 80 年代早期和中期，他主要研究中国的农业经济与农村改革问题；80 年代后期和 90

年代初期，主要研究乡镇企业、农民工、城市化；90年代中后期，主要研究中国宏观经济与资本市场；进入21世纪后，主要研究信息化与地方治理；从2010年起，开始专注于研究新兴市场经济。

目前已独立出版著作12部，包括3部英文学术著作、9部中文著作；学术性论文和一般性文章共200多篇。部分作品曾分别于1995年（第六届）和2007年（第十二届）两次获中国经济学最高奖——孙冶方经济科学奖，1997年获第三届国家图书奖提名奖，2009年获张培刚发展经济学优秀成果奖（第二届）。此外，还三次获“中国社会科学院优秀科研成果奖”。

与新兴市场国家有着十分深厚的感情，有过在泰国、菲律宾、新加坡、缅甸、越南、印度、斯里兰卡、科特迪瓦、阿根廷、智利等国工作学习和调研的经历。其中在泰国学习和工作了两年（1989—1990，1992—1993），在菲律宾学习和实地调查7个月（1987—1988）。目前重点关注的领域为“一带一路”问题与新兴市场国家经济发展。

主编了16部关于“一带一路”和新兴市场国家的中英文著作，包括《表述“一带一路”》《综述“一带一路”》《“一带一路”沿线国家综合发展水平测算、排序与评估》《“一带一路”沿线国家产业发展报告》《“一带一路”大讲堂》《2040年的拉丁美洲》《2050年的亚洲》《2050年的中亚》《2050年的非洲》《共享型社会拉丁美洲的发展前景》《2050年的世界》《国际货币体系改革》《21世纪资本主义的危机与重建》《中国与新兴市场》《中拉经济合作新框架》《Explorations in Development 2015》，均由中国大百科全书出版社出版。

黄平
Ping HUANG

中国社会科学院原欧洲研究所所长、研究员
中国—中东欧国家智库交流与合作网络理事长
中国社会科学院台港澳研究中心主任

黄平，现任中国社会科学院台港澳研究中心主任、香港中国学术研究院常务副院长、研究员、《读书》执行主编等，历任中国社会科学院社会学研究所副所长、国际合作局局长、美国研究所所长、欧洲研究所所长。曾当选联合国教科文组织（UNESCO）社会转型管理政府间理事会副理事长（1998—2002）、教科文组织重大科学项目国际评审委员（2003—2005）、国际社会科学理事会副理事长（2004—2006）和国际社会学会副会长（2002—2012）。其为伦敦经济学院社会学博士。

黄平在布鲁塞尔、巴黎、北京等地组织过四届“中欧文化高峰论坛”，在华盛顿、伦敦等地举办过“中国社会科学论坛”等国际问题圆桌或高端对话，负责过国家社科基金、中央部委委托课题和联合国粮农组织、教科文组织、欧盟等委托的大量课题。他是国家“四个一批”和哲学社会科学领军人才，享受国务院特殊津贴专家。

黄平在社会发展、人口流动、城乡关系、中美关系、中欧关系、全球化、中国道路、现代性等领域长期从事专业研究，出版过《寻求生存》《未完成的叙说》《误导与发展》《与地球重新签约》《公共性的重建（上、下）》《农民工反贫困》《西部经验》《乡土中国与文化自觉》《梦里家国：社会发展，全球化与中国道路》《华侨华人在中国软实力建设中的作用研究》《中国与全球化：华盛顿共识还是北京共识》《China Reflected》等著作，还翻译过《现代性的后果》《亚当·斯密在北京》等重要著作。

金鑫
Xin JIN

中共中央对外联络部当代世界研究中心主任
“一带一路”国际智库合作联盟秘书长

金鑫是全国青联委员、中国国际法学会理事、教育部区域和国别研究评审专家、国家社会科学基金评审专家、同济大学和兰州大学兼职教授。

金鑫先后任中联部国际信息中心副处长、中联部办公厅秘书二处处长、当代世界出版社副社长、《当代世界》杂志总编辑、当代世界研究中心参赞、安徽池州市委常委和副市长。

金鑫长期从事国际问题研究，参与中央马克思主义理论研究与建设工程、中央党建课题、国家社科基金项目、中国社会科学院和中联部重大课题的研究工作，在国家核心期刊和有关部委内部刊物发表论文和内部报告上百篇，出版著作 9 部，多篇论文在全国和省部级成果评比中获奖，多篇调研报告受到高层领导和有关部门的好评。其所著《中国问题报告》曾被评为“2001 年度全国十部有影响的著作”“2004 年度全国十大政经图书”；所著《世界问题报告》获评“全国优秀畅销书奖”；所著《中国民族问题报告》以其对涉疆涉藏等问题的预测性分析和前瞻性思考受到学界和中央有关部门的肯定。自“一带一路”倡议提出后，金鑫牵头组织撰写的一批相关调研报告受到高层领导批示。

李吉平
Jiping LI

中国开发性金融促进会执行副会长
原国家开发银行党委委员、副行长

李吉平，于1983年获辽宁财经学院（现东北财经大学）学士学位，现任中国开发性金融促进会执行副会长，原国家开发银行副行长。

李吉平所在的中国开发性金融促进会坚持开发性金融理念，为我国急需金融支持的重要领域提供系统性支持，成为供给侧改革的生力军。近年来帮助了大量符合国家发展战略和政策导向、急需发展却又缺乏资金的产业领域，发挥了连接政府和市场的桥梁纽带作用，打通了融资瓶颈。中国开发性金融促进会支持了大批重要基建项目，如地下综合管廊建设等，李吉平积极推广政府与社会资本合作（PPP）模式，最终形成“促进会搭台、央企和民企合作、国家开发银行融资、社会资本参与”的成熟模式。

李礼辉
Lihui LI

十二届全国人大财经委委员
原中国银行行长
中国互联网金融协会区块链工作组组长

李礼辉是中国资深银行家与金融学者，经济学博士，研究员。1977

年毕业于厦门大学财政金融专业。

1984 年，其担任中国人民银行福建省分行办公室副主任；1989 年担任中国工商银行福建省分行副行长、党委委员；1994 年任中国工商银行副行长；2002 年 9 月任海南省副省长，主管金融和旅游业；2004 年 8 月任中国银行股份有限公司副董事长、行长；2016 年当选为第十二届全国人大财经委委员。

李礼辉在国际金融、金融科技、银行管理、并购重组等领域具有丰富经验，在中国工商银行并购香港友联银行、中国银行股份制改革以及银行的科技创新、跨国经营中发挥了重要作用，在国内外金融界享有盛誉。

李礼辉具有海外工作经验、熟悉银行经营管理、从事过应对复杂局面的政府宏观工作，在中国银行改制的关键时期，李礼辉力推股改，这项涉及 20 多万中行员工的变革，极大地冲击了国有银行体制下的陈旧观念，建立了规范的股东大会、董事会、监事会和管理层制度。他多次在博鳌亚洲论坛、中国经济年会等国际国内顶尖论坛发表主旨演讲，在重要报刊和经济金融核心期刊发表论文，同时，积极为国家经济金融改革发展建言献策，提出的立法修法及政策建议多次得到国务院有关领导批示。

目前，担任中国互联网金融协会区块链工作组组长的李礼辉开始研究银行数字化转型和区块链等前沿课题，继续为国家的金融发展与进步作出贡献，从而推动金融机构及科技创新企业的创新，加快区块链、大数据等最新技术的应用。

李希光
Xiguang LI

清华大学国际传播研究中心主任
清华大学巴基斯坦文化与传播研究中心主任

李希光是清华大学教授、博士生导师、清华大学网络信息与社会管理研究中心首席专家、西南政法大学全球新闻传播学院名誉院长、世界与中国议程研究院院长、喜马拉雅研究所所长、卫生部应急专家委员会成员、联合国教科文组织媒介素养与文明对话教席负责人、中巴经济走廊网总编辑。

李希光曾任清华大学新闻与传播学院常务副院长、新华社高级记者、哈佛大学新闻政治与公共政策中心研究员、《华盛顿邮报》科学与医学记者、联合国教科文组织丝绸之路青年学者。

李希光 1990 年曾随巴基斯坦杰出学者丹尼教授乘船来到卡拉奇，沿印度河采访考察古丝绸之路。而作为联合国教科文组织丝绸之路青年学者，李希光已在“海上丝绸之路”“草原丝绸之路”“沙漠丝绸之路”、阿尔泰游牧路线行走 5 万多公里，被誉为“走遍丝路第一人”。

2010 年以来，李希光分别受扎尔达里总统、吉拉尼总理、穆沙希德参议员等邀请，先后六次率领团组深入巴基斯坦访问考察，每年带领清华大学巴基斯坦文化与传播研究中心团队与巴基斯坦国家科技大学共同召开中国—巴基斯坦联合智库年会。

李希光著有《写在亚洲边地》《谁蒙住了你的眼睛——人人必备的媒介素养》《新闻采访写作教程》《初级新闻采访写作》《软实力与中国梦》《舆论引导力与文化软实力》《对话西藏：神话与现实》《新闻教育未来

之路》《发言人教程》等。

李向阳
Xiangyang LI

中国社会科学院亚太与全球战略研究院院长、研究员
中国世界经济学会副会长
中美经济学会副会长

李向阳是中央财经大学经济学学士、中国社会科学院经济学博士。1988—2009 年，他在中国社会科学院世界经济与政治研究所工作，2009 年调任中国社会科学院亚太所，主要研究领域为国际经济学。

1992 年李向阳获中国社会科学院首届青年优秀科研成果论文二等奖，1993 年获中国社会科学院优秀青年称号；1994 年获中国社会科学院首届优秀科研成果论文奖，1996 年获中国社会科学院“有突出贡献的中青年专家”称号；1998 年获国务院政府特殊津贴，2002 年获中国社会科学院第四届优秀科研成果奖论文三等奖，2007 年获中国社会科学院第六届优秀科研成果论文二等奖，2009 年入选中宣部“四个一批”工程。

李向阳著有《“一带一路”定位、内涵及需要优先处理的关系》《论海上丝绸之路的多元化合作机制》《跨太平洋伙伴关系协定：中国崛起过程中面临的重大挑战》《全球经济重心东移的前景》《全球气候变化规则及其对世界经济的影响》《区域经济合作中的小国战略》《国际经济规则的实施机制》《国际经济规则的制定机制》《新区域主义与大国战略》等多项重要研究成果，出版《企业信誉、企业行为与市场机制》《市场缺陷与政府干预》等多项专著。

刘殿勋
Dianxun LIU

商务部投资促进事务局党委书记、局长

刘殿勋毕业于广州对外贸易学院经济系国际贸易专业。1989—1996年，他就任外经贸部交际司干部；1996—1997年任外经贸部交际司联络处副处长；1997—2001年任中国驻英国大使馆经商参处二秘；2001—2003年任外经贸部交际司护照签证处、联络处处长；2003—2005年任商务部外事司联络处、接待处处长；2005—2009年任商务部外事司副司长；2009—2011年任商务部外事司司长；2011—2015年任商务部投资促进事务局局长；2015年至今任商务部投资促进事务局党委书记、局长。

刘殿勋所领导的商务部投资促进事务局专注于“引进来”与“走出去”双向投资促进工作，研究跨国公司对中国新形势下的投资需求，提供更贴近中国产业、地方和跨国公司需求的务实的平台。

刘殿勋积极探索投资促进工作新格局，构建了以产业为主线，以需求为导向，服务地方、服务企业的工作模式，并进一步整合资源网络、完善服务体系，重点开展跨境产业投资促进平台建设，为国内外政府、企业、机构，搭建务实、高效、专业的投资促进主渠道。

为合力打造中美间重点产业的跨境投资促进平台，刘殿勋积极与美国各州驻华协会加强联系、建立机制性交流、务实探寻双方需求和企业诉求，推进高质量合作。

刘殿勋在中德技术、资本、人才、市场的对接联动以及推动“中国制造2025”与《德国工业4.0》深度对接中作出了巨大贡献，推动了企业与企业、资金与项目、科技与产业的合作共赢。

龙永图
Yongtu LONG

全球CEO发展大会联合主席
中国与全球化智库（CCG）主席
复旦大学国际关系与公共事务学院院长

龙永图曾任国家外经贸部副部长，博鳌亚洲论坛理事、原秘书长，曾作为中国谈判总代表参加世界贸易组织（WTO）谈判。

1992年1月，龙永图出任外经贸部国际司司长，开始参加中国的复关谈判；1995年1月—2001年9月，作为首席谈判代表在第一线领导，成功完成了长达15年的中国加入世贸组织的谈判。

龙永图曾经主编了《全球化·世贸组织·中国》系列丛书，并经常作为嘉宾应邀出席世界著名学术研究机构和知名大学组织的研讨会，其中包括哈佛大学、华盛顿大学、伦敦经济学院、澳大利亚国立大学、新加坡国立大学，以及荷兰全球论坛、日本淡岛论坛、太平洋经济论坛、英国皇家学会、美国亚洲协会、美国亚洲基金会、经济合作与发展组织以及亚洲开发银行等。

2004年10月，龙永图获联合国秘书长安南颁发的联合国特别奖，以表彰他对促进中国与联合国合作的杰出贡献。

2005年8月8日，龙永图获得比利时国王阿尔贝二世陛下授予的莱奥波德国王勋章，以表彰他为促进亚洲区域合作和促进中欧、中比经贸关系所做的努力。

2018 年 12 月 22 日，全球化智库（CCG）、中国人才研究会国际人才专业委员会和中国留学人员回国服务联盟在“2018 中国海外人才交流大会暨第 20 届中国留学人员广州科技交流会”上联合发布“中国改革开放海归 40 年 40 人”榜单，龙永图入选榜单。

陆家海
Jiahai LU

中山大学公共卫生学院教授
中山大学公共卫生学院检验与检疫中心主任
One Health 研究中心主任
广东省科学技术实验室联合会会长

中山大学教授、博士生导师，具有流行病学、疫苗学、病原生物学和兽医学的多学科教育背景。One Health 研究中心主任、卫生检验检疫中心主任、广东省科学技术实验室联合会会长、广东省热带医学会副会长、广州市中华预防医学会副会长、纽约州立大学兼职教授。

陆家海一直是中山大学公共卫生学院统计与流行病学系的教授。陆教授的主要研究方向包括“One Health”（新发传染病、抗生素耐药和食品安全）、流行病学评估、疫苗开发以及预防寄生虫病（例如虫病）和人畜共患病（例如 SARS、登革热、禽流感、狂犬病和布鲁氏菌病），以及该领域的预防和控制。同时，他是十多名博士生、60 多名硕士研究生的导师。他曾担任多个广东省 SARS 公关项目和香港横向合作项目及其他相关研究项目的首席研究员。

陆家海已获得 20 多个享有盛誉且具有竞争力的国家和国际资助，包括中国自然科学基金会以及各省、市和其他研究项目。他发表了 200 多篇学术论文，其中包括 50 篇以 SCI 期刊（例如科学、生理基因组学、呼吸研究、疫苗、BMC 传染病等）作为第一作者或通讯作者的出版物。他还是《中华医学杂志》（英文版）、《中国预防医学杂志》《国际病毒学杂志》等杂志的审稿人（或编委）。

卢山
Shan LU

中国人民政治协商会议第十三届全国委员会委员
中华人民共和国工业和信息化部规划司司长
工业和信息化部软件与集成电路促进中心主任

卢山曾历任赛迪顾问股份有限公司总裁助理，北京赛迪信息技术评测有限公司执行总裁，中国计算机报社副总编，常务副社长兼总编，北京赛迪传媒投资股份有限公司总经理等职位。

2009—2014 年，卢山任中国电子信息产业发展研究院副院长，并于 2012—2014 年挂职重庆市，任重庆南岸区区委常委、副区长；2014 年 7 月至今，任工业和信息化部软件与集成电路促进中心主任；2015 年 12 月至 2019 年 12 月任中国电子信息产业发展研究院院长。

卢山长期从事计算机软件总体设计、质量保证以及数据共享等方向研究。曾完成多项国家级重大科研项目和国家公共技术服务平台建设，在电子信息系统可靠性及测试领域作出了重要贡献。

自 2015 年起，卢山与蓝迪国际智库建立密切合作，为我国 2025 战略规划及培育新兴企业等作出巨大贡献。

2019 年底卢山同志调任中华人民共和国工业和信息化部规划司司长。

卢守纪
Shouji LU

国家发展和改革委员会国际合作中心学术委员会委员

丝路产业与金融国际联盟副理事长兼秘书长

卢守纪是同济大学经济与管理学院研究员、太和智库高级研究员，为经济学硕士、行政管理硕士、军事学学士。

卢守纪有10年院校任教经历，曾担任军事科学院、国防大学科研成果评审专家，解放军后勤学院国防经济研究中心特聘专家、国防大学研究生兼职导师，国家战略研究院副秘书长。

曾参加国家重点专项规划和省市级专项规划的研究制定，参加统筹经济建设与国防建设“十二五”重点专项规划（国家18个重点专项规划之一）核心起草班子，主持编制自治区及地市军民融合“十三五”专项规划与创新示范区总体方案并参与完成了规划主报告。参与完成中央下达、多位院士承担的重大课题调研及报告撰写任务，参加国家发改委组织的“十三五”国际产能合作中期评估等重要活动及评估报告起草，担任重庆市发改委委托的专题研究任务课题负责人并完成课题研究，其主要参与完成的《2012年我国面临的安全威胁分析》曾获战略规划咨询委员会优秀论文一等奖。

罗熹
Xi LUO

中国太平保险集团党委书记、董事长

罗熹为高级经济师，中国人民银行研究生部经济学硕士。

1987—1994 年，罗熹先后担任中国农业银行办公室秘书、副处级秘书，国际业务部副处长、处长；1994—1996 年，担任中国农业银行海南省分行行长助理，兼任中国农业银行海南省信托投资公司总经理、法人代表，之后在 1996—2002 年间担任中国农业银行海南省分行副行长、党组成员，中国农业银行福建省分行副行长、党组成员，中国农业银行资产保全部、资产风险监管部总经理，中国农业银行国际业务部总经理，兼任香港农银国际财务有限公司董事长，海南国际财务有限公司董事长；2002—2004 年，担任中国农业银行行长助理兼国际业务部总经理，随后担任中国农业银行副行长、党委委员；2009 年，担任中国农业银行股份有限公司执行董事、副行长、党委委员；2009—2013 年，担任中国工商银行股份有限公司副行长、党委委员，兼任中国工商银行（莫斯科）股份公司、中国工商银行（加拿大）股份公司董事长；2013—2016 年，担任中国出口信用保险公司总经理、副董事长、党委副书记；2018 年至今，担任中国太平保险集团党委书记、董事长。

牛仁亮
Renliang NIU

中国生产力学会会长
山西省原副省长
山西省资源型经济转型促进会总顾问

牛仁亮是中国社会科学院经济学博士。自 1999 年起，他先后担任山西省委副秘书长兼省委政策研究室主任，山西省发展计划委员会主任、副省长、省人大常委会副主任等职。任职期间，主持并起草了山西省“十五”计划、“十一五”规划和“十二五”规划。其中，在 2000 年主持研究并执笔起草的山西省“十五”计划，在全国率先系统提出并部署了山西产业结构的全面调整，受到国家高度重视，并作为唯一典型在全国发展计划系统会上作了经验介绍。

2002—2017 年，牛仁亮任职山西省副省长及人大常委会副主任期间，主要研究领域是社会保障、资本市场、产业结构和生态环保，其研究成果曾两次获得薛暮桥价格奖和中国第八届图书奖，多项建议被国务院采纳。其主笔撰写的《焦炭价格研究》获第五届“薛暮桥价格研究奖”；《企业冗员与企业效率》获中国第八届图书奖；《资源型经济转型研究》获山西省 2012 年度科技进步一等奖。

2019 年 1 月 27 日，在中国生产力学会年会上，牛仁亮被选为中国生产力学会会长。中国生产力学会成立于 20 世纪 80 年代初，主要研究社会生产力在国民经济管理系统、教育系统、科学技术系统、信息系统的组成要素与组合形式以及关联结构和运动规律；在综合研究企业生产力、产业生产力、区域生产力、社会生产力和世界生产力的同时，顺应西部大开发和 WTO 时代潮流，把握创新和可持续发展的时代主题。

潘家华
Jiahua PAN

中国社会科学院城市发展与环境研究所所长
国家外交政策咨询委员会委员
国家气候变化专家委员会委员、研究员

潘家华是国家973项目首席专家，主要研究领域包括：可持续发展经济学、可持续城市化、土地与资源经济学、世界经济等。

潘家华曾任湖北省社科院长江经济研究所副所长、UNDP北京代表处高级项目官员、能源与发展顾问、联合国气候变化专门委员会社会经济评估工作组（荷兰）高级经济学家、《城市与环境研究》主编；曾任联合国气候变化专门委员会（IPCC）第三工作组“减缓气候变化”评估报告第三次（1997—2001）报告共同主编（剑桥大学出版社）、主要作者，第四次（2003—2007）和第五次报告（2010—2014）主要作者。在《中国社会科学》《经济研究》以及英文刊物《科学》《自然》《牛津经济政策评论》等国内外知名刊物发表中英文论（译）著300余篇（章、部）；曾获中国社会科学院优秀科研成果一等奖和二等奖、孙冶方经济科学奖（2011）；曾当选中国2010/2011年度绿色人物。

裴长洪
Changhong PEI

第十三届全国政协委员、中国社会科学院经济研究所研究员、博士生导师

裴长洪，博士研究生毕业。从事中国宏观经济、对外开放与服务经济领域研究。1995 年获得国务院特殊津贴，先后入选中宣部“四个一批”人才工程与中组部万人计划“国家哲学社会科学领军人才”。

2005 年 5 月 31 日曾为第十六届中央政治局第 22 次集体学习讲解“经济全球化与国际贸易发展的新特点”；参与过中央经济工作会议和《政府工作报告》的起草工作；还担任商务部经贸政策专家咨询委员会委员、北京市人民政府专家咨询委员会委员和国家质量技术监督总局中国标准化专家咨询委员会委员。

仇保兴
Baoxing QIU

国务院参事

十二届全国政协人口资源环境委员会副主任

原住房和城乡建设部副部长、党组成员

仇保兴 1971 年 9 月参加工作，曾任住房和城乡建设部副部长、党组成员，国务院三峡工程建设委员会委员、十二届全国政协人口资源环境委员会副主任。现任国务院参事，为经济学博士、工学博士、高级规

划师。

2008—2014 年，仇保兴任中华人民共和国住房和城乡建设部副部长、党组成员，中纪委委员，国务院汶川、玉树地震灾区恢复重建工作直辖市小组副组长，第五届世界水大会主席；现任 IWA 国际水协中国委员会主席，中国城市科学研究会理事长，中国城市规划学会理事长，同济大学和中国社会科学研究院教授、博士生导师。

在 2015 年巴西圣保罗市召开的世界绿色建筑协会上，仇保兴被授予“世界绿色建筑协会主席奖”。该奖是全球唯一绿色建筑奖，授予在绿色建筑行业内取得重大成果并为推动全球绿色建筑而作出卓越贡献的个人。

仇保兴还为推动中国新型城镇化发展以及中国节能减排（绿色低碳）型智慧城市建设作出巨大贡献。他出版过《追求繁荣与舒适——中国典型城市规划、建设与管理的策略》《应对机遇与挑战——中国城镇化战略研究主要问题与对策》等多部城市规划和城市化方面的著作。其中《和谐与创新——快速城镇化进程中的问题、危机与对策》已被翻译成英文在欧盟出版发行；另著有《华夏文明振兴之路》《产权制度改革的理论探索及应用》《地区形象理论及应用》《金华市城乡一体化发展规划》《小企业集群研究》《让权力在阳光下运行》《人才·体制·环境——区域经济转型与对策选择》《追求繁荣与舒适——转型期间城市规划、建设与管理的若干策略》《缓解北京市交通拥堵的难点与对策建议》等。

任建新
Jianxin REN

中国化工集团有限公司原党委书记、董事长

任建新 1974 年 6 月参加工作，是中国蓝星化学清洗总公司创始人，曾任中国化工集团有限公司党委书记、董事长。他是经济学硕士、教授级高级工程师，中共十六大、十七大代表。

1990 年后，任建新对 107 家国有化工企业进行了收购兼并，被官方媒体誉为中国的“并购大王”。2004 年，中国化工集团成立后，任建新任中国化工集团有限公司党委书记、董事长，他将中国化工旗下百余家企业重整成六大业务板块，产品涵盖从基础化工品到农化以及有机硅等多系列。其在职期间最重大战略布局是通过并购推动中国化工走向国际市场，其海外并购所涉领域极广且少有重复，并购对象大多为该行业在全球或地区的 TOP 排行企业。任建新表示，要在“一带一路”倡议中扮演重要角色，扩大中国投资在亚洲和欧洲的范围。

2017 年 7 月，中国化工集团斥资 430 亿美元（折合人民币 2925 亿）收购了全球最大的农药公司先正达。收购完成后，中国化工集团成功跻身全球化工界四大巨头。

任建新掌舵中国化工集团 40 多年，他将中国化工带到了世界 500 强的行列，成为化工界的“并购大王”。

沙祖康
Zukang SHA

联合国前副秘书长

中巴友好协会会长

国际绿色经济协会名誉会长

沙祖康 1970 年自南京大学英语系毕业，后进入外交部工作，2007 年 2 月被任命为联合国负责经济和社会事务的副秘书长。

沙祖康拥有着长达 43 年外交生涯，涉足政治、经济、安全、社会、人权、人道等领域。作为中国政府和军方的顾问，他参与了中国政府在许多重大外交问题上的决策，是中国一系列重大军控和裁军倡议的设计者之一，也是改革开放以来中国外交的参与者和见证人。

1993 年，沙祖康作为中国政府代表，在沙特的配合下，与美方谈判，妥善解决了“银河号”事件；1993—1994 年，他参与了第一次朝核危机的处理；1997 年，沙祖康就任新组建的中国外交部军控司并担任首任司长，在中国履行军控、人权国际条约过程中，他多次承担中国政府各部门、军队和民间社会的协调工作，提出履约报告，配合履约视察、联合国工作组调查及报告员的访问，并倡导成立中国非政府组织，推动国际组织在中国设立代表处等；1998 年，他作为外交部部长唐家璇的主要顾问，参与处理南亚核危机、参加五国外长关于南亚核问题联合声明的起草和磋商，并为此后联合国安理会通过 1172 号决议作出了贡献。沙祖康作为中国大使参与了中国政府和世界卫生组织对 2003 年“非典事件”的处理。

沙祖康是一位杰出的谈判者，他先后参与了《不扩散核武器条约》《全面禁止核试验条约》《禁止化学武器公约》《禁止生物武器公约》和

《特定常规武器公约》等军控和裁军领域重大国际条约的谈判和审议，参与了起草联大和安理会通过一些重要的关于军控和国际安全的决议。他始终以全球视野和战略眼光积极倡导国际安全合作，维护国际和平及地区稳定与安全。

史育龙
Yulong SHI

国家发展和改革委员会中国城市和小城镇改革发展中心主任

国家发改委宏观经济研究院科研管理部副主任、研究员

史育龙于1988年毕业于兰州大学并获得学士学位，1991年毕业于北京大学并获得硕士学位。

1996—2007年，史育龙在国家发展改革委国土开发与地区经济研究所从事城市化与区域开发、可持续发展等领域的研究工作，先后主持与参加国家和部委、地方政府委托课题，“863”攻关项目，“十一五”科技支撑计划项目以及国际合作课题40多项，多次参与起草重大规划和文件。

其研究成果共获省部级二等奖3项，国家发改委机关优秀研究成果三等奖1项，宏观经济研究院优秀研究成果二等奖3项、三等奖1项，宏观经济研究院年度优秀调研报告三等奖2项，中国可持续发展研究会优秀论文一等奖1项；主编出版学术著作2本，在国内外学术刊物发表学术论文50多篇。

除在国家发展和改革委员会任职外，史育龙同时担任中国地理学会城市地理专业委员会委员、国家自然科学基金管理科学部评议专家、《城市发展研究》《城市化》等学术期刊编委等职务。

宋瑞霖
Ruilin SONG

中国医药创新促进会执行会长

中国药学会医药政策研究中心执行主任

宋瑞霖是中国政法大学法学学士、中欧国际工商学院工商管理硕士，曾任国务院法制办公室科教文卫法制司副司长。

工作期间，宋瑞霖主要从事卫生医药方面的立法审查和研究工作，参与了1987年至2006年中国卫生立法方面的所有活动，成为中国卫生医药法律专家；2006年初，宋瑞霖赴澳大利亚悉尼大学作为访问学者研究医药卫生体制改革，两年后回国参与建立中国药学会医药政策研究中心的工作。2009年11月起，他当选为中国医药工业科研开发促进会（现更名为中国医药创新促进会）执行会长。

宋瑞林主要研究成果包括：2008年参与卫生部“健康中国2020”课题研究，担任“药物政策组”副组长，组织撰写了《中国药物政策研究报告》；2008年11月—2011年1月主持研究《完善我国基本药物制度研究》；2011年8月主持撰写《完善中国药品不良事件救济机制研究》第1版；其主持出版的《中国新药杂志》对我国医药卫生体制改革面临的挑战提出深层思考。

孙壮志
Zhuangzhi SUN

中国社会科学院俄罗斯东欧中亚研究所所长
中国社会科学院中俄战略协作高端合作智库副理事长兼秘书长

孙壮志现任中国社会科学院俄罗斯东欧中亚研究所所长、研究员、博士生导师，中国社会科学院上合组织研究中心秘书长，兼任中国上海合作组织睦邻友好合作委员会委员、中国亚非学会常务理事、中联部当代世界研究中心常务理事。

孙壮志于2000年毕业于中国社会科学院研究生院国际政治专业，研究方向为中亚地区国际关系与上海合作组织。主要著作有《中亚五国对外关系》（1999）、《中亚新格局与地区安全》（2001）、《中亚安全与阿富汗问题》（2003）、《独联体国家“颜色革命”研究》（2011）；发表论文有《上合组织新发展与我国对外经济合作的新机遇》（2012）、《中亚新形势与上合组织的战略定位》（2011）、《上海合作组织：中国与中亚合作的重要平台》（2011）等。

王郡里
Junli WANG

中国改革开放论坛副理事长

原广州军区副参谋长、驻港部队原副司令员

王郡里毕业于国防大学、俄罗斯联邦武装力量总参军事学院、桂林电子科技大学，历任连长、营长、团参谋长、集团军司令部作战训练处长、军事科学院战略研究部主任、广州军区司令部军务动员部部长、第41集团军参谋长和副军长。2004年7月晋升为少将。2008年任驻港部队副司令员，曾参加过边境战争，参与保卫国家安全的重大斗争。

在担任驻港部队副司令员期间，王郡里积极领导驻港部队协助特区政府维持社会治安、救助灾害，为塑造“一国两制”下新型的军政军民关系作出了贡献。

王郡里积极参与军民融合建设，大力推动军工技术向民用领域转化。针对第四次产业革命浪潮中形成的新技术和科研成果，王郡里与蓝迪国际智库专家开展积极交流、研讨和评估，探讨将新技术纳入智慧城市、军民融合及“一带一路”共建国家和地区发展的可行性。

王镭
Lei WANG

中国社会科学院国际合作局局长、研究员
联合国教科文组织社会变革管理计划（MOST）
中国国家协调人

王镭是中国社会科学院经济学博士、荷兰社会科学研究院（ISS）公共政策与管理学硕士。目前，王镭兼任中国人民对外友好协会理事、中国欧洲学会理事、国际科学理事会和国际社会科学理事会灾害风险综合研究计划（IRDR）中国委员会副主席、国际科学理事会和国际社会科学理事会“未来地球计划”中国委员会指导委员会副主席以及《中国经济学人》（英文版）编委。

王镭专注于研究中国对外经济关系中的贸易、投资、税收等问题。曾在荷兰蒂尔堡大学法律系、比利时鲁汶大学从事国际经贸制度研究。曾在《工业经济》《财贸经济》《国际经济评论》《国际转移定价》（荷兰国际财政文献局）等中外学术期刊发表研究论文。其出版的专著《WTO与中国涉外企业所得税收制度改革》（社会科学文献出版社）填补了中国企业“走出去”税制研究中的空白，被商务部列为WTO研究重点推荐书目。

工作期间，王镭积极组织、从事对外人文学术交流，设计和实施一系列高层次对外培训、研讨项目，包括周边与发展中国家经济发展研修班、非洲总统顾问研讨班、国际知名汉学家研讨班等，宣介中国经济和社会发展，增进中外人文沟通。

王镭致力推进中外深度研究合作与高端智库交流，他与欧盟合作，组织实施了中欧人文社会科学大型共同研究计划（Co-reach）。该项计划是通过公开招标方式，在经济、法律、社会学、环境等领域，开展系列中欧合作研究项目。Co-reach 模式被中欧双方誉为开展国际科研合作的典范。同时，中国社会科学院国际合作局与俄罗斯、美国、英国、印度、韩国等建立了高端智库对话交流机制，探讨加强互信与合作共赢之道。中国社会科学院国际合作局与联合国教科文组织、经济合作与发展组织、世界经济论坛、红十字与红新月会国际联合会、拉美开发银行等合作，围绕全球经济、科技创新、政策规制、人道发展、文化多样性等领域重大议题开展机制性交流，向世界发出中国声音。

王忠民
Zhongmin WANG

原全国社保基金理事会副理事长

十八届中央纪律检查委员会委员

王忠民是中国社会科学院研究生院政治经济学博士、教授、博士生导师。他于 1975 年 2 月参加工作，是国家有突出贡献专家，享受国务院特殊津贴。他曾任全国社会保障基金理事会副理事长、第九届全国政协委员、十七大中央纪委委员、十八届中央纪律检查委员会委员。

王忠民在数字财富、财富管理、投资、ESG 方面具有丰富的经验和重要影响力。其中，在 ESG 发展方面，王忠民认为市场机构应当挖掘出 ESG 的真正价值，推动可交易曲线扩张，使得 ESG 价值线的成本越来越低，社会收益越来越高，ESG 的市场化实践才真正可行。

在 2019 网易经济学家年会·中改院论坛上，王忠民围绕“创新与新经济增长”的主题展开深入讨论，探讨在关键之年，中国应如何在挑战中实现高质量增长，在国际竞争中取得优势，企业应如何抓住发展机遇和投资机会，通过创新升级，实现跨越式发展。

王忠民在关于5G与金融科技的讨论中认为，5G可以完成数字化时代的分工协作，让数字化时代的任何一个场景在末端的场景当中，特别是在末端的金融场景当中，无时不新、无时不创地完成专业化存储，解决所有信息积累。但是从金融科技角度来看，5G还没有渗透到每一个环节，效率还没有很大提升，数字化可以改造现有的财富逻辑和经济逻辑，而数字财富是影响每一个人的重要新理念。

夏青

Qing XIA

南水北调专家委员会委员

中国环境科学研究院技术委员会副主任委员、研究员

中国国际文化交流中心“一带一路”绿色发展研究院专家委员会秘书长

夏青1967年毕业于清华大学水利系，1981年作为中国首批环境学研究生毕业于北京师范大学环境学研究室，1992年获国务院特殊津贴，同年任职中国环境科学研究院副院长，2002年在副院长兼任总工程师的岗位上退休，先后以第一负责人荣获国家级、省部级科技进步奖六项。

夏青研究员现为南水北调专家委员会委员、生态环境部环境影响评价咨询专家组专家、国家绿色产品评价标准总体组副组长、长江大保护联合研究中心总体组成员、中国环境科学研究院技术委员会副主任，他也是深入中国生态环境一线解决疑难问题的著名专家。

1981年，夏青开拓建立中国水环境功能区分类管理体系，并于1988

年、1998 年、2002 年三次主持制定地面水环境质量标准，执行至今；1986 年起，建立中国流域控制单元划分和输入响应贡献率确定方法，已成为污染防治攻坚战的决策分析技术；1989 年起，开拓容量总量控制排污许可证技术方法，制订国家总量控制“九五”方案，为 2015 年排污许可证立法，奠定环境质量倒逼排污总量优化分配的技术基础；1994 年提出为绿色消费服务的双绿色认证，开创绿色产品生命周期信息公告二十年实践验证，为 2017 年中国全面推行绿色产品和企业绿色声明提供技术范例；1995 年起先后主持编制国务院批复的淮河、太湖、南水北调中线和东线治污规划，已成为我国环境规划全面实施的成功范例；2002 年后，任国家技术标准战略总体组成员，为实现技术成果标准化，标准化引领产业化作出贡献；2007 年后，先后担任九部委联合承担的国家重点流域水污染防治规划指导组组长、国家近岸海域水污染防治专家组组长、渤海环境保护总体规划专家组组长，致力于多部门合作，形成环境保护合力；2010 年后，面向市场，建立绿色生产力发展平台，集成水、气、固治理和农业面源治理绿色循环技术，带动中小环保企业技术创新，推动颠覆性技术实践验证，支持科技生产力见诸经济效益；2016 年为实现生活、生产、生态“三生融合、三生共赢”，又在生态文化领域开拓创新，指导国内首家生态环境频道（EETV）创办；2019 年，攀登生态文化与绿色生产力互为融合的新境界，发起成立绿色生产力工作委员会，搭建绿色服务平台。

徐锭明
Dingming XU

国务院参事室特约研究员
原国家发展改革委能源局局长

徐锭明长期从事能源发展战略研究、规划编制、重大工程实施等工作。作为高级工程师，1970 年徐锭明从北京石油学院毕业，曾在大庆、大港、渤海油田工作 11 年。其先后在石油工业部、中国海洋石油总公司、中国石油天然气集团公司、能源部等单位工作。并历任国家发展计划委员会基础产业司副司长、国家发展计划委员会正局级巡视员、西气东输办公室主任；2003 年 4 月任国家发展和改革委员会能源局局长；2005 年 4 月兼任国家能源领导小组办公室副主任；2014 年 12 月被聘为国务院参事室特约研究员。

徐锭明积极推动民营企业在可再生能源方面的积极作用，为促进我国能源革命，建设现代化的供热、供冷体系作出了巨大贡献。能源革命离不开民营企业，民营企业需要在科技创新的指引下，通过不断试错，推动中国可再生能源发展进入高质量时代。

徐林
Lin XU

中美绿色基金董事长

原国家发展和改革委员会发展规划司司长

徐林毕业于南开大学，获经济学硕士学位。求学期间，他曾获美国政府汉弗莱奖学金，并在美利坚大学学习；后获新加坡政府李光耀奖学金，在新加坡国立大学李光耀公共政策学院和哈佛大学肯尼迪政府学院学习，取得公共管理硕士学位。

1989年，徐林毕业后入职国家计划委员会长期规划司预测处，先后任国家发展和改革委员会财政金融司司长、发展规划司司长；曾参与中国经济社会发展多个五年计划的编制，参与区域发展规划和国家新型城市化规划、国家产业政策的制定；参与财政金融领域重大改革方案的制定以及资本市场特别是债券市场、私募股权投资的发展和监管；曾任三届中国证监会发审委委员；曾参与中国加入世界贸易组织谈判，负责产业政策和工业补贴的谈判。

张大卫
Dawei ZHANG

中国国际经济交流中心副理事长兼秘书长
原河南省副省长、原河南省人大常委会副主任

张大卫曾先后就任河南省计经委工业处副处长，河南省计经委、计委工业处处长，河南省轻工总会副会长、党委委员，河南省发展计划委员会副主任、党组成员、主任、党组书记，河南省发展和改革委员会主任、党组书记。

2006年1月，张大卫任河南省人民政府副省长、省政府党组成员；2013年1月任河南省人大常委会副主任；2013年6月—2016年1月，任河南省人大常委会副主任、省总工会主席、第七届和八届河南省委委员、十届全国人大代表。在河南省任职期间，张大卫主导改革和发展规划工作，在实践中积累了大量的相关理论和实战经验。

在进入中国国际经济交流中心任副理事长兼秘书长后，张大卫积极研究各省市的经济发展和建设现状，为各省市的发展规划出谋划策，发挥智囊作用；他还积极加强中国与其他国家国际经济规划中心的合作和交流。

张大卫特别关注在新型全球化大背景下，中国“一带一路”建设的发展。他认为，中国要融入全球供应链，建设我们的中原城市群，发展我们的新商业文明，使自己的企业为全球供应链服务，同时也获得全球供应链的服务。一个国家或地区的实力，今后主要看它是否通过地理互联、经济互联、数字互联，而深度参与到全球资源、资本、数据、人才和其他有价值的资产流中去。这方面我们构建了“网上丝绸之路”“空中丝绸之路”“陆上丝绸之路”。网上、空中、陆上几条路径组合好和利用好，发挥好我们市场、人力资源、综合交通、产业等方面的优势，把人才、资本、技术引进来，把我们现代农业、制造业和服务业的产品作为流动的“丝绸”输出去。用现代技术改造传统产业，引导企业更加注重新工业革命的动向，抓紧利用互联网、物联网等技术发展新模式和新业态，用数字经济、智慧物流、智能制造等技术或理念来促进产业变革，促进企业顺应定制化生产、个性化消费、分享经济发展的趋势，优化供应链，形成新的产业生态体系，让更多的企业和城市融入全球供应链中。

周明伟
Mingwei ZHOU

十二届全国政协委员

原中国外文出版发行事业局局长

中国翻译协会会长、中国翻译研究院院长

周明伟 1972 年 10 月参加工作，1984 年 7 月毕业于复旦大学国际政治系，曾在美国纽约州立大学洛克菲勒政治学院和美国哈佛大学肯尼迪政府学院学习，获博士学位，曾任十二届全国政协委员，中共十六大、十八大代表。

周明伟历任复旦大学校长助理兼校长办公室主任、外事办公室主任（1994—1996），上海市人民政府外事办公室副主任、主任（1996—2000），中共中央台湾工作办公室、国务院台湾事务办公室副主任（副部长级）（2000—2003），中国外文出版发行事业局常务副局长（副部长级）、局长（2004—2017）。

周明伟还曾任孔子学院总部常务理事、中国西藏文化发展与保护协会副会长、中国生态文化协会副会长、第五届中日友好二十一世纪委员会中方委员。现为北京大学国际战略研究院常务理事，清华大学新闻与传播学院常务理事，复旦大学中美人文交流战略对话研究中心名誉主任，中央社会主义学院、中国浦东干部学院、复旦大学特聘教授，华东师范大学客座教授，俄罗斯普列汉诺夫经济学院名誉教授等。

周明伟的主要研究方向为美国国会政治，包括院外集团、游说与国会决策；国际关系、美国政治、中美关系与台湾问题、国际传播、东西方文化比较等。

周锡生
Xisheng ZHOU

十二届全国政协委员
原新华社副社长兼常务副总编辑
中国搜索信息科技股份有限公司总裁

周锡生毕业于上海外国语大学英语系，留学于希腊亚里士多德大学哲学系。1978 年进入新华社工作，曾任新华社华盛顿分社副社长、联合国分社社长、新华社副社长兼新华网总裁和总编辑、中国记协副主席、第十二届全国政协外事委员会委员。

周锡生是新华社首届“十佳国际编辑”、全国宣传文化战线“四个一批人才”、国家新闻出版总署首批全国创新领军人才，享受国务院特殊津贴。

周锡生长期从事国际报道和对外报道，曾任新华社常驻美国国会、白宫、五角大楼、国务院和华尔街记者，曾多次担任党和国家主要领导人出国访问报道主要随团记者。周锡生采访过美国总统老布什、小布什和联合国前秘书长安南、俄罗斯总理梅德韦杰夫等国际政要，采访过华尔街一批经济金融大亨，采访报道了西方七国首脑会议、中美元首会晤、美国大选等一系列重大国际性会议活动；他担任过奥巴马访华上海专场演讲会现场中英文直播报道总指挥，新华社达沃斯论坛报道总指挥，新华社北京奥运会、伦敦奥运会、上海世博会报道团总指挥。

周锡生长期从事互联网、新媒体、融媒体工作，创办了新华网、中国政府网、中国平安网、中国文明网等多个大型网站和 APEC 会议网站，对国内外网络媒体、网络文化、网络安全、社交媒体和数字经济等有深入研究，并长期担任中央有关部门和地方党政机关领导干部培训授课老师。

周锡生对国际问题、世界经济、国际金融贸易、"一带一路"和互联网、新媒体、数字经济、人工智能等有长期跟踪和深入的研究，发表过上千篇深度述评文章，目前在上海东方网"东方智库"开设有"周说天下"评论专栏，评点国际重大问题、热点问题，对国际重大事件的预测准确率高。

（二）国际专家学者

达丽加·纳扎尔巴耶娃
Dariga NAZARBAYEVA

哈萨克斯坦参议院议长

达丽加·纳扎尔巴耶娃曾就读于国立莫斯科罗蒙诺索夫大学历史系并获得硕士学位。

达丽加·纳扎尔巴耶娃一直在政府中担任要职，曾任儿童慈善基金会副主席，领导过哈萨克斯坦最大的电视网络“哈巴尔”新闻电视台，曾任“哈巴尔”传媒公司集团总裁。2014 年，她开始任下议院副议长，且在“祖国之光”人民民主党中任重要职务。

2003 年 12 月，纳扎尔巴耶娃创建了团结党并担任党主席，党员 60% 都是哈萨克斯坦的年轻人。“伟大的改革时代即将过去，从小事入手、体现具体成果的时代就要来临”是该党吸纳党员、扩大宣传的政治口号。仅成立半年，党员人数就从 7.7 万发展至 17 万人，并在议会中组织起议员团。2006 年 9 月，亲总统的祖国党和团结党宣布合并，组成“祖国之光”人民民主党。

自 2019 年就任参议长后，达丽加·纳扎尔巴耶娃积极推动哈萨克斯坦与中国交流合作。

德西·艾伯特·马马希特
Desi Albert MAMAHIT

印尼原海岸警卫队司令

印尼海军总长特别参谋

德西·艾伯特·马马希特于 1984 年毕业于泗水海军学院（印尼海军学院）。毕业后他广泛接受国内外的军事教育：1987 年在法国滨海罗什福尔接受 CIFR 训练、1988 年在法国军舰 GEAOM PH JEANNE D'ARC 接受训练、1994 年学习英国 HMS DRYAD 的首席作战军官课程、1994 年在英国 HMS DRYAD 学习反潜作战课程。1998 年，获得美国政府提供的奖学金后在美国加利福尼亚州蒙特利海军研究生院接受教育并获管理硕士学位；2000 年，德西 · 艾伯特 · 马马希特参加印尼海军指挥与参谋课程学习、2001 年学习战略情报课程、2002 年学习国防武官课程、2009 年学习武装部队指挥参谋课程、2013 年学习国家复兴研究所课程；同一年，他在印尼茂物农业研究所（INSTITUT PERTANIAN BOGOR）完成管理与商业博士课程。

德西 · 艾伯特 · 马马希特曾在印尼海军西区舰队司令部和东区舰队司令部以及海军总部和武装部队总部的多艘海军军舰服役。2011 年 1 月，他晋升为第一海军上将、一星海军上将，在印尼海军西区舰队司令部担任海上安全部队司令；2012 年，担任海军规划与预算参谋长副助理；2013 年 1 月，晋升为海军少将、二星海军上将，并担任海军指挥和职员学院指挥官；2014 年 4 月，晋升为海军三星中将，担任海上安全协调委员会日常事务执行主任。

2014 年 6 月，德西 · 艾伯特 · 马马希特被任命为印尼国防大学校长。2014 年 7 月至今，被任命为印尼最大的造船公司之一 PT DOK & PERKAPALAN KOJA BAHARI（PT DKB）的总负责人，该公司隶属于印尼政府。2015 年 5 月，被印尼总统任命为印尼海上安全机构（BAKAMLA）首席负责人，该组织由印尼总统直接领导；2016 年 4 月至今，担任印尼海军总长特别参谋。

伊萨姆·沙拉夫
Essam SHARAF

埃及前总理

沙拉夫可持续发展基金会主席

伊萨姆·沙拉夫 1975 年获开罗大学土木工程学士学位，1980 年前往美国普渡大学，1984 年获博士学位。

沙拉夫是埃及国家民主党政策委员会成员。2004—2005 年，他担任埃及交通部部长，后到开罗大学任教，并联合其他埃及科学家成立了埃及科学协会。2011 年 3 月，沙拉夫任埃及总理。2015 年，他成立了非政府组织——沙拉夫可持续发展基金会，目的是推动埃及的可持续发展，同时加强与中国非政府组织的合作。在 2016 年 G20 和 C20 会上，伊萨姆·沙拉夫与蓝迪国际智库、中国国际网络等开展深度合作交流，旨在推进中埃之间文化与经济的合作。2019 年，伊萨姆·沙拉夫成为国家发改委“一带一路”海外专家委员会成员。

伊克巴尔·苏威
Iqbal SURVE

南非独立媒体董事会主席

Sekunjalo 集团创始人兼董事长

南非总统顾问

伊克巴尔·苏威博士是 Sekunjalo 集团的创始人兼董事长。他是一名颇具影响力的非洲企业家，也是全球商业领袖和公认的慈善家。

Sekunjalo集团是一家投资控股集团，由伊克巴尔·苏威博士创立于1997年，其在非洲拥有70多家私营和上市公司。Sekunjalo集团在2007年被世界经济论坛提名为125个“新领军者”之一，被称为全球成长型公司社区。在创立Sekunjalo集团之前，因为对种族隔离的受害者开展医疗救助，并为从罗本岛释放后的南非人提供医疗服务，伊克巴尔·苏威博士被亲切地称为“斗争医生”。1989年，在巴黎的联合国教科文组织，伊克巴尔·苏威博士被大赦国际授予医疗模范和道德模范的称号。

伊克巴尔·苏威博士因其卓越的贡献获得众多重要奖项，并被权威的非洲杂志评为最具影响力的商业领袖之一，称其将“塑造非洲大陆的未来”。作为慈善家，伊克巴尔·苏威博士担任多个非政府组织的主席，大力支持社会企业家和在教育、艺术、体育、音乐方面有才能的年轻人。伊克巴尔·苏威博士同时是UCT（开普敦大学）商学院研究生院主席和UCT基金会的主席。

伊克巴尔·苏威博士是非洲领导力倡议研究员、威尔士亲王商业与环境项目HRH研究员，他还是由克林顿总统任命的克林顿全球倡议治理委员会成员。他是世界经济论坛的参与成员、沙特南非商业理事会主席、南非—美国商业理事会/论坛的理事会成员。

让-皮埃尔·拉法兰
Jean-Pierre RAFFARIN

法国前总理

法国展望与创新基金会主席

2019中华人民共和国“友谊勋章”获得者

拉法兰毕业于巴黎大学阿萨斯（Assas）法学院和巴黎高等商业学院法律专业，后于巴黎高等商业学院—欧洲管理学院（ESCP-EAP，Ecole

Supérieure de Commerce de Paris）毕业。曾担任过巴黎政治学院讲师、贝尔纳·克里耶夫通信公司总经理。

2002 年 5 月 6 日—2005 年 5 月 31 日，拉法兰任法国总理，2011—2014 年任参议院副主席。拉法兰最初从政是于 1977 年当选普瓦捷市议员，1986 年当选普瓦图—夏朗特大区议员，1988—2002 年，任该大区议会主席；1989—1995 年，任欧洲议会议员，1995 年当选参议员，1997 年再度当选参议员；1993—1995 年，历任法国民主联盟发言人、副总书记、总书记；1995—1997 年，拉法兰被希拉克任命为中小企业、贸易和手工业部部长；1997 年任自由民主党副主席，2002 年 11 月加入总统多数派联盟（后更名为人民运动联盟）。2002 年 5 月，拉法兰被希拉克总统任命为法国政府总理。

由于长期致力于促进中法友好合作、增进中法友谊，在 2019 年中华人民共和国成立 70 周年之际，拉法兰获授中华人民共和国“友谊勋章”。

图尔苏纳里·库兹耶夫
Tursunali KUZIEV

乌兹别克斯坦原文化体育部部长

乌兹别克斯坦共和国卡里莫夫科学教育纪念馆副主任

乌兹别克斯坦国际象棋联合会副主席

图尔苏纳里·库兹耶夫曾任乌兹别克斯坦文化体育部部长。自 2017 年以来，他一直担任乌兹别克斯坦共和国前总统以卡里莫夫命名的科学教育纪念馆副主任。

1969—1976 年，图尔苏纳里·库兹耶夫就读于边科娃国家艺术学院艺术教育系，期间在 1970—1972 年服兵役。20 世纪 70 年代，他曾在谢尔盖职业技术学校教授艺术课程，曾在尼扎米师范学院教授一年级学生素描与风景画。1982 年，图尔苏纳里 · 库兹耶夫从奥斯特洛夫斯基塔什干剧院艺术学院图形系毕业。毕业后，他在贾尔库尔干担任首席设计师，1987 年起担任苏联文化基金会苏尔汗达里州分会主席，自 1992 年起担任边科娃艺术学院院长并教授风景画与构图。1995 年起，担任乌兹别克斯坦共和国总统办公室顾问。1996—1997 年，担任乌兹别克斯坦文化部第一副部长兼代理部长。1997 年，他领导乌兹别克斯坦艺术科学院，同时在卡莫里金 · 别赫扎达国立艺术与设计学院任教。当年还被选为乌兹别克斯坦艺术家创意协会主席；2000—2005 年任乌兹别克斯坦共和国最高议会议员。2011 年，根据总统令，他被任命为共和国文化体育部部长。他还曾任乌兹别克国立世界语言大学国际新闻学教授，教授“媒体教育”“文化学”“国情学”和“精神学”。

2001—2013 年间，图尔苏纳里 · 库兹耶夫担任“乌兹别克斯坦—越南”友好协会主席。2014 年起，他领导帕尔万民族中心委员会；2016 年起任乌兹别克斯坦国际象棋联合会副主席。

自 2017 年起，图尔苏纳里 · 库兹耶夫作为中乌合作的重要联络人，积极参与到与中国企业合作的“光明行”行动，为乌兹别克斯坦的白内障患者带来光明。

穆沙希德·侯赛因·萨义德
Mushahid Hussain SYED

巴基斯坦参议院参议员

巴基斯坦中国学会（PCI）会长

穆沙希德·侯赛因·萨义德是记者、地缘战略家、作家，获得前基督教学院学士学位、华盛顿乔治敦大学外交学院硕士学位，致力于优质教育工作。

在美国完成学业后，穆沙希德·侯赛因·萨义德成为巴基斯坦行政职员学院的指导人员，负责培训涉外服务人员。随后，他在巴基斯坦旁遮普大学担任政治科学系国际关系讲师。

1982 年，他成为全国英语日报《穆斯林》最年轻的编辑。世界领先的人权组织——国际特赦组织宣称他是“良心守护人”，他成为第一个获得此荣誉的巴基斯坦人。

作为国际政治和战略问题专家，穆沙希德·侯赛因·萨义德的研究范围广泛，他的文章发表在各种国内和国际出版物上。包括《纽约时报》《华盛顿邮报》《国际先驱论坛报》《中东国际》等。他是伊斯兰堡政策研究所（IPRI）理事会的成员，该研究所是一个领先的智囊团。他还是伊斯兰会议组织（OIC）为 2004—2005 年改革设立的巴基斯坦知名人士委员会代表，是中间派民主党国际（CDI）亚太分会副主席。2006 年 1 月 27 日，穆沙希德·侯赛因·萨义德被菲律宾共和国众议院授予国会成就奖章。

目前，穆沙希德·侯赛因·萨义德担任巴基斯坦穆斯林联盟平台参议员和秘书长，由其组建和领导的巴基斯坦中国学会（PCI）在“一带一路”中巴经济走廊建设中发挥着重大作用。

萨利姆·曼迪瓦拉
Saleem MANDVIWALA

巴基斯坦参议院副议长

萨利姆·曼迪瓦拉来自巴基斯坦卡拉奇市一个商业大家庭。2008—2013 年担任巴基斯坦投资促进局投资委员会（BOI）主席，2012—2013 年担任巴基斯坦政府国务部长，2013 年任巴基斯坦联邦政府部长。自 2012 年起一直担任巴基斯坦参议员，2018 年被选为巴基斯坦参议院副议长。萨利姆·曼迪瓦拉还曾任巴基斯坦财政部部长、巴基斯坦商会和工业联合会（FPCCI）管理委员会成员。

任期内，萨利姆·曼迪瓦拉先生致力于改善巴基斯坦的投资环境，并与外国建立经济和金融关系，使巴基斯坦成为外资投资的理想地，为巴基斯坦铁路项目和能源项目的国际投资作出了贡献。他主抓与美国国际开发署的合作，在巴基斯坦引入了国际基准投资激励措施；不仅恢复了与俄罗斯的双边关系，还与上海合作组织进行了谈判。

萨利姆·曼迪瓦拉举办了多次国际会议活动，如“贸易投资促进活动（意大利）”“第十届世界知识论坛（韩国）”“第三届科威特联合部长级委员会会议（科威特）”“贸易投资活动（英国）”“投资研讨会（马来西亚）”“海外投资博览会（韩国）”以及“圣彼得堡国际经济论坛（俄罗斯）”，这些主题不同的商业论坛，促进了各国商业领域的密切合作。

萨利姆·曼迪瓦拉通过巴基斯坦议会积极推动中巴经济走廊建设，

多次组织议会对“一带一路”倡议的讨论。自2015年起，萨利姆·曼迪瓦拉与蓝迪国际智库建立了密切合作关系，参加在新疆召开的克拉玛依论坛，推动巴基斯坦俾路支省、卡拉奇市与中国的地方合作，积极参加瓜达尔港建设，为中巴经济走廊建设、特别是民心相通工程建设作出了重大贡献。

宋永吉
Young-gil SONG /송 영 길

韩国国会议员

东北亚和平合作特别委员会委员长

宋永吉（1963年3月21日— ），韩国政治人物，本身为一名律师，信仰天主教。1988年毕业于延世大学商经学院经营学系，2005年毕业于韩国广播通信大学汉语言文学系。曾于仁川广域市桂阳区胜出，连任三届（16、17、18届）国会议员，2000年起连续三届当选为国会议员，并曾任民主党最高委员、韩美关系发展特别委员会委员长及韩日议会联盟法律地位委员会委员长。2010年6月当选为仁川广域市市长。

2003年，布什政府毫无根据地以清除大量杀伤性武器为由，正式对伊拉克宣战。韩国当局政府基于韩美同盟考虑，始终对态势持不愠不火的态度。在此情况下，宋永吉议员与其他同僚就议会单独开展外交的必要性达成了统一意见，制定反对布什政府对伊战争的声明及决议案，呼吁国内外的广泛支持。之后，为通过联合国武器调查团等的活动，实地直接确认和平解决的可能性，并将大韩民国国会议员支持反战、反核，以和平手段解决伊拉克问题的立场广泛告知世界，最终决定由宋永吉议员担任团长，组织国会伊拉克实地调查团，访问伊拉克。

2008年，宋永吉在党内组建了韩美关系发展特委，并担任委员长，为了应对新的变化潮流，建立均衡外交关系，解决北核问题，促进南北关系发展，加强韩美同盟，构建韩美FTA及巩固经济合作而积极努力。

2010年6月当选为仁川广域市市长后宋永吉宣布，将积极扶持中小企业，推动新旧城区均衡发展，从而增创就业岗位，提高社会福利，强化教育竞争力，为在校学生免费提供健康餐食等，努力将仁川打造成为大韩民国经济首都，做有作为有抱负的仁川市长。当选仁川市长之后，宋永吉市长坚守南北友好交流及和平与统一的前沿阵地，为了仁川的经济发展而在政府的反对下仍主张保障西海5岛的和平，并通过与韩国和平基金会签订协约为平壤产院的产妇和婴幼儿资助物品，从而在天安舰事件之后重新开始了对北援助项目。

2007年，在驻韩法国大使菲利浦·提波的推荐下，宋永吉因促进韩法合作关系发展的功劳而获得了法国授予外国人的最高国家勋章——法国最高荣誉骑士勋章。

扎尔科·奥布拉多维奇
Žarko OBRADOVICć

塞尔维亚议会外事委员会主席

塞尔维亚社会党副主席

扎尔科·奥布拉多维奇毕业于贝尔格莱德大学政治科学学院，拥有政治学博士学位，是塞尔维亚议会对华友好小组主席、首任中国—中东欧国家合作国家协调员，并曾任塞教育、科学和技术发展部部长。

2017 年 11 月，扎尔科·奥布拉多维奇受邀赴北京出席中国共产党与世界政党高层对话会。作为塞尔维亚社会党副主席，扎尔科·奥布拉多维奇在贝尔格莱德接受新华社记者专访时表示，政党高层对话会将是世界各国主要政党与中国共产党交流经验、互相取经的良机，会带来新鲜发展理念。

2018 年 3 月，扎尔科·奥布拉多维奇在接受新华社记者专访时表示，中国是世界经济发展的重要引擎，中国两会的召开及其成果不仅对中国自身发展至关重要，更将促进全球经济发展，为世界人民构建更美好的未来作出贡献。2019 年 6 月，他作为塞尔维亚议会外事委员会主席接受新华社记者专访时说，贸易冲突没有赢家，美国挑起的中美经贸摩擦也将影响美国自身经济，甚至冲击全球经济。

（三）国内企业及行业专家学者

毕胜
Sheng BI

至玥腾风科技投资集团有限公司董事长

毕胜毕业于华中科技大学工商管理专业，从事金融投资领域的工作超过 20 年，在资本市场上有着丰富的投资经验。

2002—2006 年，毕胜先生任中国华闻投资控股有限公司总裁助理，参与大成基金、华商报业、杭州凯悦酒店、定增平安保险收购（或控股）项目，并成功主导了北京天鸿地产的改制项目。

2008—2009 年，毕胜先生出任人保金控投资有限公司筹备组负责人，全权代表人保主导对华闻控股的全面收购，并顺利接管中泰信托、大成基金、联合证券、广东证券、国元信托、华闻期货、迈科期货以及瑞奇期货等核心金融资产。同期，他还积极参与并主导了多家政府基金及上市公司基金的组建或重组，资金总规模达千亿级人民币。

2011 年，毕胜创建至玥腾风科技投资集团有限公司（以下简称腾风集团）并担任董事长至今。这是他投身于国家重点战略领域的实业创新。腾风集团在通用动力、新能源汽车、航空航天、特种材料、可再生能源等领域拥有高素质研发团队，形成了一批实用的、可产业化的科技研发成果，公司着力打造新能源动力系统、特种材料、清洁能源、航空航天等四大核心业务板块，同时构建了金融、投资等辅助业务板块。腾风集团旗下的核心企业——泰克鲁斯·腾风汽车研发有限公司是集团在新能源汽车板块的成功实践。其自主研制的航空动力增程式电动汽车实现了微型燃气轮机与纯电动汽车的结合，是区别于传统活塞发动机、纯电动汽车的新型动力系统，既解决了传统汽车热效率低、污染重等问题，又解决了纯电动汽车发展所面临的难题，是革命性、颠覆性的突破，具有创新价值和意义，其所打造的泰克鲁斯·腾风高端汽车品牌已被国际市场广泛关注。

刁志中
Zhizhong DIAO

广联达科技股份有限公司董事长
中国建筑学会建筑经济分会理事
中国建设工程造价管理协会教育专家委员会委员

刁志中1985年毕业于沈阳航空航天大学计算机学院（原沈阳航空工业学院），曾在北京石化工程公司设计中心任工程师，从事计算机信息化的研发工作，先后被评为“第二届海淀科技园区优秀青年企业家”“改革开放30周年自主创新优秀人物”。

1998年，刁志中先生创办北京广联达慧中软件技术有限公司（以下简称广联达公司），开始从事建筑行业工程造价软件的研发与推广，成为广联达公司三大创始人之一。经过11年的发展，他带领全体广联达人将广联达打造成为国内建设领域颇具声誉的IT应用型高科技企业，持续为中国基本建设领域提供有价值的信息产品与专业服务。

刁志中明确提出为基本建设领域提供IT产品与服务的经营宗旨，即“立足建设领域，围绕客户核心业务，以软件产品、专业服务、内容信息为方向多维延伸”的立体化业务发展战略，形成了“真诚、务实、创新、服务”的企业核心文化。广联达以造软件起家，企业产品已从单一的预算软件发展到工程造价管理、项目管理、招投标管理、教育培训与咨询四大业务的30余个产品系列，被广泛应用于建筑设计、施工、审计、咨询、监理、房地产开发等行业，及财政审计、石油化工、邮电、电力、银行审计等系统。其产品在东方广场、奥运鸟巢、国家大剧院等工程中得到了应用。

李仙德
Xiande LI

晶科能源有限公司董事长

B20 中国工商理事会副主席

李仙德2006年创办晶科能源控股有限公司，2015年实现营业收入160多亿元人民币，跃升至2016《财富》中国500强第330名。2016年成为全球最大的组件制造商，拥有中国江西、浙江、新疆，马来西亚以及葡萄牙、南非六个生产基地，16个海外子公司和18个销售办公室，全球员工人数达15000名，出口额超过10亿美元，被业界誉为“毛利润之王”。2010年，其公司在美国纽交所上市。

李仙德曾获2009年“上饶市十大创业精英”、2010年“第四届江西省十大经济人物”“江西省2012年度优秀创业企业家”、2013年“中国行业品牌十大创新人物奖”、2014年“中国改革优秀人物奖”“全球新能源杰出贡献人物”等奖项。

林庆星
Qingxing LIN

抚州市创世纪科技有限公司创始人、技术总监

莆田市创世纪科技有限公司创始人、技术总监

林庆星主要擅长异构超算技术、分布式信息服务与集成技术、网格

关键技术、网格应用支撑与网格应用、高性能计算技术等，并分别取得创新性成果，为抚州市创世纪绿色数据中心技术应用牵头人。

林庆星 2017 年创立了创世纪科技有限公司，自主研发 GPU 服务器设备。GPU 服务器是基于 GPU 应用的计算服务，具有实时高速的并行计算和浮点计算能力，为全球客户提供深度学习、图形渲染、视频压缩转码、科学计算、地质勘探、能源开采等服务。

创世纪科技立足抚州、莆田、深圳，面向全国及全球区域，主要投资建设超级计算机数据服务中心，是中国计算机科技行业领先企业，承担各种大规模科学计算和工程计算任务，同时以其强大的数据处理能力为社会提供云计算服务。

创世纪超算数据中心拥有单精度与双精度并行运算的独有技术，大幅提高了运算效率，降低了运算成本，为大数据处理、3D 渲染、IC 设计、生物信息、材料科学、动态仿真、宏观经济分析以及政府决策支持等领域提供更高性能的超级计算和并行计算服务。

创世纪科技致力于优化创新科学及推进现代化企业，打造科技世界，成就时代精神，为各大企业和科研机构提供强大的计算资源，支持重大课题研究或进行协作研发。作为创世纪科技有限公司创始人、技术总监，林庆星始终致力于企业的创新发展，致力于将创世纪科技有限公司打造为现代科技创新企业。

刘家强
Jiaqiang LIU

中国化学工程集团有限公司党委副书记、董事、总经理

刘家强 1988 年 7 月毕业于大连理工大学工业涡轮机专业，2005 年获清华大学工商管理硕士学位。

1988 年 7 月—1994 年 7 月，刘家强任中国化学工程重型机械化公司技术员；1994 年 7 月—1997 年 4 月，任中国化学工程总公司劳资教育部干事；1997 年 4 月—2001 年 5 月，任国家“九五”重点项目河南义马气化厂项目副总监；2001 年 5 月—2007 年 5 月，任中国化学工程集团公司企业管理部副主任，期间作为建设部特聘专家参与全国建筑业企业资质标准编制工作，并作为石化专业副组长主持全国建造师执业资格考试大纲和教材编制工作；2007 年 5 月—2012 年 2 月，任中国化学工程集团公司总经理助理兼规划发展部主任，兼任科技部等六部门组织的“新一代煤（能源）化工产业技术创新战略联盟”秘书长，组织国家科技支撑计划煤制烯烃技术开发工作，并参与了国资委《中央建筑企业布局与结构调整研究报告》编制工作。

2012 年 2 月起，刘家强任中国化学工程股份有限公司党委常委、副总经理；2014 年 8 月—2018 年 3 月，任中国化学工程集团公司党委常委；2018 年 8 月至今，任中国化学工程集团有限公司党委副书记、董事、总经理。

吕红兵

Hongbing lü

中华全国律师协会党组成员、副会长

国浩律师事务所首席执行合伙人

金融证券业务委员会主任

吕红兵曾任第七届上海市律师协会会长，中国共产党上海市第九次、第十次代表大会代表；上海市政协第十一、十二届委员会委员，社会和法制委员会副主任，上海市青年联合会第十届副主席，上海市青年企业家协会第六届副主席，中国证监会第六届股票发行审核委员会专职委员，上海证券交易所和深圳证券交易所上市委员会委员，上海国际贸易仲裁委员会暨上海仲裁委员会委员及仲裁员，上海金融仲裁院仲裁员和复旦大学、中国人民大学、华东政法大学、上海外国语大学、上海对外经贸大学、上海政法学院、上海金融学院等高校兼职或客座教授。曾获全国优秀仲裁员、上海市优秀专业技术人才、上海市劳动模范、上海市优秀律师、上海市司法行政系统先进个人等多项荣誉称号。

目前，吕红兵带领着来自国浩律师事务所全球20个办公室的近1500名律师为境内外企业及各类客户提供全面的专业法律服务。他主编或参与的著作包括：《民主立法与律师参与》《企业投资融资筹划与运作》《中国新型城镇化的法治思维》《中国产业律师实务》《现代商事律师实务》《金融证券律师实务》等。

孙小蓉
Xiaorong SUN

武汉兰丁医学高科技有限公司董事长

中国妇幼保健协会妇女病防治专业委员会副主任委员

孙小蓉 1977 年考入武汉同济医学院，在国内完成本科和硕士 8 年医学教育，然后分别在澳大利亚和美国完成博士及博士后的学业，于 1993 年取得澳大利亚莫纳什大学博士学位，后于美国纽约 Sloan Kettering 肿瘤研究中心攻读博士后，主要研究领域为细胞病理学。2000 年成立武汉兰丁医学高科技有限公司，任董事长。

孙小蓉博士带领武汉兰丁团队经十余年艰苦不懈的努力，公司的技术和产品已分别获中国 CFDA、美国 FDA 及欧盟 CE 认证。兰丁还通过与阿里巴巴合作，建立了宫颈癌筛查诊断云平台，首创将细胞病理的第三方临床检验服务工作移到云平台上完成，为国内外大规模宫颈癌筛查提供高质量低成本的筛查服务，取得了领先世界的成绩，成为利用人工智能及大数据云计算平台的癌细胞病理诊断的先驱。

武汉兰丁医学高科技有限公司已入选工信部“2019 年新型信息消费示范项目”名单，被湖北省科技厅授予“湖北省工程技术研究中心”，被国家生物产业基地授予“科技贡献奖”，获得湖北省经信委授予的“隐形冠军”称号。

孙小蓉博士 2011 年被中国政府授予“外国专家友谊奖”“全国三八红旗手”，曾获中国侨联“科技创新人才奖”、湖北省“科学进步奖”、武汉市“黄鹤友谊奖”，并入选湖北省第一批“百人计划”、东湖高新区“3551 人才计划”。

谭晓东
Xiaodong TAN

北京标研科技发展中心主任

全国分析检测人员能力培训委员会办公室主任

谭晓东 2003 年毕业于武汉水利电力大学，获水利工程管理学士和法学学士双学位，2010 年毕业于北京交通大学，获项目管理在职研究生学位；2010 年至 2016 年任国家认监委认证认可技术研究所认可技术中心副主任。国家高级项目管理师、国家级水利造价工程师。

谭晓东是全国《安全评价检测检验机构管理办法》（国务院行政法规）主执笔人、全国《检验检测机构资质认定管理办法》（质检总局 163 号局长令）释义编写专家、全国《检验检测机构资质认定评审准则》主要起草人及释义编写专家。他主导、规划和建设了我国多个行业国家级检验检测标准化机构以及我国检验检测评价技术人员培训体系。2012 年至 2014 年，他牵头组织完成了我国检验检测行业统计制度设计和统计体系文件的编撰、发布和实施。

同时，谭晓东是全国《司法鉴定机构资质认定评审准则》以及《工作指南》（第一版、第二版）主执笔人，是国家公安刑事技术和司法鉴定领域全国师资课程规划及主讲人，培养了我国国家级司法鉴定领域和公安刑事技术领域资质认定评审专家 800 余名，指导建设国家级、省级司法鉴定机构百余家。

田耀斌

Yaobin TIAN

中电科技国际贸易有限公司副总经理

田耀斌毕业于英国东伦敦大学商学院，获硕士学位，现任中电科技国际贸易有限公司副总经理。

2006—2010 年，田耀斌担任中电科技国际贸易有限公司驻东南亚和南亚（斯里兰卡、缅甸、泰国、印尼）办事处负责人，负责多个军贸系统工程，带领团队服务国家外交、经济、军事大局，为集团公司赢得了尊重，为国家赢得了荣誉。

2011 年 12 月—2014 年 2 月，田耀斌担任中电科技国际贸易有限公司亚太地区部副总经理兼北京华成昊普科技有限公司法人代表、总经理。他带领团队创新性地实现了中国电科集团首个在海外独立成功实施的太阳能电站 EPC 总承包工程、首单工程机械类出口项目、首单医疗卫生系统出口项目和首个大型综合承包工程项目等，完成了一批重大民品和海外工程项目的签约和执行工作，对深化中国对外经贸合作关系产生了积极性影响。

2017 年 1 月—2018 年 3 月，田耀斌任中国电子科技集团公司国际重大项目办公室高级项目经理、集团驻巴基斯坦代表处总代表（高级经理）、中电科技国际贸易有限公司国际工程二部总经理。

2018 年 6 月至今，担任中电科技国际贸易有限公司副总经理。

田耀斌曾先后获得中国电科国际先进个人、特别奉献奖、重大项目签约奖、电科国际之星、创新之星、优秀干部、青年岗位能手、十周年

“十佳人物”、中国电子科技集团公司“七好”优秀共产党员、国防科技工业军品出口先进个人等荣誉称号。

王济武
Jiwu WANG

启迪控股股份有限公司董事长

清华 MBA 校友会会长

王济武 1988 年就读于清华大学经济管理学院，获经济学学士及工商管理硕士学位。他曾任职于北京市房地产开发经营总公司、香港北京控股集团、香港京泰实业集团等，2012 年担任启迪控股股份有限公司董事长。

王济武是中国城镇化、金融与公司管理方面的重要学者，在专业领域内有独特的创新思维，相关论文引起了英国《金融时报》等海外财经媒体的关注，被北京大学选为“中国年度最佳商业案例”，还入选清华大学 MBA 教材。其出版著作有《中国股市实战理论与方法》《科技新城建设理论与实践》《集群式创新理论与实践》。

作为清华大学的杰出毕业生，王济武还担任清华大学经管学院 MBA 学生导师、班级导师及清华 MBA 校友会会长等职务，多次赴清华举办讲座，还曾多次为母校捐款，捐款总额在全国高校个人捐款榜排名前列。

王丽红
Lihong WANG

山东天壮环保科技有限公司董事长

王丽红自2006年起投资组建塑料降解技术科研攻关团队，成功取得具有中国自主知识产权的发明专利技术——生态塑料技术，为普通塑料降解缓慢引发的“白色污染”问题找到了最佳的解决方案。

2008年，王丽红回国创业，此后历时10年对生态塑料技术进行应用领域研发，走出了一条从源头即实现塑料完全降解的创新之路。

2009年，王丽红带领团队开发出“绿塑宝”系列纳米生态降解塑料产品，获得“中华人民共和国第十一届运动会指定降解塑料产品”殊荣。

2010年，公司获得香港特区政府颁发的“2010绿色企业奖”，并入选“网上世博山东省100家特色中小企业”；后荣获“2011年度中国留学人员创业园百家最具成长性创业企业”称号；公司于2012年建成中国博士后科研工作站，于2015年获得农业农村部（原农业部）中华农业科技奖二等奖。

王丽红为国家传统塑料包装行业新旧动能转换贡献出环保技术支撑。未来10年，她为公司制定的发展目标是：第一，实现每年治理2000万吨以上的塑料包装污染，创造绿色塑料包装产值过5000亿元，实现过1000亿利税；第二，以公司的环保技术积极解决全球一次性塑料造成的环境污染难题，让创新的生态塑料技术在“一带一路”发展中作出积极贡献，让“自然环保”成为“中国制造”的新名片！

王育武
Yuwu WANG

广东合力建造科技有限公司董事长

王育武毕业于华南理工大学建筑学专业，获博士学位，曾任广东省建筑设计研究院创作部副主任、广东省国际工程建筑设计有限公司董事长，现任广东合力建造科技有限公司董事长。

2008 年，王育武被中国建筑学会建筑与文化学术委员会评为“中国当代杰出青年建筑师”，主持和负责多项重大工程设计及省市科研课题，先后获得广东省首届注册建筑师优秀创作一等奖、广东省优秀工程勘察设计科技创新一等奖等多项荣誉。

2012 年，王育武进入广州中医药大学博士后工作站研读，并任广东省传统医学会副会长。2013 年，他负责广东省重大科技专项——新型轻钢轻混凝土现浇复合墙体材料研发及应用；2016 年，负责广州市科技计划产学研协同创新两大专项——新型轻钢轻混凝土现浇复合墙体材料研发及联合实验验证（合作国家白俄罗斯）、2016 年广州市科技计划——新型绿色建筑产业化建造技术研究子项目。

杨剑
Jian YANG

泰豪科技股份有限公司总裁

江西省青年企业家协会会长

杨剑是南昌大学管理科学与工程专业博士研究生。他曾被授予江西省“优秀企业家”、江西省“青年五四奖章”、第一财经“年度创新力特别人物奖”“211 企业经营管理人才”和“区直接联系人才”等荣誉。

泰豪科技股份有限公司成立于 1996 年 3 月，2002 年 7 月在上海证券交易所上市，为江西省首家民营上市公司。经过多年的发展与积累，泰豪科技建立了较为完善的治理结构，形成了完整的内控制度，并在南昌、北京、上海、深圳、长春、济南、衡阳、龙岩等地拥有 40 多家分公司、子公司以及十多个高科技产业园区。

张保中
Baozhong ZHANG

中国海外港口控股有限公司董事长

自 2013 年起，任职中国海外港口控股有限公司董事长的张保中接手瓜达尔港口，港口运营 7 年多来，在积极建设瓜达尔自由区基础设施的同时，他积极推进巴基斯坦联邦和地方政府落实经营协议中规定的税收优惠政策，为投资者创造良好的经商环境。

瓜达尔港作为中巴经济走廊最南端的印度洋天然海港，其战略地位非常重要。巴基斯坦将该港租给中国进行开发建设，而中国海外港口控股有限公司是瓜达尔港及自由区的投资、开发和管理运营单位，其在巴基斯坦的子公司负责瓜达尔港口、瓜达尔自由区、海事服务和物流领域的开发和经营。

作为瓜达尔港开发商，张保中和他领导的中国海外港口控股有限公司始终以保护投资者利益为一切工作的出发点，积极为投资商创造便利条件，争取最优惠的投资鼓励政策，为投资商提供全面、细致的服务。他强调，中国海外港口控股有限公司期望与巴基斯坦本土商业巨子阿里夫·哈比卜集团、阿斯卡里银行等国际上著名的商业集团和商业银行加强合作，实现互利共赢，共同为瓜达尔地区经济的发展作出贡献。

张国明
Guoming ZHANG

安世亚太科技股份有限公司董事长兼总裁

张国明1984年毕业于北京工学院力学工程系，获学士学位。毕业后他在兵器部第354厂科研所、教育培训中心、职工大学从事科研和教学工作。1996年他成立ANSYS公司北京办事处，该办事处于2004年发展成为安世亚太科技有限公司。张国明现任安世亚太集团的董事长兼总裁。

张国明创立安世亚太20年来，一直致力于传播和推广先进的研发设计技术，为中国制造业信息化和两化融合作出了杰出贡献。他所倡导的精益研发思想是基于系统工程的综合研发体系，将知识、工具、质量方法与研发流程深度融合来提升研发价值和产品品质。

在北京生态设计与绿色制造促进会第一届理事会召开之际，张国明当选为第一届理事会主席团主席。他在当选致辞中表示，任期内将与各会员单位携手共进，发挥各自优势，积极宣传绿色发展理念，推广绿色研发、制造技术，助力“中国制造2025”。

赵楠
Nan ZHAO

珠海凯利得新材料有限公司董事长兼总经理

赵楠曾就读于英国Essex大学，主修社会学、哲学、国际关系学、经济学。

留学归国后，赵楠于2013年组建金属基陶瓷复合材料产业化项目团队，其专业研发队伍包括多名教授、副教授、博士、硕士研究生、海外留学生，团队一直致力于专业研发、生产和销售金属基陶瓷复合材料零部件。

2015年，赵楠与合伙人创建珠海凯利得新材料有限公司，并落户珠海航空产业园，2016年，凯利得公司正式投产运营。在军民融合的时代机遇下，该企业希望为中国军工装备小型化、轻量化的转型升级提供解决方案，支撑中国制造由大变强的历史跨越，为国铸造“战略脊梁”。因此，自凯利得公司正式投产运营起，主要以国防应用作为市场切入口，主攻金属基陶瓷复合材料的产业化，在航天航空发动机的关键零部件上，金属基陶瓷复合材料可作为铝合金、钛合金、铍材的替代材料，其耐磨性、阻尼性及导热性等更为突出。公司以服务国家现代化为使命，以新材料科技创新为重点，取得了重大研究成果。

◇◇第二节　蓝迪国际智库秘书处

蓝迪国际智库在新型全球化和第四次产业革命的浪潮中应运而生，相关项目于2015年4月正式启动，旨在推动“一带一路”倡议的研究与实践，智库秘书处作为智库的工作主体，始终以“问题导向、需求导向、项目导向、结果导向”为原则，积极投身于“一带一路”建设的伟大实践。秘书处团队是一个勇于解放思想、与时俱进，敢于上下求索、开拓进取的新生代集体。

蓝迪国际智库秘书处是一个富有朝气、精干有效的新生代集体。蓝迪国际智库秘书处现设秘书长一名、副秘书长三名以及若干项目主管，是一个极具活力和创新力的团队。秘书处核心成员大多为“80后”“90后”年轻人，他们善于学习、擅长沟通和统筹资源，每位成员都具备较强的敬业精神和专业背景，团队专业领域涉及金融贸易、国际关系、信息技术、新闻传播、文化交流等，表现出明显的年轻化、专业化特征。

蓝迪国际智库秘书处是一个放眼国际、全球布局的新生代集体。蓝迪国际智库秘书处成员拥有国际化的视野和胸怀，密切关注国际政治经济局势，重点聚焦“一带一路”共建国家与国内区域结合，建立起了“一人一区域　一国一城市”的分工机制。2019年，秘书处紧跟国家新一轮扩大对外开放的时代步伐，以青岛、珠海、南宁、宁波、苏州为战略支点城市，搭建起面向上合组织成员国、葡语系国家、东盟成员国、中东欧国家、欧美国家的对接合作平台，充分发挥应用型智库人才的职能和优势，推动跨区域国际合作的进程。秘书处在哈萨克斯坦、乌兹别克斯坦、巴基斯坦、斯里兰卡、缅甸等“一带一路”的重要节点国家进行深入调研，广泛联络，精准对接，现已完成了诸多高质量的研究报告，促成若干重点项目的落地。

蓝迪国际智库秘书处是一个服务企业、精耕细作的新生代集体。蓝迪国际智库注重对企业的发掘、培育和推介，智库秘书处通过建立法律服务、政策研究、技术标准、信息服务、金融支持、文化与品牌、能力建设七大专业服务组，积极组织政府、企业和行业资源，带领企业“抱团”出海，为企业参与“一带一路”建设提供了大量系统性的服务和支持。针对蓝迪平台的每一家企业，秘书处成员持续追踪企业动态，及时通过蓝迪国际智库官网、公众号及蓝迪合作媒体进行大力宣传，报道企业的重要新闻、最新科技成果等。

蓝迪国际智库秘书处将牢记自身的使命担当，始终秉持“求真务实、百折不挠、勇往直前”的蓝迪精神，不断加强自身的能力建设、组织建设、文化建设，成为“有理想、有本领、有担当”的新时代应用型智库的核心。

蓝迪国际智库秘书处核心成员名单如下：

徐文清——秘书长

汪春牛——副秘书长

马　融——副秘书长 & 蓝迪国际智库珠海项目负责人

王子海——副秘书长 & 蓝迪国际智库巴基斯坦项目负责人

贾梦妍——项目主管（负责蓝迪国际智库中巴、中东欧项目）

陈　璐——项目主管（负责蓝迪国际智库粤港澳、军民融合项目）

李春丽——项目主管（负责蓝迪国际智库中东、中亚项目）

尚李军——项目助理（负责蓝迪国际智库东盟项目）

第四部分　蓝迪国际智库2019年度优秀创新企业

企业是新型全球化和“一带一路”倡议的重要实践者和推动者。中国企业在“一带一路”建设中发挥了重大作用。2017年，民营企业500强中有179家企业参与了“丝绸之路经济带”，167家企业参与了“21世纪海上丝绸之路”；民营企业与“一带一路”共建国家的进出口总额为6199.8亿美元，占中国与“一带一路”共建国家贸易额的43%，增速为12.1%；其中出口额达4325.4亿美元，占进出口总额的55.9%，增速为8.9%；进口额为1874.4亿美元，占进出口总额28.1%，增速为11.9%。由此可见，越来越多企业直接参与到“一带一路”项目中，成为“一带一路”建设的筑梦者。

蓝迪国际智库是以服务于“一带一路”建设为宗旨的独立应用型智库。自2015年成立以来，蓝迪国际智库一直定位于发掘、培育、推介优秀的中国企业，并坚持以“问题导向、需求导向、项目导向、结果导向”为原则，通过对企业进行深度调研，挖掘企业合作需求和发展潜力；根据“区域+国家”的合作模式，为企业匹配其所需资源、做好项目规划；举办专题研讨会来推介企业，提升企业在国内外的知名度。通过培养企业的国际战略眼光、增强企业核心竞争力建设来提升企业“走出去”的能力；同时，也为企业提供法律服务、政策研究、技术标准、信息服务、金融支持、文化与品牌、能力建设七大服务系统的支持。蓝迪国际智库通过整合企业资源和提高企业能力建设，协助企业抱团出海，切实落实中国企业“走出去”战略，推动企业积极参与“一带一路”建设。

目前，蓝迪国际智库已经形成广泛的企业网络。蓝迪平台企业多达350 家，其中 40% 属于以基础设施建设为主的大型国有企业，其余 60% 为以“第四次产业革命”新型技术为主的民营企业，主要分布行业有：能源、制造、农林牧副渔、信息、服务、文化、贸易物流、基础设施、医药、房地产、金融、园区港口、矿业、商会协会、教育培训等 15 大行业。通过挖掘、培育、推介等系列支持手段，蓝迪现已成功帮助多家优秀企业国际化项目的落地。包括帮助武汉兰丁医学高科有限公司（以下简称“兰丁”）的医疗项目落地巴基斯坦；帮助中阳建设集团有限公司、广东合力建造科技有限公司、华坚集团在非洲开展投资和运营；促进国浩律师事务所对接欧洲项目。以兰丁的医疗项目为例：首先，蓝迪国际智库经过系统科学的分析，认为兰丁 AI 宫颈癌筛查技术的市场潜力巨大，结合“中巴经济走廊”旗舰项目和“一带一路”建设，瞄准其在巴基斯坦的市场发展，帮助其做好项目计划。经过与巴基斯坦政府高层和驻华使馆的多轮对接和磋商，蓝迪国际智库与巴国卫生服务管理和协调部签署谅解备忘录，将携手兰丁在瓜达尔港等地为 10000 名巴国妇女提供应用 AI 技术的宫颈癌筛查服务，并相继在巴国建立 AI 宫颈癌筛查研究中心和诊断云平台，以服务巴国人民，促进巴国医疗卫生事业的发展。

自 2018 年开始，蓝迪国际智库每年都会以企业的经济规模、市场份额、发展布局、核心技术、产品质量、品牌影响力等标准来做综合的调查分析，最后评选出年度优秀创新企业。2019 年蓝迪国际智库按照相关标准评选出 20 家年度优秀创新企业：中国电子信息发展研究院、安世亚太科技股份有限公司、三川智慧科技股份有限公司、华坚集团、江苏阳光股份有限公司、科大讯飞股份有限公司、江西大乘汽车有限公司、珠海凯利得新材料有限公司、广东萱嘉集团、浪潮集团有限公司、北京推想科技有限公司、横琴金融投资集团有限公司、瀚华金控股份有限公司、万贝科技发展（天津）集团有限公司、中国华夏文化遗产基金会、深圳蓝胖子机器人有限公司、远景能源（江苏）有限公司、岚桥集团、广东合力建造科技有限公司、中阳建设集团有限公司（排名不分先后）。

回眸2019年，蓝迪国际智库在培育企业发展方面取得了重大成绩。未来，蓝迪国际智库在与企业的合作方面将着重拓展三个领域：一、重点关注企业的核心科技发展、科技标准，和对科技的科学性、合法性、合规性的论证，挖掘企业科技的发展潜力，让更多科技走进民生，造福人民；二、以智慧城市为载体，实现技术链条和产业链条的整合，更有效地在绿色和智慧框架下进行一体化产业布局；三、着重培养企业的国际化能力建设，更加全方位地提升企业的品牌建设，在国际舞台上展现出更强大的中国企业力量。

◇◇第一节　中国电子信息产业发展研究院

中国电子信息产业发展研究院（以下称“赛迪研究院”）是直属于国家工业和信息化部的一类科研事业单位。现任研究院院长卢山长期从事计算机软件总体设计、质量保证以及数据共享等方向的研究工作，曾带领研究院团队完成多项国家级重大科研项目和国家公共技术服务平台建设，在电子信息系统可靠性及测试领域作出了重要贡献。

赛迪研究院成立二十多年来，一直致力于面向政府、面向企业、面向社会，提供研究咨询、评测认证、媒体传播与技术研发等专业服务，形成了政府决策与软科学研究、传媒与网络服务、咨询与外包服务、评测与认证服务、软件开发与信息技术服务五业并举发展的业务格局。研究院总部设在北京，并在上海、重庆、广州、深圳、海南、云南等地设有分支机构。现有员工2000余人，其中各类专业技术人员1200余人（含高级职称人员110人）。

研究咨询是赛迪研究院推动知识创新的核心业务，其每年发布专业产业研究报告超百本，出版三十余本专业书籍，业务网络延伸到海外。

评测认证是赛迪研究院具有核心竞争力的优势业务，拥有中国软件测评中心、工信部软件与集成电路促进中心、国家机器人质检中心、国家智能终端软件质检中心等国家公共服务平台。

媒体会展是赛迪研究院极具品牌传播效应的平台，赛迪传媒以媒体出版、文化传播、宣传推广、会议活动为主要业务，拥有《中国电子报》《中国计算机报》《中国工业和信息化》等15种报刊。

军工业务是赛迪研究院贯彻国家军民融合战略的重要布局，作为最早从事军用软件测试标准研究及测试实践工作的机构，研究院拥有完备的业务架构、军工资质以及专家队伍。

产业金融是赛迪研究院整合产业资源、构建产业生态的核心载体，其中赛迪产业园承接了机器人检验检测公共服务平台、工业控制系统安全可靠性测试实验室等国家级项目。

科技服务是赛迪研究院推动软硬结合的重要平台，作为国家规划布局内重点软件企业，定位为专业平台运营商，拥有系统集成一级、安防一级、工程设计甲级等十余项最高级别权威认证。

赛迪研究院肩负促进两化深度融合，走中国特色新型工业化道路的历史使命，将紧扣时代主题，把握战略机遇，不忘初心踏征程，砥砺奋进谱新篇，为建设凝聚智慧、引领思想、服务科技与经济发展的国际一流智库而不懈奋斗。

◇◇第二节　安世亚太科技股份有限公司

安世亚太科技股份有限公司（以下简称“安世亚太”）于1996年成立，是面向高端制造业的工业软件、工业品先进设计、增材制造与工业互联的技术服务提供商。其注册资本2.4亿元，总部设在北京，员工700多人，其中研发、咨询、技术400多名，硕、博士占半数以上；安世亚太共拥有14家分子公司，客户4000多家。

安世亚太董事长张国明一直致力于传播和推广先进的研发设计技术，为中国制造业信息化和两化融合作出了杰出贡献。

安世亚太是国家生态（绿色）设计试点示范企业、国家规划布局内重点软件企业、北京市重点总部企业、北京市企业技术中心、两化融合管理体系贯标咨询服务机构、中国创新方法研究会副理事长单位、北京生态设计与绿色制造促进会主席团单位；2013年安世亚太获批建立北京市综合仿真工程实验室，2015年经工信部批准成立“国家工业软件与先进设计研究院”，正式进入产品设计领域，成为产品设计创新型企业。

安世亚太是最早将仿真技术引入中国的企业之一，从“仿真驱动设计”到“精益研发制造”“增材思维先进设计与智能制造”，安世亚太不断引领高端制造业研发水平提升，推动中国制造业转型升级。安世亚太还是中国首家引入技术创新方法（TRIZ）的公司，是精益研发理念、方法、技术和平台的创立者。面对工业企业日益智能化的生产设施和云计算、大数据等智能科技的发展，安世亚太提出了基于工业云的智慧工业体系和解决方案，为“中国制造2025”和智能制造战略目标的实现提供技术支撑。

工业再设计是公司首创的技术成果，其本质核心是工业仿真应用的升华、正向设计技术的工程化，是先进设计技术与先进制造工艺（3D打印及精密铸造）的结合，在提高工业品性能、升级产品的同时，使其走向集成化、轻量化、智能化。工业再设计体系深度参与制造业企业的研发价值链，从设计到仿真分析和验证，再到制造，为企业提供了完整的解决方案，同时，公司在原有先进设计体系中加入绿色设计的理念，形成服务于绿色环保新产品的先进设计体系，将有力推动中国制造业向“创新驱动、绿色制造”方向的转型。

当前，安世亚太致力于工业仿真、精益研发、先进设计、增材制造及工业云等领域的技术研究与产品开发。并以基于增材思维的先进设计与智能制造解决方案为抓手，大力发展MEMS芯片及APRO控制平台系统、混合流水线打印机等核心增材技术，面向国防军工、航空、航天、机械制造、船舶、汽车、医疗等制造业企业及高校科研院所，提供工业软件产品、3D打印设备与耗材、技术咨询、工业品先进设计、增材制造与工业云服务，为“中国制造2025”中的设计制造一体化提供可落地实施的方案。

2015年，安世亚太分别与精密铸造技术领导者苏氏集团、增材制造技术领导者杭州德迪达成战略联盟，并于2018年收购了杭州德迪，在重庆投资建设了西南地区规模最大的3D打印服务工厂和设备生产基地，形成了设计制造一体化的产业链环境，相继完成了汽车的前桥壳、水箱横梁，摩托车的车架、油箱，弹体载荷舱段、航天飞行器整体过载油箱、弹性刮板等近百款产品的绿色设计工作，取得了大量产品绿色设计、先进设计与制造的经验。目前，安世亚太已在北京、杭州、上海、重庆、台北、美国波士顿、美国辛辛那提等地建立研发中心，日本、德国、加拿大等地研发中心正在筹建中。

未来，本着“创新、质量、绿色、智慧”的发展原则，安世亚太将聚焦于打造以增材思维为核心的先进设计与智能制造产业链，以全球视野和格局进行资源整合、技术转化和生态构建，在全球布局“数字孪生”一体化网络，着力将公司建设成为一家生态化平台型企业。并围绕其主要业务领域，制定了未来短期目标：一、运营仿真云与智造云平台，启动数字孪生研究；二、借助长城计划，打造智慧教育工场；三、建设“政、产、学、研、金”一体化产业园；四、投资与孵化产业链内“隐形冠军”企业；五、打通基于增材思维的先进设计与智能制造完整产业链；普及增材思维，全球布局、塑造基于增材思维的先进设计与智能制造技术引领者形象。

第三节　三川智慧科技股份有限公司

三川智慧科技股份有限公司（以下简称“三川智慧”）由江西三川集团有限公司发起设立，于 2010 年 3 月 26 日在深圳证券交易所创业板上市。三川智慧是中国移动物联网产业联盟副理事长及秘书长单位、中国计量协会水表工作委员会副主任委员单位、中国城镇供水排水协会常务理事单位。

李建林为现任江西三川集团有限公司董事长兼三川智慧董事长。他从事水表行业 48 年，带领团队将江西三川集团从一个小作坊企业发展到上市公司、集团公司，目前已拥有八家控股子公司和一家国家级工程技术中心，建有国内首家水表博士后工作站、院士专家科技服务工作站和水表行业唯一一家国家级企业技术中心。目前，三川智慧建有江西鹰潭、山东临沂、浙江甬岭三大水表生产基地，主导产品三川牌水表年生产能力 1000 万台，产品覆盖中国大陆，远销东南亚、美洲、非洲等海外市场。

近年来，三川智慧通过对 NB-IoT 技术的大力研发，先后形成了一系列智能化水表产品，在国内各大城市形成了良好的品牌效益，也为国内主要城市开展智慧城市建设提供了有力支撑。公司先后参与了由鹰潭、北京、深圳、上海、天津等地供水公司主导开展的窄带物联网水表试点项目。

公司生产的智能水表产品得到了国内市场水司客户的广泛认可，特别是围绕NB-IoT技术所形成的产品销售量在2019年已形成了爆发式增长，仅NB-IoT智能水表单个系列产品就已销售超过100万台，成为国内同行业中同类型智能水表产品销售量最多的企业之一。2017年公司实现营业收入49560.65万元，净利润8780.69万元，缴纳税收总额7382.16万元，2018年实现营业收入55185.27万元，净利润10024.59万元，缴纳税收总额5315.45万元。2019年前三季度本部营业收入47706.34万元，同比增长20.84%。净利润10535.32万元，同比增长33.78%。截至2019年11月6日，公司当日市值达46.39亿元。

公司以涉水的相关产业链为发展目标，以物联网和大数据技术为载体，构建综合性的智慧水务数据云平台，为供水企业乃至整个城市提供包括用水计量、管网监控、产销差管理、水资源监测、水质检测在内的水务运营整体解决方案，致力于成为领先的物联网数据服务型企业。

三川智慧技术中心目前拥有建筑面积达3000平方米的中心大楼，拥有机电一体化新型流量仪表研究和水表产品的多种类型测试设备，可以充分满足产品的快速开发及材料正确选用，可以充分型式评价水表产品的流量性能及电性能有效使用寿命。主要有高位水塔、高性能水压稳定装置、3D快速打印机、贴片机、投影仪、材料试验设备、光谱分析仪、电脑校验机、热量表校验机、UV杀毒装置、磨损台、频谱分析仪、信号发生器、水表全自动综合型式评价设验装置，三坐标、影像、万能工具显微测量仪，能够完成各类水表试验检测的分析和性能检测。

2018年，为配合开展围绕新一代信息通信技术的相关项目研究与测试，三川智慧技术中心还新增了信号发生器、高性能逻辑分析仪、IPX8 持续潜水试验设备、示波器、综合测试仪、屏蔽箱等各类测试设备共计 40 余套，设备价值共计 388.8 万元。另外，三川智慧在杭州设立的研发中心已于 2018 年竣工，并于 2019 年投入使用。目前新建设的实验场所和研发人员将投身于国家级企业技术中心的相关工作当中，研发中心正以物联网集抄平台、智慧水务管理平台等软件技术为主要课题目标，并积极参与到了国内各大型城市的 NB-IoT 智能水表样板工程的云数据处理工作当中。

“一带一路”建设是实行新型全球化的重要载体，“一带一路” + “绿色发展”，将为更多的环保企业、水表企业提供重要的发展机遇。“一带一路”共建国家存在着不同的水问题，但综合来看，洪涝、干旱缺水、水污染、生态退化这四类问题，是中国与“一带一路”共建国家共同面临的水问题。因此，未来 5 年到 10 年，三川智慧将着眼于国际市场，依托蓝迪国际智库已有的国际网络平台，紧随“一带一路”倡议布局海外业务，完善产品面向市场的服务体系及强化科技创新能力，从而稳健地走向国际舞台。

第四节　华坚集团

华坚集团于 1996 年成立，集团总部位于广东省东莞市，业务以专业生产高中档真皮女鞋为主。旗下拥有广东东莞、江西赣州和非洲埃塞俄比亚三大事业基地，以及东莞华瑞世界鞋业总部基地等十多家子公司，是集研发、贸易、成品加工、皮革制造、乳胶生产、鞋材制造、鞋机配套、物流配送、教育培训、鞋业总部基地、工业园于一体的国际化集团公司。

华坚集团董事长兼总裁张华荣先生有“中国女鞋之父 ”之称。张华荣从 20 世纪 80 年代初开始独自创业，有着近 30 年创业历程。从当初几个人几千元创业资本到如今国内外著名的女鞋生产企业，创业历程三起三落，其中经历正如他所说，“十载鞋匠奠基业，艰辛商旅誉全球”。

自 1984 年创办以来，华坚集团一直致力于女鞋制造，现拥有 40 条现代化制鞋生产线，年产女鞋超过 2000 万双，拥有员工 15000 余人。凭借着强大的产能优势、先进的工艺技术以及优良的品质与服务，华坚集团赢得了美国排名前 30 位的中高档女鞋品牌的青睐，其中 GUESS、MARC FISHER、UNISA、COACH、CALVIN KLEIN NINA、EASY SPIRIT、NINE WEST 等都均为华坚合作多年的主要客户。

面对世界经济的风云变幻，华坚集团深知企业只有不断发展创新，才能永续经营。因此，华坚集团注重科技创新，鼓励自主研发，重视利用创新的知识和新技术、新材料、新工艺，并采用新的生产方式和经营管理模式提高产品质量，开发生产新产品、提供新服务，以提高生产效率和效益，取得了明显的成效。

近年来，华坚集团致力于优化企业内部产业结构，率先在行业内实现了产业转型和升级，在电子商务、金融、房地产、教育、汽车贸易等领域均取得重大进展，形成了“主业升级、结构优化、一体双翼、多地经营”的经营格局。其所实施的一系列企业创新发展举措包括：在江西赣州投资兴建赣州华坚国际鞋城，率先在行业内成功实现产业梯度转移；成立品牌事业处，致力于自主研发；在全集团推行精益生产革命，并与清华大学联合成立“清华华坚工业工程研究所”，建立了工业工程研究试验基地；投建世界鞋业总部基地，搭建产业升级平台；主办世界鞋业发展论坛；导入世界最先进的 SAP 系统；创办赣州华坚科技学校等。

自“一带一路”倡议提出以来，华坚集团紧紧把握住时代机遇，积极响应“走出去”战略，2011 年在埃塞俄比亚投资建立的中国华坚国际轻工业城成为中非产能合作的典型案例。2015 年 4 月，华坚（埃塞俄比亚）国际轻工业城开工，总投资 10 亿美元，预计 2020 年完全建成。目前，每年都有来自“埃塞俄比亚制造”的 500 万双鞋被出口至美国和欧洲市场，产值达到 3100 万美元。截至 2019 年 8 月，华坚集团已在埃塞俄比亚当地安置就业超 8000 人，累计出口创汇 8000 万美元。

面向新时代、新机遇、新挑战，华坚集团以“建文明小社会，创高效大集团”为企业目标，坚定不移地走“立体化、规模化、集团化、国际化”的发展道路，努力打造国际鞋业航母，力争成为全球鞋业最具活力的现代化企业之一。

◇◇第五节　江苏阳光股份有限公司

江苏阳光股份有限公司由国内最大的精毛纺生产企业——江苏阳光集团有限公司控股，是国家重点高新技术企业、上市公司。目前拥有总资产 36.3 亿元，固定资产 24 亿元。公司现有精纺纱锭 12 万锭，织机 600 台，年产精纺呢绒 1800 万米，高档服装 120 万套，是国内规模最大的面料及服装生产基地。1999 年 9 月 27 日，公司在上交所交易上市。

江苏阳光股份有限公司重视科技研发与攻关，先后创造出 4 个部优产品、4 个省优产品、3 个国家级产品，连续 4 年获得“全国畅销国产商品金桥奖”第一名，并先后承担了国家 863 项目 4 个、国家技术创新项目 5 个、国家重点新产品 15 个、国家高新火炬计划项目 8 个，共申请专利 22 个，其中 18 个项目已获得专利。2000 年，“阳光”商标成为我国毛纺行业首个中国驰名商标，由此确立了“中国毛纺第一品牌”的地位。

公司主要产品“阳光”牌精纺呢绒有纯毛、全毛、毛涤系列、尼绒、哔叽、贡丝锦、驼丝锦、羊绒系列花呢、毛麻系列花呢、单面花呢、双面花呢、高支超薄系列花呢、高支赛络菲尔、各种羊绒系列、各种衬衣面料等上千个花色品种，产品价格在同行业中有绝对的优势，质地高档、手感滑糯、色泽鲜艳，可作为高级男士西装、套装、礼服、女士职业套装、时装和机关制服面料。全国 95% 以上的大中城市、知名商场设有阳光呢绒专卖店及专卖柜，国内知名的服装厂、合资或独资服装厂及服饰公司等 300 多家企业均采用阳光面料，阳光面料还外销日本、美国、英国、澳大利亚、中东等二十多个国家和地区。江苏阳光股份有限公司以其优质的产品，完善的售后服务和良好的信誉赢得市场的广泛赞誉。

2016 年，为响应中国“一带一路”倡议，江苏阳光股份有限公司在海外建设了首个海外毛纺服装生产基地——阳光埃塞俄比亚毛纺织染有限公司，总投资约 3.5 亿美元，建成后可年产毛纺面料 1000 万米，服装 150 万套，产品主要出口至欧美国家，不仅海外客户可享受零关税进口埃塞俄比亚纺织服装产品，公司还将逐步帮助埃塞国内客户实现本地采购，以产顶进，节约外汇。

◇◇第六节　科大讯飞股份有限公司

科大讯飞股份有限公司（以下简称“科大讯飞”）是目前亚太地区最大的智能语音产业上市公司和中国人工智能产业的领军企业，自 1999 年创立以来，一直从事语音及语言、自然语言理解、机器学习推理及自主学习等相关核心技术研究，人工智能产品研发及行业应用，致力于让机器“能听会说，能看会认，能理解会思考”。科大讯飞于 2008 年在深圳证券交易所挂牌上市。

科大讯飞创始人、董事长刘庆峰是语音及语言信息处理国家工程实验室主任，中国科学技术大学兼职教授、博导。刘庆峰博士 20 年来始终坚守“让机器能听会说、能理解会思考”的产业理想，在语音与人工智能核心技术研究和产业化方面做出了突出成绩。

科大讯飞多次荣获“国家科技进步奖”以及中国信息产业自主创新最高荣誉“信息产业重大技术发明奖”。2017 年 6 月，科大讯飞荣膺《麻省理工科技评论》“2017 全球 50 大最具技术创造力企业”中“全球第六、中国第一”；2017 年 11 月，科技部将科大讯飞列为“智能语音国家人工智能开放创新平台建设者”，科大讯飞成为首批 4 家国家新一代人工智能开放创新平台之一和中国科学院人工智能产学研创新联盟理事长单位；2017 年 12 月，科技部认知智能国家重点实验室由科大讯飞承建。此前，科大讯飞已拥有语音及语言信息处理国家工程实验室，并与中国科学技术大学共建类脑智能技术及应用国家工程实验室，与北京师范大学、清华大学共建互联网教育智能技术及应用国家工程实验室，在语音合成、语音识别、口语评测、自然语言理解、图像识别、图像理解、知识图谱、知识发现、机器推理等多项国际测评中均占据领先地位。截至 2019 年 8 月，科大讯飞开放平台的开发者团队数已达 105 万个，每天使用人次已超过 47 亿。科大讯飞拥有全球领先的人工智能核心技术，并对这些核心技术拥有全部自主知识产权。

自 2018 年以来，科大讯飞先后获得 21 项人工智能领域的世界冠军（其中众多为中美直接竞争的项目），实现里程碑式的突破：语音合成领域，2006—2019 年国际权威语音合成大赛（Blizzard Challenge）获得十四连冠，并在 2019 年全球首次达到优秀主播说话水平；机器翻译领域，2018 年 11 月，科大讯飞首次实现了让机器通过国家翻译专业资格（水平）考试（CATTI）的创举，机器翻译达到人类专业译员的合格水平，这标志着机器自动翻译在辅助人类跨语言信息沟通交流方面跨上了新台阶；阅读理解领域，在 2019 年 3 月，在机器阅读理解国际权威评测 SQuAD 2.0 任务中，科大讯飞再次登顶冠军，并同时在 EM 和 F1 两个指标上均超越人类平均水平，刷新比赛纪录。认知智能发展的重要核心是“让机器能理解会思考”，机器阅读理解首次超越人类平均水平，被认为是人工智能发展史的重要里程碑事件。

2019 年 8 月，在上海举行的世界人工智能大会上，科大讯飞荣获大会最高荣誉——SAIL 奖的“应用创新奖”，新一代语音翻译关键技术及系统获得了高度认可。2019 年 9 月，科大讯飞正式签约成为北京 2022 年冬奥会和冬残奥会官方“自动语音转换与翻译独家供应商”，将为北京冬奥会提供语音识别、语音合成、虚拟主播、机器翻译等产品和服务，实现奥运历史上首次真正信息沟通无障碍。

科大讯飞在智能语音和人工智能核心研究及产业化方面的突出成绩得到了国内外的广泛认可。作为“中国人工智能国家队”一员，科大讯飞创新坚守，初心不改，始终坚持“人工智能建设美好世界”的愿景。

第七节　江西大乘汽车有限公司

江西大乘汽车有限公司（以下简称“大乘汽车”）具有 50 年的悠久历史，其前身是南昌汽车厂，后迁址，并先后更名为江西八面山汽车制造厂、富奇汽车厂、江铃集团轻型汽车公司。公司历经多次重组，于 2018 年正式更名为江西大乘汽车有限公司，公司的发展历史成为中国半个世纪以来汽车工业发展的一个缩影。

大乘汽车是江西省国有企业混合所有制改制的典范，其拥有完整的整车生产资质，控股股东是大乘汽车集团公司，另外两家参股股东是江铃汽车集团公司和抚州市高新区发展投资集团公司，现拥有江西、江苏两大生产基地。

大乘汽车创始人、董事长兼 CEO 吴潇秉承先进的造车理念，融合中西方文化，于2018年创立并发布了大乘汽车品牌。大乘汽车深入践行“产、学、研”技术创新模式，致力于中国汽车智能网联领域的开拓发展，坚持为年轻人造精品车，为年轻人打造优质的出行服务，并为民族汽车工业的发展不懈努力。

大乘汽车同时拥有传统能源和新能源、乘用车和商用车生产资质，具备整车和汽车关键零部件的生产能力。公司实行双品牌发展战略，乘用车品牌为大乘汽车，目前有SUV G70s、G60s、G60，新能源G60E、E20等多款车型；商用车品牌为骐铃汽车，目前有皮卡T100、T5、T7，轻卡H300，新能源轻卡EV300等。2018年，大乘汽车销售车辆11528台，年销售收入14.98亿元。2019年，预计将实现销售车辆6万余台，年销售收入超80亿元；其中，接收海外订单3000余台，实现出口预计超过2000台。2020年，大乘汽车将在稳固中东和南美市场的同时，继续大力开拓东南亚和非洲市场。

大乘汽车拥有“国际化、智能化、生态化”制造基地，并汇聚全球汽车制造专家，以工业4.0标准进行高自动化生产，以高度的社会责任感建设绿色、智能工厂；焊装自动化生产线全部为国际先进水平的KUKA（库卡）机器人，通过西门子先进的RFID设备，能同产线设备自动对话，可快速进行车型无缝切换，满足多平台、多车型同时生产需求；涂装生产线可实现多车型混线生产，首次运用一次套色加有色清漆先进工艺，与传统色漆相比，视觉效果更为倩丽，层次更为丰富；总装生产线具备同时混线生产四个平台7个车型的能力，各系统高度集成，应用业内领先的智能物联网系统，实现自动准确投料和关键扭矩的追溯上传，通过数据终端实时采集装配信息，实现装配防错及双向质量追溯。大乘汽车在生产工艺上实现高度自动化、柔性化和智能化，推进信息化和工业化的两化融合，工艺装备水平在行业中处于领先地位，有力推动制造装备业的转型升级。

随着“一带一路”建设的深入推进，大乘汽车紧随“一带一路”发展战略，加快“走出去”步伐，为中国汽车产业探索融入“一带一路”发展的可能途径。

中国汽车行业2018年始已经进入稳定期，但国产品牌面临着消费升级、品牌升级、合资下压、环保趋苛的多重压力，这些压力并不是靠资本、技术就能完全解决的，还需要时间的沉淀。在这样的大背景之下，“一带一路”战略就为国产品牌在现阶段的发展提供了新的空间和时间，也为中国内陆地区带来发展汽车产业的新机遇。大乘汽车以发展民族汽车工业为己任，立足国内，放眼全球，以打造具有国际影响力的中高端汽车品牌为目标，希望依托蓝迪国际智库已有的国际网络平台，紧随“一带一路”发展战略，打造“一国一商”运营模式，以开放的心态，与国内外进出口合作伙伴合作，以整车销售、KD工厂相结合的思路，开拓国际市场，布局东南亚、中东、中亚、非洲和南美洲等多个地区，研发以及生产满足“一带一路”区域道路交通法规和市场实际需求产品，树立良好的中国产品形象，将“一带一路”市场走深走实、走稳走强。

第八节　珠海凯利得新材料有限公司

珠海凯利得新材料有限公司（以下简称“凯利得”）是一家集材料、功能、结构于一体的金属基陶瓷复合材料制备与应用开发的新材料行业公司。公司于2015年由赵楠与合伙人共同创建，落户珠海航空产业园，2016年，凯利得公司正式投产运营。

凯利得与多所院校和军工研究所紧密合作，具备卓越的产品研发能力和国际领先的产品技术水平。公司现有员工60余人，其中科研人员38人，占公司员工的63%。公司的核心技术团队由材料研发、机械加工以及精密仪器设计领域的高级工程专家组成。

材料科学是国民经济的基础科学，美国的战略是压制中国的材料科学落后美国30—40年。珠海凯利得新材料有限公司坚持“自主创新、自力更生”的发展原则，在金属基陶瓷复合材料的应用技术上进行攻关，已取得了突破性成绩，实现了对铝碳化硅复合材料的高精度加工，拥有该项技术的发明专利，并已成功将铝碳化硅复合材料应用于制导及惯导平台的系统台体、陀螺仪等结构件。申请相关专利十余项，并拥有了优秀的技术成果产业化转化能力。

铝碳化硅复合材料属于陶瓷增强金属基复合材料，以铝合金为基体，以碳化硅陶瓷颗粒作为增强相。铝碳化硅材料拥有高导热、低密度、高比刚度、低热膨胀系数等诸多优势，在航天航空、高功率电子元器件散热封装、光学器件、耐磨等领域有着广泛的应用空间。凯利得以国防科技领域为市场切入口，开发了多种体积分数的铝碳化硅复合材料产品，应用于国防科技及航空航天领域，主要致力于铝碳化硅复合材料性能提升项目、铝碳化硅复合材料在制导及惯导系统中的应用项目、铝碳化硅复合材料在固体火箭脉冲发动机上的应用研究项目、铝碳化硅复合材料在棱镜系统相关组件上的应用项目等，目前均已获得阶段性成果，为高端装备转型升级、小型化、轻量化提供了更好的解决方案。

目前，凯利得已与多家军工院所、高等院校、国家国防实验室建立了合作关系，成功开发出固体火箭硬隔舱、制导平台、光学反射镜、光纤陀螺骨架等系列高精尖军工产品，部分产品已进入试制定型阶段。凯利得自落户珠海以来，取得国家专利受理约20项、发明专利证书两项，先后参加第十一、十二届珠海航展，受到国内外专家及多家媒体的关注。

凯利得能实现对铝基碳化硅复合材料的高精度加工，并有效控制加工成本，其所拥有的先进材料制备技术全面有效提升铝基陶瓷复合材料特性。这得益于凯利得拥有横跨多个行业的专家技术团队，形成了完整的、多层次的技术创新组织体系，在技术和研发方面积累了优势。

在国内市场上，未来 5 年是国家实施“中国制造 2025”、调整产业结构、推动制造业转型升级的关键时期。新一代信息技术、航空航天装备、海洋工程和高技术船舶、节能环保、新能源等领域的发展，为新材料产业提供了广阔的市场空间，也对新材料质量性能、保障能力等提出了更高要求。《新材料产业发展指南》明确了“十三五”期间新材料产业的九大重点任务。到 2020 年，新材料产业规模化、集聚化发展态势基本形成，突破金属材料、复合材料、先进半导体材料等领域技术装备制约。完善高温高压、化学及水汽腐蚀、特殊空间等极端环境模拟试验条件，开展超高温结构陶瓷、金属基复合材料等开发，支撑能源化工、航空航天等领域极端环境材料需求，市场巨大。

凯利得依托产业政策支持，为市场发展提供强大驱动力；铝基碳化硅复合材料可以广泛应用于航空航天、军工、电子元器件封装等行业；依托军工领域高端市场优势，增加民用产品市场占有率，实现中国高端制备制造业发展亟需的关键材料、核心部件以及核心工艺的突破。

2019 年至 2021 年是凯利得全面开拓市场的 3 年。凯利得将与军工央企、高校以及科研院所合作，利用军工集团的资源共同开拓市场，成为高新技术创新成果市场化的平台和孵化器，全面推进产业化进程。根据行业的应用调研，预计 2022 年，凯利得将进入民用市场，铝碳化硅材料是电子封装行业的理想散热材料；而由于铝碳化硅的耐磨、抗腐蚀及热衰退小的特性，可以代替汽车行业现用的铸铁、铝包钢材质刹车盘。

◇◇第九节　广东萱嘉集团

广东萱嘉集团是基于“未来溶剂”离子液体的生物医药、日化、食品等大健康行业创新，是原料开发、生产、销售、服务为一体的公司，是以生物技术和生命科学为先导的现代化生物科技新锐企业，也是目前国内唯一能供应天然来源离子液体原料的企业，是全球首家将天然离子液体技术应用于生物新材料和健康行业的龙头企业。

离子液体是21世纪初化学化工领域新兴起的一类新型绿色介质和环境友好的软性功能材料，其与石墨烯、泡沫金属、碳纳米管、形状记忆合金等被评为21世纪最具有应用潜力的新材料之一。离子液体广泛应用于溶剂、电解质、显示器、分析仪器、润滑剂、塑料、电化学等行业。从具体应用来看，催化、合成为离子液体应用第一大市场，年需求量近3000吨，其次为提取和分离、绿色溶剂、食品行业市场。因离子液体具有水混溶性和黏度控制的能力，故而被广泛用于生物精炼和能量储存应用中。

广东萱嘉集团拥有丰富的天然离子液体产业化经验，下设7家子公司，包含原材料生产基地（年产能可达400吨以上）、研发中心、产品生产加工基地、运营及金融服务五大板块，是全产业链运营的集团公司。目前，公司业务已遍布全国，并发展到东欧、西欧、中亚、东南亚、非洲、美洲等地区。而以萱嘉集团首席科学家张嘉恒教授（国家“千人计划”青年项目专家、国家特聘专家）为首的公司研发团队实力雄厚，迄今为止已获各项专利60余项。

当前，萱嘉集团总体布局包括护肤品及保健品、医药板块、军工等三大板块。现阶段主要以民用领域为切入口，目标是为食品类、保健品类、护肤品类产品提供天然来源的核心原材料，成为世界最大的天然来源核心原材料供应商。与此同时，萱嘉集团将组建医药研发中心，专注于离子液在中西医医药领域的研发和应用，尤其是中医及中草药在性能的挖掘、提升和改良方面。公司现正尝试将离子液体与中医的艾灸结合，使艾草液体仅需涂抹就可以达到超效渗透吸收的效果，已经入实验阶段。未来，军工板块将是离子液体的发力点，但军备技术的应用需符合国家战略需求才能受到高度重视并得到顺利推进。

离子液体技术可以被广泛应用于各个行业、各个领域，但新技术、新产品的应用推广不是爆发式的，往往需要经历漫长的摸索和检验。在技术层面，更需不断地优化和提升；就市场而言，改变消费者认知和消费习惯是现阶段面临的最大挑战。萱嘉集团产品投放初期，由于精准的市场定位和有效的营销渠道，市场反馈良好，实现了 2 年回款 3 亿的好成绩。2025 年将是萱嘉集团发展和站稳市场的重要节点，萱嘉集团致力于成为全球最大的天然来源核心原材料供应商。

◇◇第十节　浪潮集团有限公司

浪潮集团是中国领先的云计算、大数据服务商，2018 年实现营业收入 1016 亿元，旗下拥有浪潮信息、浪潮软件、浪潮国际三家上市公司，业务涵盖云数据中心、云服务大数据、智慧城市、智慧企业四大产业群组，形成了涵盖 IaaS、PaaS、SaaS 三个层面的整体解决方案服务能力。

现任浪潮集团董事长兼 CEO 的孙丕恕先生是中国信息产业的开拓者之一，他带领团队研发出中国第一台服务器 SMP2000，被媒体誉为“中国服务器之父”；孙丕恕倡导政府数据共享、开放与创新应用，被誉为中国“数据开放第一人”。

目前，浪潮集团正向云服务、大数据、智慧城市“新三大运营商”转型，致力于成为领先的“云 + 数 + AI”新型互联网企业。浪潮集团凭借浪潮高端服务器、海量存储、云操作系统、信息安全技术为客户打造领先的云计算基础架构平台，基于浪潮政务、企业、行业信息化软件、终端产品和解决方案，全面支撑政府、企业和行业云建设，现已为全球100 多个国家和地区提供 IT 产品和服务。

浪潮集团综合实力排名为中国 IT 企业亚军、中国自主品牌软件厂商第一位，浪潮服务器的销售量和销售额全球第三、中国第一，浪潮集团管理软件连续 16 年市场占有率第一，浪潮云在中国政务市场占有率第一、公有云前三，浪潮天元大数据综合实力排名榜首。浪潮集团是全国八家国家安全可靠计算机信息系统集成重点企业之一，其自主研发的中国首款关键应用主机浪潮 K1 使中国成为继美日之后第三个掌握高端服务器核心技术的国家，荣获“2014 年度国家科技进步一等奖”。

引领信息科技浪潮，推动社会文明进步，是浪潮集团始终不变的发展目标。2018 年 6 月 14 日，习近平总书记莅临浪潮集团考察并发表了长达 14 分钟的重要讲话，总书记指出，看到浪潮取得的成绩，确实走在了前列。核心技术是要不来、买不来、讨不来的，国家战略是支持浪潮、支持企业创新发展的，浪潮要再接再厉，继续走在前列、永立潮头！

近年来，浪潮集团深入贯彻实施“走出去”战略，践行国家“一带一路”倡议，积极开拓海外市场，取得了丰硕成果。除在欧美等国家全面推动服务器产品销售之外，浪潮集团还依托云数据中心产品和整体解决方案能力，着力推进“一带一路”信息流、数据流的互联互通，将中国的信息化建设经验和互联网经济发展模式输出共享，打造“数字丝绸之路”，带动了共建国家数字经济的发展。浪潮集团已在俄罗斯、哈萨克斯坦、越南、泰国、沙特、孟加拉、巴基斯坦、印度、蒙古、赞比亚、尼日利亚、埃塞俄比亚、坦桑尼亚、莫桑比克、突尼斯等“一带一路”

沿线的发展中国家进行了成功实践，业务范围涵盖智慧城市、安全城市、超算中心、税务信息化、数字媒体、智慧家庭、智慧教育等领域。2017 年以来，浪潮集团还先后发起成立了“一带一路”数字化经济战略联盟、浪潮一带一路国家云服务运营中心等机构，以引领和推动“数字丝绸之路”建设。

下一步，浪潮集团将着力为“一带一路”共建国家打造定制化的整体解决方案，复制和推广“数据中心 + 云服务”模式，以硬件支撑为基础，提供数据中心运维、服务、技术支持、培训等全方位服务，结合所在国国情，有针对性地开发智慧税务、智慧教育、智慧农业、智慧金融等一系列软件应用，为“一带一路”共建国家的信息化建设提供强大助力，推动“数字丝绸之路”建设。

◇◇第十一节　北京推想科技有限公司

北京推想科技有限公司（以下简称“推想科技”）是一家全球领先的人工智能医疗创新高科技企业，秉承“用先进的科技解决民生问题”的信念，利用深度学习技术，发展包括 AI 部署管理平台、AI 大数据挖掘科研平台以及 AI 临床应用平台在内的医疗 AI 全流程平台，打造医疗质控、健康管理以及科研创新等医疗 AI 产品，切实为政府、医疗机构、医生、患者，提供先进性、智慧化、系统化的服务，真正做到“推动科技，想医所想”。

北京推想科技有限公司创始人兼 CEO 陈宽曾在美国芝加哥大学攻读金融与经济学双博士学位，师从四位诺贝尔经济学奖得主，于 2015 年休学回国创业，2016 年 1 月设立北京推想科技有限公司，致力于采用人工智能深度学习技术在医学影像的应用。推想科技现有员工超过 380 人，其中，研发人员占比60%。

推想科技积极探索临床与科研之路，本着用证据推动科技进步和临床医学科学验证的原则成立了两大科学家团队：先进研究院（infervision Advanced Research Institute-iAR）、全球临床科研合作学院（infervision Global Clinical Collaboration Research Institute-iCR）。团队成员来自中国科学院、清华大学、北京大学、剑桥大学、牛津大学、帝国理工学院、麻省理工学院、芝加哥大学、杜克大学、约翰斯·霍普金斯大学、香港大学、名古屋工业大学、新加坡南洋理工大学等全球享有盛誉的知名学府。推想科技先进研究院（iAR）聚集全球深度学习、计算机视觉、自然语言处理等人工智能相关领域的高精尖算法人才，同时结合互联网行业大数据、云计算等创新型技术赋能医疗行业。推想科技全球临床科研合作学院（iCR）团队成员均在医疗临床领域有着深厚的积累，他们主要展开以临床客户服务为核心的科研工作，并协同先进研究院的科学家将最前沿的人工智能技术应用在临床课题，与客户共同探讨临床科研价值。目前，推想科技已在Lancet-Ebiomedicine、JACC、Radiology、IEEE等影响比较高的期刊上发表数篇学术文章，并与10家医院合作。在2019年RSNA年会（北美放射年会）上共有17篇稿件被大会录用，超过前一年该领域中国被录用的总和。目前推想科技启动了10余个多中心合作研究课题。在强大的科研力量的保障下，截至2019年8月，推想科技共申请国内外专利23项，获得软件著作权26项，发表SCI、核心、会议论文50篇。

截至2019年6月，推想医疗AI服务已覆盖全球9个国家，累计完成辅助诊断病例数突破1000万例，日平均辅诊病例数量为4万例，超过320家全球医疗机构使用推想的解决方案。目前，推想科技已完成北美、亚太以及欧洲的战略布局，且同步启动中国、欧盟、美国、日本四地注册证申报，具有最广的全球准入资格。

推想科技通过技术沉淀，构建了世界范围内最大的AI辅助诊断生态系统，形成了覆盖影像数据采集、质控与管理、算法研究、内部测试、临床测试反馈、算法优化等全生命周期的完整产品研发“闭环”体系，能够第一时间得到世界范围内不同临床机构应用的系统化反馈，积累构建医疗大数据结构体系，通过人机交互、自主学习、自主训练等方式持续提高产品识别精度，提高准确率，丰富辅助判断手段，使推想产品较其他同类产品具有较高的安全性（Safety）、易用性（Easiness）和鲁棒性（Robustness）。

为响应国家“一带一路”倡议的号召，推想科技研发了专门针对肺结核、肺癌等高发且负担较高疾病的全流程AI管理方案，目前正在推进与哈萨克斯坦、埃塞俄比亚、埃及、菲律宾、阿联酋等国家的疾病筛查与全流程疾病管理和科学研究合作。推想科技医疗AI方案正迅猛发展成为颇具规模的国际化AI医疗服务体系。

推想科技当前的战略目标包括：结合国家战略深耕医疗领域、建立人类诊疗能力共同体、提升满足临床需求的技术核心能力、执行出海战略推动国际合作。

◇◇第十二节　横琴金融投资集团有限公司

横琴金融投资集团有限公司（以下简称“横琴金投”）位于中国（广东）自由贸易试验区珠海横琴新区，于2014年1月28日成立，实缴注册资本40亿元，是横琴新区党委、管委会贯彻落实党的十八届三中全会精神，深化对澳合作、加速产业培育、促进高端产业聚集横琴的有力抓手，是探索国有资本运营新模式、助力横琴产业发展的核心载体，是横琴自贸试验片区开展金融创新、建立金融服务平台的重要布局。

横琴金投现任总经理赵国沛先生兼任横琴金投国际融资租赁有限公

司董事长职务。他曾任横琴新区财金事务局副局长、横琴金融服务中心负责人，具有丰富的金融投资领域管理经验。截至 2019 年 12 月 31 日，横琴金投共拥有 10 家直接控股企业，对外投资 27 家，投向偏好与横琴地区七大重点发展产业保持一致。横琴金投母公司担负管理职能和政府投向职责，其他子公司以对外投资为主。目前其已发展成为涵盖投融资、融资租赁、孵化器运营、资产管理、基金管理等多层次多类型综合金融服务平台，是横琴新区金融行业协会的会长单位。

横琴金投主要业务板块有：一、区内重点产业项目投融资服务。参与横琴重点建设项目投融资，保障区内重点项目顺利建设。投资区内具备高技术含量、高附加值、高成长性的战略性新兴产业，助推横琴产业做大做强。二、运作政府引导基金。以母基金形式参与产业基金，通过政府引导基金杠杆放大效应吸引社会资本投资横琴，促进产业培育。三、运营横琴澳门青年创业谷。横琴澳门青年创业谷为创业企业提供“一站式”“一条龙”服务，引进国内一流孵化平台，搭建全方位投融资服务体系，打造珠三角最具“互联网＋”思维的创新创业新高地。四、推进横琴金融创新。打造了横琴融资租赁行业标杆，下属融资租赁公司业务规模位列珠海第一。积极开展跨境人民币业务；参与发起设立横琴国际知识产权交易平台、新三板华南路演中心等金融要素平台，丰富横琴金融创新内涵；五、搭建投融资服务平台。加强业务资源与产业培育、金融招商结合，促进金融资源的聚集和项目对接，重点发起设立并承办“横琴金融沙龙”“横琴金谷汇”，搭建企业与金融机构交流对接平台。

横琴金投将继续以金融投资手段服务横琴新区产业引进和培育，积极参与横琴金融创新，为区内实体经济发展营造更加便利的金融环境。未来，横琴金投立足横琴、深耕珠海、辐射粤港澳，必将成为华南地区有影响力的综合性融资服务和资本投资平台。

◇◇第十三节　瀚华金控股份有限公司

瀚华金控股份有限公司（以下简称“瀚华金控”）创立于2004年，2014年在香港联交所上市，是中国首家登陆国际资本市场的普惠金融集团。瀚华金控坚持以伙伴金融、平台金融、生态金融为发展战略，历时十余年时间打造了囊括民营银行、资产管理、私募股权投资、融资担保、互联网信贷、保理、租赁、保险经纪的多元金融业态，在28个重点省市设立了分支机构，业务能力覆盖全国，形成了“股权、债权、交易”三大平台服务体系，为客户提供专业、安全、可控的一站式定制化产融解决方案。

现任瀚华金控股份有限公司董事长张国祥先生拥有30多年金融领域从业经验，长期致力于探索微型金融在中国的发展道路，并以此为理念于2004年创办了瀚华金控股份有限公司。创立之初，瀚华金控首倡“民生金融”理念，经过十余年的丰富实践，该理念创造性地发展为“伙伴金融”的新思维新战略，旨在与中小微企业建立新型的融企关系和长期共同发展模式，量身定制综合金融服务方案。现在，瀚华金控已形成了立足北京、重庆双总部，辐射全国的战略布局，成为中国专注于为中小微企业提供综合金融服务的、最大的民营普惠金融服务集团，并于2014年6月成功在香港上市，成为业界第一股。

瀚华金控以“打造世界普惠金融的中国样本”为愿景，重塑伙伴式产融关系，以卓越金融服务与客户共同成长；以增强金融服务可得性为己任，提供专业、安全、可控的一站式综合产融解决方案；以“开放、合作、共享”理念，开放平台、链接资源，鼓励内外部合伙人在产融平台上创新创业，与客户、股东、员工、合作伙伴一起创造价值和分享价值。

◇◇第十四节　万贝科技发展（天津）集团有限公司

万贝科技发展（天津）集团有限公司成立于2011年，总部坐落在天津滨海新区。集团和下属公司注册资本5亿元人民币，下设万贝国际保险经纪（天津）有限公司、万贝进口汽车技术服务（天津）有限公司、万贝欧非（天津）国际贸易有限公司、万贝企业管理咨询（天津）有限公司和万贝融资租赁经纪（天津）有限公司等全资子公司。集团业务涉及保险金融、国际保险经纪、互联网电商、国际贸易、国际货运代理、平行进口车、企业咨询、融资租赁经纪服务等众多行业，是一家跨行业经营的大型股份制公司。

集团公司现任董事长为张刚福。在人才管理上，公司始终奉行“行业创新，科技为本”的宗旨，凭借先进的人才理念和雄厚的经济实力，汇聚了包括高校研究生导师、教授与网络工程师等数百名优秀人才，其中包括来自各国的科技界精英和海外归来的学者，为“互联网+”时代下的集团的各领域创新发展提供了有力的人才保障。

集团业务涉及中国与“一带一路”国家产业园合作，合作领域包括国际贸易、跨境电商、数据传输业务、互联网技术、数字技术人才培训等众多行业。集团下属公司迈德诺威科学发展有限公司与意大利签署中意中小企业产业园项目，作为园区的招商、管理、运营商落户天津保税区。而随着“一带一路”建设的深入推进，万贝科技发展（天津）集团已在印尼、泰国、巴基斯坦、坦桑尼亚等国家以及上海、广州和深圳等国内外40多个城市设立分支机构，并已在爱尔兰、意大利、希腊、俄罗斯、德国、法国、泰国、马来西亚、老挝等国家开展业务，未来还将陆续在国内外设立超过100家分支机构。

◇◇第十五节　中国华夏文化遗产基金会

中国华夏文化遗产基金会（以下简称“基金会”）是保护和传承文化遗产的慈善组织，其业务主管单位为中华人民共和国文化和旅游部。基金会拥有丰富的市场运作经验，接受政府有关部门、捐赠人和社会公众的全面监督，秉承“取之于民，用之于民，造福人类”的原则，促进中外文化遗产保护领域的合作与交流，不断推动中国文化遗产保护事业的发展。

基金会充分发挥国际文化交流的平台优势与民间作用，对新形势下不断出现的文化遗产课题进行深入研究，并提出相关的文化项目策划方案。基金会与联合国教科文组织联合策划并捐助了“东亚纸张保护方法和纸张制造传统”“平遥古城传统民居保护与更新”等项目；策划开展了“东方之韵——华夏文化行”“丝绸之路文化行”等对外文化交流项目，先后组织人员赴印度、巴基斯坦、法国、日本、美国、北欧等国家及地区进行国际文化交流。

基金会为响应和落实“一带一路”倡议，深入创新发展，推动文化遗产保护传承课题成果有效地创造转化，同时更好地整合社会资源，有效配置更多的文化资源，在相关项目的策划和实施中发挥积极作用。

◇◇第十六节　深圳蓝胖子机器人有限公司

深圳蓝胖子机器人有限公司（以下简称“蓝胖子”）成立于2014 年，是一家有着雄厚技术背景的智能无人仓解决方案供应商，运用机器人视觉、运动规划、规划和推理、自主导航、多机协作、机器学习等技术，为物流、快递、电商仓储、海港、空港、先进制造等场景，提供包含装卸载、运输、单件分离、上件、分拣等环节软硬件相结合的一站式解决方案。

公司产品主要包括软硬件相结合的装载机器人、上件机器人、分拣机器人（分拣柜分拣和重力分拣）、集群移动机器人（AMR）以及快递收发机器人等，并积累了多种规划及优化算法，包括智能装箱算法、智能调度算法以及多机规划算法。自 2015 年开启商业化运作，蓝胖子机器人一直坚持人才多元化、市场国际化战略。

蓝胖子总部位于深圳，同时在广州、香港、澳大利亚布里斯班以及美国亚特兰大设有研发运营中心，现共有来自 10 余个国家的员工 160 余人，80% 为技术人员。其中，联合创始人兼 CEO 邓小白先生荣登“2017 年福布斯中国 30 位 30 岁以下精英”榜单和“2018 福布斯亚洲 30 位 30 岁以下精英”榜单。邓小白 2015 年加入蓝胖子，本科毕业于中山大学经济系，曾就职于摩根大通、科尔尼、IDG 资本，拥有丰富的投行及咨询行业经验，他的加盟正式将公司带入商业化运营的快速发展轨道；联合创始人兼 CTO 张浩先生荣登“2017 年福布斯中国 30 位 30 岁以下精英”榜单，他是香港科技大学人工智能在读博士，拥有十余年机器人研发经验，于 2014 年创立蓝胖子，2016 年带队参加 IROS 机器人抓取大赛获自动组第二名，现为蓝胖子核心技术负责人，主要负责机器人系统架构设计、系统集成，并基于增强学习和迁移学习的方法研究和优化算法；联合创始人周丹旦先生曾任 Gameloft 深圳工作室软件工程师领队、深圳博思百纳科技有限公司 CTO，其拥有十余年软件开发经验，是骇客级水平的软件工程师。

目前，蓝胖子是全球物流机器人行业中唯一一家可以提供端到端一站式智能物流解决方案的供应商，多次受邀出席世界创新经济论坛活动，并于2019年被评为全球“技术先锋企业”（中国仅3家企业入选）。因其在技术、管理、资本运作等方面均远高于同业水平，受到国内众多知名创新基金的青睐。截至2019年12月31日，已获得包括创新工场、洪泰基金、云峰基金在内的4家知名投资机构的战略投资。

蓝胖子多次获得世界和国内比赛的各类奖项荣誉，包括：2016 IROS抓取大赛第二名；2017英特尔创新加速器优秀创新团队；2018人工智能创新应用50强榜；2018年中国人工智能商业落地100榜单；2018世界经济论坛新领军者年会（夏季达沃斯）“中国人工智能50强榜”；2018微软加速器·上海最具潜力创业团队；证券时报2019中国年度科创企业TOP50；中国财经峰会2019人工智能先锋奖；2019世界经济论坛新领军者年会（夏季达沃斯）“技术先锋”（“Tech Pioneers”）；2019年粤港澳大湾区高价值专利培育布局大赛百强项目（大型运动式智能装卸货机器人）；2019年机器人创新生态“技术创新奖”；创新南山2019“创业之星”大赛人工智能行业赛成长组三等奖。

作为一家新兴创业公司，蓝胖子以快慢结合的节奏进行长跑的战略布局和准备，在中外市场之间进行了缜密的权衡。在蓝胖子的未来版图中，未来的物流新世界将呈现这样的画面：在大规模全自主仓库里，多机器人协作，从入库、分拣到运输，完全由机器人完成。本着“技术无国界”的理念，拥有全球化基因的蓝胖子力争成为自动化物流的世界级公司。

第十七节 远景能源（江苏）有限公司

远景能源（江苏）有限公司（以下简称“远景能源”）是全球领先的智慧能源技术解决方案提供商，业务范围包括智能风机的研发与销售、智慧风场管理软件服务、智慧风电技术开发、智慧风电资产管理服务、智能电网、储能电池、能源管理系统等，公司研发能力和技术水平已处于全球领先地位。目前已陆续完成在丹麦奥胡斯，美国休斯敦，日本大阪，中国无锡、上海、北京、南京等地的全球战略布局。远景丹麦全球创新中心是中国风电企业在丹麦最大规模的研发机构。远景能源的员工总数接近600人，其中，国际员工占20%，硕士和博士超过60%，研发及技术人员达到80%，集团销售收入达60亿。

远景能源创始人张雷于2007年从海外回国并创办江阴远景能源科技有限公司，主要致力于新能源的开发和利用，现任远景能源董事长兼总经理。经过十几年的发展，公司快速成长为中国首家自主开发风电核心技术的风力发电机主机生产企业，将创新的技术和知识通过信息技术的平台注入能源的全生命周期管理中，从而让能源生产过程更加智能化，效率更高。位于丹麦的远景能源全球创新中心已经成为中国企业在丹麦最大的研发机构，实现了全球首例87米风轮的1.5兆瓦风机、国内首台近海潮间带风机、全球第一条风机组装流水线等一系列突破，创造了风电行业奇迹。2019年6月29日，远景集团被《麻省理工科技评论》评为2019年度“50家聪明的公司”，获奖理由是远景能源“打造了全球领先的物联网操作系统EnOS™，通过‘智能机器社交网络’，让100GW的6000万个风电、光伏、储能、充电桩、电动汽车等设备实时智能协同，帮助实现大规模可再生能源接入，推动能源转型”。

近年来，远景能源取得了一系列智慧能源领域突破性成果：一、率先研发创新并设计出“智能风机”，利用自主研发的核心智能控制技术，彻底突破并超越了传统风机的技术禁锢，使得风机发电效率提升15%—20%，从而显著提高开发商的资产投资回报；二、全球首创的低风速风机的研发和投产加快了我国风电产业战略调整的步伐，使得占中国风资源60%以上的低风速区域得到有效开发，其高发电性能和高可靠性受到国家能源局和全球领先开发商的高度认可和评价。以能源大省安徽为例，远景能源的低风速风机使得安徽从没有风电装机到规划150万千瓦，并已实现60万千瓦装机，其在安徽市场的占有率超过80%；三、基于智能传感网和云计算的智慧风场全生命周期管理系统为全球首创，已成为全球领先能源资产管理公司的管理操作系统，为客户提供全生命周期的能源资产管理软件服务。目前，远景能源管理着包括美国最大的新能源公司之一Pattern能源、美国大西洋电力公司以及中广核集团等在内的1000万千瓦的全球新能源资产，预计未来2—3年内将达到1亿千瓦规模，成为全球第一的智慧能源管理企业；四、陆续推出两款海上风机，一款是采用全球首创的局部变桨技术和碳纤维主轴技术的3.6兆瓦新概念海上风机（丹麦风场），它能有效应对台风工况，并大幅降低海上风电建设成本20%以上，成为全球未来风机的标杆；另一款是专门针对中国近海风电开发而设计的高可靠性、高效稳定的4兆瓦海上风机，运用全球首创的激光雷达测风技术和智能化控制技术，使得发电效率要比同类产品高20%，成为中国近海风电开发的首选机型。

作为全球智慧能源管理领域的技术领跑者，远景能源未来将借助智能控制、智能传感、云计算、大数据和能源管理等技术，积极构建全球智慧能源蓝图，推动传统能源领域的智慧变革；远景将进一步研发智能风机的核心控制智能技术，大幅提升发电效率，显著降低风电度电成本，未来5年内使之与火电成本持平；将风资源评估、风场设计、风场运维、资产管理等全生命周期透明化、数字化、信息化，结合智能控制、智能传感、云服务、大数据等技术，为客户构建“智慧风场全生命周期管理平台”。在风电领域之外，远景能源的智慧风场全生命周期解决方案未来还可以应用到光伏、水电、火电等其他能源管理领域，带动形成更大规模的新能源资产管理产业。从数字化风电到数字化多种能源，再到数字化整个电力生产、电力使用以及电力交易，借助智慧能源管理平台，远景能源未来还将逐渐从发电侧管理向用电侧管理拓展，为工商业等终端客户提供能源采购、能源管理、能效优化等综合技术解决方案。远景能源积极整合全球创新资源，通过智能控制技术、先进的通信和信息技术建设能源互联网，通过智能化和信息化的技术手段和平台引领全球能源生产和能源使用的智慧变革。

◇◇第十八节　岚桥集团

岚桥集团总部位于“一带一路”节点城市和新欧亚大陆桥东方桥头堡的山东省日照市，是一家以基础设施和能源产业为核心，拥有多个产业实体的综合性企业集团。旗下拥有十多家子公司及参股公司，员工总数达 4000 多人。集团依托“前港后厂”的产业模式，在不断优化整合产业链，打造企业核心竞争力的政策下，已形成港口物流、石油化工、旅游地产、国际贸易、海外产业等主要产业为一体的产业链，国内外总资产价值达 516 亿。

近年来，岚桥集团积极响应习近平主席的号召，主动走出国门，参与“一带一路”建设，致力于发展实体经济、海洋经济，为世界经济贡献“中国力量”，到国外投资能源开发、布局核心枢纽港口，集团“三年迈出四大步”，逐步实现“产业在国内，资源在国外”的全球化战略构想，开启了国际化发展新篇章，先后投资运营了岚桥港、澳大利亚达尔文港、巴拿马玛岛港，实现了三港互联互通，努力打造海上大通道，为国际经贸提供港口服务。

岚桥集团于 2004 年投资建设的岚桥港在 2011 年 8 月被山东省政府批准为国家一类开放口岸，现已建成 16 个泊位。其中经国家发改委批准建设的 40 万吨级矿石泊位于 2015 年 6 月试运营，现已成为中国最大的民营港口，集港口装卸、仓储物流、国际贸易、船舶代理、外轮供应于一体的港口物流产业链已经形成。

巴拿马玛岛港是当地最大的现代化集装箱港口，也是中国企业首次在巴拿马进行的大型投资，更是中国大陆企业第一次在巴拿马运河建设的重要集装箱港口。2017年，玛岛港扩建工程开工建设，建成后将新添4个集装箱专用泊位，实现年通过能力200万标准箱，未来将继续提能扩量，成为中国连接南、北美洲的核心枢纽港口和世界航运关键航线的“咽喉”。玛岛港的建设标志着中巴合作进入一个新的阶段，业已成为“一带一路”漂在巴拿马运河上的金丝带。

澳大利亚最大邮轮母港、澳北最大港口——达尔文港在岚桥集团的运营下，吞吐量迅速提升，其为亚洲服务、向世界开放的步伐越迈越大。澳大利亚积极推进“北部大开发”战略与中国的“一带一路”、国际产能合作对接，进一步提升了合作的领域和层次。借助于“岚桥港—达尔文港”港港直通的优势，中澳（日照）产业园、澳中（达尔文）临港产业园项目进展迅速，开启了两国、两港、两园合作新模式。达尔文港目前已成为两国深层次合作的重要支点。同时，岚桥集团已组建了中国最大的民营VLCC船队，全面进军海运领域，助力国家向海洋强国迈进。未来，岚桥集团将充分结合三大港口互联互通和民营VLCC船队的优势，打造“一带一路”的重要海上合作支点，积极构建“海上经济走廊”，为繁荣“海上丝绸之路”贡献力量，让“一带一路”成果惠及更广阔的领域。

2005年，岚桥集团投资兴建岚桥石化产业，该项目总规划占地3000亩，规划年加工原油1000万吨，分两期建设，已被山东省政府确定为重点建设项目。2011年，岚桥石化一期建成投产，具备年加工原油500万吨的能力。2016年12月，岚桥石化已通过石化联合会的原油指标现场核查，获得了原油进口使用权。岚桥石化距集团自有岚桥港1.8公里。凭借“前港后厂，两头在港”优势，岚桥石化积极打造集生产加工、仓储物流、油品销售、港口转运、国际贸易于一体的石油化工产业链；2014年，岚桥集团成功收购澳大利亚最大的天然气上市公司——西部能源公司。西部能源公司是一家澳大利亚上市公司，位于昆士兰州布里斯班市，主要从事天然气开发和生产业务，其天然气储备十分丰富，扩产能力十分巨大，仅现在运营的美丽登气田即能持续勘探生产近百年；另外四个气田项目所处的地理位置、地质构造与美丽登气田基本相同，预计储量超过6000亿立方米；2016年10月，岚桥集团再次发力，成功并购新西兰RKM油气田，实现向石油化工上游产业进军。未来，岚桥集团将努力打造完整的石油化工产业链，加快产业升级转型，依托集团自有港口、超大型油轮优势，整合国内国际油气资源，不断强化石油化工产业的国际竞争力。

2018年，岚桥集团启动了企业改制工作。集团与中金公司签署合作协议，将按照股改上市的有关要求，与中金公司深入合作，扎实做好各项工作，进一步完善公司治理，做好资产评估，引进战略合作伙伴，打造企业核心竞争力，力争早日上市成功，实现稳健、可持续发展。未来，集团将继续秉承“励精图治、与时俱进、开拓创新”的企业精神，把岚桥建设成为中国东部沿海最具影响力的跨国企业集团。

第十九节　广东合力建造科技有限公司

广东合力建造科技有限公司（以下简称“合力建造”）创建于2012年，是一家致力于建筑工业化与住宅产业化的国家高新技术企业，集合了建筑、材料与工程科学领域的一批科学家和技术专家，聚焦世界保障性住房的工业化系统问题，在世界各先进国家通用的建筑标准基础上，提出了“整浇式轻钢结构装配建筑科技体系”。目前公司已取得20多项国家专利、两项国家发明专利及专利储备100多项。其中“整体后浇式工业化建筑体系研究与应用”与“EPS轻质混凝土建筑设计与施工研究”等科研成果获得了广东省2017年科技创新专项一等奖两项及二等奖两项。

王育武先生现任合力建造董事长。公司针对“一带一路”沿线发展中国家迫切的保障房建设要求和实施困难等情况，深入研究各国不同的人居文化、经济发展现状、困难、潜力、金融服务的需求等要素，系统性地从建筑设计及规划、人员就业培训和初步工业产业发展到金融服务方案与各国深入沟通。目前与合力建造进行项目商务洽谈联系的“一带一路”国家已有巴拿马、巴西、文莱、马来西亚、南非、卢旺达、科特迪瓦、加纳、澳大利亚、巴布亚新几内亚、菲律宾、俄罗斯、刚果(金)、安哥拉等20多个国家和地区，涉及项目超过100亿美金。其中卢旺达国家发展委员会与合力建造已签订15万套保障房建设的合作备忘书，刚果（金）政府50万套保障房的计划也在商议签订中。相信随着项目的优选和落实，合力建造将打开一个千亿级的规模产业并保持持续的科技创新动力。

在对建造技术系统进行创新实践的同时，合力建造把各国的住宅建设工程当成一个系统工程进行研究，并集合了中国40年高速发展起来的产业优势，力邀城市规划团队、建筑文化研究机构、产业投资团队和金融服务团队结盟出海共谋发展，为各国提供更全面的咨询服务和发展建议。

在全球工业化程度不断深化的背景下，合力建造提出了世界范围的保障性住宅短缺存在的五大共性问题，一、建筑材料供应困难：在全球化进程中，建筑材料60%以上的生产及贸易集中到中国，各国很难再发展出独立完善的建筑材料供应链，而建筑材料采购的困难使建筑工程造价不断攀高。二、建筑产业工人短缺：由于工程开展的困难，建筑业劳动力培训无法得到系统提升，产业工人的短缺加剧了保障性住房的建设困境，而大量引入建造工人又面临着成本增加和就业岗位流失的双重问题。三、工程造价偏低：由于保障性住房的造价预算一般接近市场建造最低价，在各国依靠本国企业自主解决的情况下普遍都无利可图，无法顺利开展。四、财政困难：发展中国家面对巨大的保障房困境，大多数缺乏可持续发展的财政支持方案，缺乏在国家层面上的顶层制度安排。五、贷款困难：银行系统对保障性住房贷款的支持力度不足，过高的住房贷款利息压制了保障性住房的建设和供应。

合力建造的装配式工业住宅体系对世界住宅产业主要带来以下三点核心变革：一、以装配工人代替传统建筑产业工人，为当地创造大量的就业机会；二、装配效率比传统建筑施工工艺提高了至少 3 倍，大大降低建筑成本；三、在对接国际通行建筑标准的基础上，形成自有知识产权的标准体系，易于形成世界范围的建筑材料生产配给体系，有利于大规模保障性住房的建设和成本控制。

随着人口的增长，保障住房的压力将日益严重。而建设保障性住宅是各个发展中国家无法独立完成的艰巨任务。中国在这一领域具有独一无二的巨大产业优势，可以通过引领工业住宅的技术发展制定更高产业标准，培育持续领先企业，同时创新合作模式，与世界各国互利共赢，使世界保障性住房建设成为中国倡导建设“人类命运共同体”的强有力的品牌工程，合力建造聚焦非洲，已在卢旺达、津巴布韦、尼日利亚成立了企业机构，与塞内加尔、卢旺达、尼日利亚、刚果（金）等国的合作项目正在稳步推进。

◇◇第二十节　中阳建设集团有限公司

中阳建设集团有限公司始建于1953年，前身为抚州地区建工局、抚州地区建筑工程公司。2003年完成国企改制，2010年11月更名为中阳建设集团有限公司，现有注册资金9.1618亿元。集团业务涉及五大板块：中阳工程、中阳资本、中阳工业、中阳地产及中阳农业。其中，中阳工程板块是中阳建设集团的核心业务，年经营规模逾20亿美元。

中阳建设集团董事长陈胜德先生认为，世界面临的经济挑战对建筑企业而言是严峻的考验，也是抓住推动经济转型升级发展的良好机遇。创新发展、安全发展、绿色发展、和谐发展是建筑业的发展方向。目前，集团在不断做强做大建筑业主业的同时，在顺应产业转型升级、绿色发展的新趋势下，以开拓“一带一路”市场为重点，以科技创新为原动力，推动集团业务向新型建材、装配式建筑、现代农业和生命健康等新兴产业领域扩展，保持了集团持续健康发展的良好态势。

中阳工程分为国内国外两个市场。集团现有房屋建筑工程施工总承包特级资质及建筑行业（建筑工程、人防工程）设计甲级资质，公路工程、市政公用工程、机电工程壹级施工总承包资质，以及地基基础、建筑装修装饰、消防设施、钢结构四项专业承包壹级资质，业务遍布全国22个省、市、自治区；同时，集团还具有国家商务部对外援助成套项目总承包企业资格，已在赞比亚、埃塞俄比亚、吉布提等国家设立海外分公司并积极拓展对外投资和工程建设项目。

近日，中阳建设集团在埃塞俄比亚国际招标中经过激烈角逐，成功中标埃塞俄比亚的斯亚贝巴市交通局总部办公大楼项目。该项目是中阳建设集团继埃塞俄比亚国家粮食储备局粮库项目后，在埃塞俄比亚中标的又一大型工程项目，这是中阳建设集团响应“一带一路”“走出去”发展战略，在埃塞俄比亚市场长期耕耘、潜心经营的结果，更是埃塞俄比亚工程建设市场对中阳集团企业品牌和综合实力的认可。目前，集团在海外承接的医院、学校、情报大楼、社保大楼、粮库、教师住房等项目正在火热建设中。

中阳资本的投资领域主要在基础设施、产业园区、新型建材、房地产和新能源开发方面，近年来也积极探索生态农业、酒店业和银行业的投资。

中阳工业主要涉及装配式建筑及新型建材研发生产。集团投资的装配式建筑生产基地是抚州市首家装配式 PC 构件生产企业，项目计划总投资 5 亿元，以打造成国家级装配式建筑产业基地为目标，以国内外先进技术力量为支撑，致力于建设从建筑设计、构件生产、构件研发、施工安装到人才培训等装配式建筑全产业链体系。集团全资子公司——中阳德欣科技有限公司致力于新型绿色建材的研发生产，研发生产的新型建筑塑料复合模板质量指标国内领先，是全国建设行业科技成果推广项目，全面建成后将成为全国规模最大的塑料模板生产基地，为推进建筑业“以塑代木”“以塑代钢”，为实现行业节能环保发展作出贡献。

中阳建设集团先后荣获全国优秀施工企业、全国建筑业先进企业、全国科技创新先进单位、全国建筑业 AAA 级信用企业、全国五一劳动奖状、中国建筑业成长性200 强企业等多项荣誉。在2019 年10 月赣商创新发展论坛上，中阳建设集团连续七年跻身江西省民营企业百强榜，获颁“江西民营企业 100 强”奖牌。

蓝迪国际智库 2020 年展望

回眸 2019 年，蓝迪国际智库用汗水浇灌收获，在实干中前行，在中国新型智库建设中积极求索，实现了高质量创新发展。

在当前新型全球化的宏观背景下，第四次产业革命带来的技术迭代，意味着挑战与机遇并存。蓝迪国际智库将继续乘风破浪，载梦而行，紧抓第四次产业革命和新型全球化的历史机遇，深化共建“一带一路”的应用与实践。

蓝迪国际智库在 2020 年将重点推进以下工作：第一，继续推进以政府政策开放带动、参政议政的高端人才聚集、高端产业集聚拉动、金融市场融合互动、科研应用创新驱动为核心的全新应用型智库建设；第二，深度构建青岛与上海合作组织成员国、珠海与粤港澳大湾区和葡语系国家、南宁与东盟成员国、宁波与“17+1”中东欧国家、苏州与欧美国家 G2G、T2T、B2B 的合作网络，通过项目落地巩固合作成果；第三，积极组织政府、企业和行业资源，带领企业抱团出海，为企业参与“一带一路”建设提供系统性的服务和支持；第四，紧密联系国际网络合作伙伴，通过举办和参加高级别国际会议和国际论坛持续在国际舞台上发出蓝迪声音，进一步提升中国智库在全球治理中的话语权，为增强中国软实力贡献力量。

2020 年是中国经济转型与发展的重要机遇年，是智库实现“智库+”

产业集群的良好开局之年，也是蓝迪国际智库继续深化共建“一带一路”的应用与实践的突破之年。展望2020年，我们将面临更多的机遇和挑战，我们应作为智者，面对纷繁的世界不断学习；我们应作为行者，面对日益变化的形势，不断创新；我们应作为勇者，在崎岖的道路上不断开拓、永远攀登；我们将为共同的目标只争朝夕、不负韶华、砥砺前行！